JN163530

「宗教」と「無宗教」の近代南島史

国民国家・学知・民衆

及川 高
Oikawa Takashi

森話社

［カバー図版］喜界島・中間集落の保食神社（著者撮影、二〇一五年）

「宗教」と「無宗教」の近代南島史

国民国家・学知・民衆

＊

目次

凡例

＊史料の引用にあたっては、人名等の固有名詞を除き、原則的に旧字体は新字体に改めている。また合字（ㇳｷ、ㇳﾓなど）はそれぞれひらいて表記している。また引用文中で特に注釈が必要とされた場合、〔　〕で囲んで記入している。なおひらがな、カタカナの表記は全て原史料に準拠している。

＊文献の引用に際しては、宛字ならびに誤字・脱字とも原文の表記に従っている。ただし語句が不自然な場合にはルビで（ママ）と表記した。

＊引用史料において判読不能となっている箇所は■で表記している。

＊本文中に挙げる人名は全て実名、もしくは公的な筆名であり仮名は用いていない。また記載にあたっては全て敬称を省略している。

序

一　本書の目的

1　「宗教」の「イメージ」

今日の日本において、あるいは日本人において「宗教」とは何なのか。本書を貫く問いをあえて端的に述べるとすれば、そのような疑問となる。ここで「宗教」という言葉で指そうとしているものは広く、数百万人の信者数を擁するようないわゆる世界宗教、グローバル宗教の類いから、新宗教、あるいは民俗学が考察対象としてきたような民俗信仰〔1〕の領域、年中行事や儀礼作法、更には占いやジンクスのようなものも含んでいる。より適切に言い直せば、本書が「宗教」という言葉で呼ぼうとするものとは、一般人としての我々が「宗教」という言葉で直感的・経験的に想起《イメージ》するものの総体である。

いま本書は「イメージ」という言葉を使った。これは本書の最初のキーワードであり、だからこそここで明確にしておきたい。すなわち本書が論じる対象とは「宗教」に関するイメージであり、「宗教」という言葉が想起させ、想像させるモノ・コトの全体である。言い換えれば「宗教そのもの」を問うことについて本書は関心がない。つまり宗教とは究極的には何であるか、何であるべきか、あれやこれは宗教であるか否か、宗教は人間や社会の役に立つかどうか、宗教をいかに定義するか、あるいは、宗教は今後どうなるか、等々。それら「宗教そのもの」をめぐって問われるべき問いの一切は、本書の関心の外にある。すなわち本書の「宗教とは」という問いは、あくまでも「我々にとって」あるいは「我々において」という限定の内部でなされる。

　とはいえ、「イメージ」という言葉は些か曖昧に聞こえるかもしれない。つまり「宗教のイメージ」を問うと言うと、要するに、たとえば「あなたは宗教にどんなイメージを持っていますか?」といったアンケートを配付し、その結果を見ながら「日本人は宗教に冷淡だ」とか「意外に好意的だ」とか、その手の宗教に対する印象《イメージ》に関する分析をしようというのか、と誤解されるかもしれない。しかしながら本書の用語法において「イメージ」という言葉はもう少し厳密な意味を与えられている。ここで参照してみたいのは、ベネディクト・アンダーソンの著作『想像の共同体《イマジンド・コミュニティ》』における「想像《イマジン》」という言葉の用法である。国民国家（ネイション・ステイト）研究の必読書とされる同書の主張とは、周知のことかもしれないが、近代国民国家とは「イメージとして心に描かれた想像の政治共同体《イマジンド・ポリティカル・コミュニティ》」だ、ということであった（アンダーソン 一九九七〔一九八三〕：二四）。この規定に続けてアンダーソンがこの「想像《イマジン》」という契機を「捏造」や「欺瞞」とは明確に区別していることに注意したい。「想像」をすなわち「捏造」と同一視するのはしばしばある誤解であるが、この点については文化人類学者のアルジュン・アパデュライがアンダーソンに対して加えた、「想像《イマジン》」は「幻想《ファンタジー》」とは区別されねばならない、という註釈を参照しても良いだろう（Appadurai 1996: 10）。アンダーソンの用いる「想像の共同体」とは、近代国家とは何の根拠もない幻想であるとか、ましてや何者かによるデッチアゲであるだとか、そういうことを言わんとする概念ではない。彼自身がはっきり述べているように国民国家のみならず、対面的関係を超える規模のあらゆる共同体は、必ず想像という契機を含んでいる（アンダーソン 一九九七〔一九八三〕：二五）。つまり想像という契機そのものは決して近代国家にのみ特異な事象ではないのだ。アンダーソンが問題にしているのは、国民国家という共同性を作り出している想像の仕方とはいかなるものか、ということである。そしてその答として出版物や新聞、公用語、ラジオやテレビなどのメディア、地図、統計、博物館といった近代的・資本主義的な諸システムの効果を位置づけることが彼の考察の骨子を成している。

しつこいかもしれないが誤解を避けるために繰り返しておこう。アンダーソンが用いる「想像」とは、近代国家という共同体が何者かに捏造された虚構であるかどうか、という問題とは関係がない。ポイントはもっと別なところにある。アパデュライは「想像」を「幻想」と区別するポイントとして、「幻想」が個人的かつ自己目的であるのに対して、「想像」は集合的、かつ行動への契機を具えていることを挙げている（Appadurai 1996:10）。ポイントはこのこと、つまり想像は行為に繋がっている、という点の方にある。あるいは哲学の成果を参照するならば、次のように言い換えることが出来るだろう。すなわち想像とは、ハイデッガーが説く現存在がする「了解」の作用にほぼ等しい、と（ハイデッガー 一九九四〔一九二七〕：三〇九―三一二）。ハイデッガーの言う現存在とは了解を通じて世界と関係し、その了解を通じて逆に世界へと自らを投企していくようなあり方をするものを指している。つまり「世界をどのように了解するか」ということが、現存在としての人間が自らを世界に投企していくあり方を決めていく、ということだ。このことを踏まえると、想像の共同体とは要するに人々によって了解された共同体のことだ、と読み替えることが出来る。想像とは幻想を抱くことではなく、世界をあるかたちにおいて了解することなのである。

この了解とは常に、多くの人間を巻き込んだ集合的な出来事である。何故なら現存在が世界を了解するとき、その了解のあり方は周囲にある無数の他者がどのように世界を了解しているか、ということと無関係ではあり得ないからだ。そして『想像の共同体』の考察が差し向けられるのは、この了解の過程において、近代世界に現われた出版資本主義の貢献がいかなるものであったかの解明である。近代において急速に数を増し、我々の生活世界に溢れるようになった書籍や新聞、統計、地図、あるいはマスメディアは、人々に世界をどのように了解するべきかを教える重要な装置となった。そして、人々がそうした了解＝想像を抱き、その想像の下で行為する＝投企する限りにおいて、想像の共同体は決して空虚な幻想ではなく、一つの実在として現われる。何故なら人々の行為は常に現実に属するからである。

　話を戻そう。本書が扱うのは宗教の「イメージ」であると既に述べた。ここに述べたことを踏まえて本書のアイディアを言い直すとすれば、それは「イメージの宗教」あるいは「想像された宗教」と表現することが出来る。しかしそれは一体何なのだろうか。最初にごく当たり前のこととして、そもそも我々は誰でも「宗教とは何か」ということを良く知っている、と述べてみたい（福島 二〇〇三：二二五）。再びハイデッガー風に「了解している」という言い方をしても良いだろう。ただしもちろんそれは「宗教の定義を知っている」というような意味ではない。普通の人生を送る生活者としての我々にとって「宗教の定義」等を考えたり、学んだりする機会はほとんどない。面白くもない専門書を買って宗教学者の見解を学ぶような人間は、全体から見れば無視しても差し支えがない程度の、例外中の例外に過ぎない。従って我々が「宗教とは何か分かっている」というのは、知識として知っていることを意味しない。それはもっと別の意味において、つまりイメージとして了解している、と言う方が正確である。

　しかし「イメージとして了解している」とはどういうことだろうか。たとえば我々はキリスト教やイスラーム、仏教が宗教であることを知っている。「創価学会」や「幸福の科学」が宗教団体であることも分かっている。一方、年始の初詣やお盆に先祖の墓参りに行くことはどうか。更にジンクスやおまじない、血液型占いのようなものについてはどうか。これは多くの人にとって正面から問われると答え難い問いだろうが、「まあ宗教だって言う人もいるかもね」というコメントであれば、それにむきになって反論する人は多くはない筈だ。それだけではない。たとえば我々は、何らかの極端に視野の狭い行動に出会った時「宗教じみている」と呟くことがある。疑似科学に基づいた空気清浄機のアイディアに「宗教的なもの」を感じることもある。それとは逆の事態として、ある種の奇跡的な農法に従事する生産者は、懐疑的な眼差しに「我々の発見を宗教の類いのように誤解しないで下さい」と反発する。例を挙げていけばキリがないが、このように我々は「宗教とは何か」ということを、誰かに教えられるまでもなく良く承知している。もちろんその内実は全ての人に一律ではあり得ない。と言うより、そもそもイメージというものを、それぞれが頭の中に持った事典や一覧表のように理解するべきではない。イメージは脳内のストックから引き出され、当てはめられるというより、ある状況なり他者との交渉の場において、強い状況依存性をもって浮上するものである。このことは幾らかややこしいため、後で詳しく触れることにしよう。

ともあれ本書が考察の対象とするのは、そのようなイメージのことである。すなわち冒頭に述べたように、一般人としての我々が「宗教」という言葉で直感的に想起《イメージ》するものの総体こそが本書の考察する対象だ、ということである。

しかし何故、そして何のために本書はこのようなイメージを問題とするのか。前述したようにアパデュライは、想像に、行動との結びつきという特徴を認めていた。これを平たく言うとすれば、「私が対象をどのように想像するか」ということは、そのまま「私が世界の中でどのように行動するか」に繋がっている、ということである。

再び例を挙げて考えてみよう。海外のある社会では、女性が男性に入り交じって働くことを禁じている。何故ならその社会において女性は「ケガラワシイ」存在だからである。一般に日本人は、海外にはそういう社会がありうることを理解出来る。だが同時にまともな日本企業であれば、仮にある男性社員から「女性はケガレているから当社から放逐すべきだ。現状を放置すればケガレによって企業業績は悪化するに違いない」との声が上げられたとしても、会議にかけるまでもなくその驚くべき主張を却下し、ついでに彼に社内に地位を与え続けるメリットとデメリットを評価し直すだろう。何故なら現代日本の我々にとって「女性がケガレている」というのは一般に宗教的信念であり、良識ある経営者にとっては真面目に取り合うに値しない考えだからだ。その判断の過程で誰かが思い悩む余地はない。却下という判断は常識的であり、当たり前であり、その行動はほぼ自動的に為される筈である。

事ほど左様に、我々の日常生活においてそれがいかなるものとしてイメージされているかということは、我々の行動のあり方を極めて強く規定している。そのことは「宗教」という言葉に関しても例外ではない。たとえば「女性はケガレている」と主張する個人・社会が存在することについて、日本人はとりあえずそれを理解することが出来る。もちろん、ここで言う理解とは許容や肯定を意味しない。そうではなく、そうした主張に対して、狂気に陥っているとか、国を挙げて日本人を騙そうとしているとか考えるのではなく、単に世間にはそういう宗教を信じている人間がいるのだ、と想像出来るということだ。それだけではなく、一般的な日本人には、それが少なくとも自分の身の回りに持ちこむことなど真面目に検討するには値しない信念であることを判断出来る。かつまた、たとえば海外との取引で先方の交渉人がそういう宗教的信念の持ち主だと予測される場合、その信念が論外であることをはっきり認識しつつ、こちらの交渉人から女性を外す判断を下すことも出来る。繰り返すがこの一連の行動の過程で「宗教とは何か」という面倒くさい定義など、一瞬たりとも必要ない。ただここで働いているのは「宗教」のイメージである。我々は「宗教」とは何なのかをイメージとして既に知っている。だから思い悩むような余地もなく、ただそれに従って自動的に行動することが出来るのである。

ところで本書は先ほど、イメージとは事典や一覧表のようなものではないと述べた。それは要するに、こういうことだ。前述したような企業の判断にあたって、人々の頭の中に「女性はケガレている＝宗教的信念」という一問一答がインプットされている訳ではない。たとえばある海外の取引先が、打ち合わせの前に「繁栄の聖句」を唱えるのでないと交渉は始められない、と全く唐突に言い出したとして、真っ当なビジネスマンの標準的反応は次のようなものだろう。「なるほど、そういう宗教に属されている方なのですね。時間もありますし、どうぞ」と。彼がそのように判断するために、相手の信仰する宗教の知識を予め持っている必要はない。本社に電話して専門的知識を持つスタッフに確認を取る必要もない。知識など必要ないのだ。ただどうやら先方が求めているのが宗教的信念に基づくものらしいこと、そして、だから少々時間が押すことを除けば、聖句の朗唱が取引の成否や有利不利を決しはしないこと、とはいっても取引相手の気分を考えるとその要望を尊重しておくにしくはないこと、くらいを即座に想像出来れば十分である。それは明らかに難しいことや、ましてや特別な教育なり訓練、資格の類いを要するようなことではなく、恐らく今日においては少なからざる普通の社会人が日常的にこなしていることの筈である。

これを更に言い換えれば、そのような判断とは現代日本人にとって反射的で、意識以前の反応に等しいものだということである。つまり前記の状況において、彼は特に「これは宗教なのだろうか」「聖句が交渉を不利にする危険はないだろうか」等といったことは一々考えてなどいない。考えずとも我々にはそれが「分かる」からだ。我々にとっての所与としての了解＝イメージは、人間の自意識が下す判断に先んじて、個々の状況に即して取るべき行動を教え、促す。そして我々は基本的にはそのイメージの示唆するものを疑うことはしない。イメージは自動的に作動し、我々はそれによって自動的に行動へと導かれる。本書の言うイメージは故に、反省的に捉えるとすれば「常識」とか「コモンセンス」とか、あるいは「暗黙知」といった術語で捉えられるようなものに等しい。この意味において、イメージは一つの力だと言うことが出来る。挨拶には挨拶で返すのが常識であるように、イメージとは無意識の反射のレベルで人間を動かしている力なのである。

ここまでの考察を踏まえれば、本書が何故「宗教」に関するイメージを問題にしようとしているのか、その理由はおぼろげにも伝わるのではないかと思う。本書の考えでは、この想像という契機を踏まえずに為される「宗教」論には限界がある。何故なら我々は、宗教というものを知識としてではなく、イメージとして了解し、かつその了解において自動的に動作している。そしてこの自動的な動作こそが我々の現実の世界を作っている。このように捉える限りにおいて「宗教」の知的な把握、すなわち何らかの思弁の下で「宗教」を理解しようとすることは、たとえば「自転車が何故倒れずに走るのか」を一生懸命考えることに似ている。これに対して本書の関心は、自転車が現実に走っていること、のみならず無数の人々が特にそうそうは事故を起こすようなこともなく、自転車を乗りこなしているという事実のレベルに向けられている。自転車が走る物理的原理を誰も知らなくとも、自転車は世界の中で乗り物として機能する。同様に、宗教が究極的には一体何なのか誰にも分からなくとも、「宗教」のイメージは我々の社会の中で我々を動かしている。

さて、本書は冒頭で、現代日本にあって「宗教」とは何なのか、とあえて粗雑な問いを立てた。この問いに向けた規範的なアプローチとしては、従来は大きく二つのルートが採られてきたと考えられる。その第一は、何らかの「宗教」の究極的定義を先回りして設定し、次に現実社会の事例によってその定義を正当化していく、という行き方である。このルートを辿る場合、たとえば「宗教は人間の生の究極的な地平を意味づけるものである」といった類の定義が提起される。そしてそれと、現実に見出される産業社会の矛盾や管理社会の息苦しさ、アノミーや実存の危機などが引き比べられ、その定義の正当化が図られる。本書はそれらの指摘が間違いだとまでは言わないが、定義の正当性が結論の正当性によって裏づけられる一種のトートロジーに陥っているのでは、という疑問は拭い去れない。つまり「宗教はあるからあるのだ」「必要だから必要なのだ」という、突き詰めれば分析とも言えぬような分析を迂遠に言っているだけなのではないか、ということである。

第二のアプローチとは、現実のある領域に「宗教」とか「宗教的」といったラベルを操作的に貼ることから議論を始めるものである。この枠組みにおける基本的な作業は類比である。たとえばある扇動政治家の資質を古代のメシアに類比することや、環境保護のイデオロギーにアニミズムを見出すような思考がこれに相当する。このようなアプローチは類比によって現代社会の内に、非同時代的な思考・論理を見出し、それを根拠に「宗教」の根強さなり普遍性を主張するところに特徴がある。このような切り口を本書は一つのアイディアとして全面的に否定しようとは思わない。とはいえ本書にとってそのような主張は、人間について理解しようとしている研究者の前に、ジャングルのチンパンジーを連れてきて「似てるでしょう。だから人間もチンパンジーも一緒」と説くのと良く似た振る舞いであるように見える。霊長類学が教える通り、確かにサルと人間の類比が人間の理解にもたらす知見は果てしなく大きい。所詮我々は「パンツを履いたサル」に過ぎないのかもしれない。だがそれでも現代人を理解しようと言う時、「サルと一緒」で幕引きされては、やはり些かの困惑は免れない。宗教とは確かにある面では通時的普遍性を具えた人間的現象と見做しうるかもしれないが、むしろ現代日本の我々に見出される固有性とはいかなるものなのかをここでは問題にしたい。類比の作業はこの固有性を説明し尽くすものではありえないのだ。

再び問うてみよう。我々にとって「宗教」とは何であるのか。この問いに答えるためには、「宗教」を思弁的かつ大上段に定義したり、眼前の何事かを操作的にそう呼んで類比したりするのでは足りない。宗教を普遍的、一般的に考えようとするべきではないのだ。問われるべきは我々自身を現実に動かしているイメージにある。すなわち我々は今現在において「宗教」というものをどのように想像《イメージ》しているのか、そのことをこそ問うべきなのだ。

2　歴史の遡行

先ほど述べたように、イメージとは誰かの頭の中に事典や一覧表のようにストックされているものではない。我々は「宗教」とは何なのか、常に、既に、よく分かっているものの、それを言葉にしようとすると、「あれはどうか」「これはどうか」という個別的な文脈の下で状況的にしか語り得ないのだ。だとすればそのようなあやふやなものとしてのイメージを捉えていくためにはどのようなアプローチがありうるだろうか。

ここで再び思い出すべきは先程来言及してきたように「想像は行為と繋がっている」という考えである。了解こそが投企を促すが故に、ある行為・行動はその主体が世界をどうイメージしているかということと直結している。たとえばラジオ放送を通じて国民が国家を想像し、各々がその想像の下で国民らしく行動することによって、近代国家＝想像の共同体は現実のものとして機能するように、だ。これと同じように我々において「宗教」がどのように想像されているかということは、人間が宗教とどのように関わり、そのイメージの下でいかに振舞うのかと結びついているのである。

本書のこのようなパースペクティヴはミッシェル・フーコーの比較的後期における理論を規範としている。フーコーが人間の行為・行動を指した用語は「実践」であったが、彼はそうした人の実践の歴史的変化を、彼が「言説」と呼ぶものの変化の結果として捉えた（フーコー 二〇〇六〔一九六九〕：七五―七七）。言説とは書かれ、言葉として表象された知である。人間はこうした知を通じて世界を把握し、その認識に従って行為する。この点で言説とは、ハイデッガーの言う現存在にとっての世界を了解する仕方に相当する〔2〕。こうした働きを本書はこれまで「イメージ」という言葉で呼んできたわけである。本書が前節に指摘したことを踏まえれば、人間はこの言説に表現されるような了解をもって在るイメージに従い、自動的に行動するのだ。言い換えればイメージが変化する時、人間は行為の仕方、振舞い方を変えることになる。フーコーの歴史に対するアプローチの基調にあるのは、こうした「知」と「実践」の結合という認識である。

こうした思考を分析手法に具体化した例に、歴史学者のポール・ヴェーヌの試みがある。ヴェーヌはフーコーの議論を踏まえて、たとえば古代ローマにおいて四世紀に剣闘士試合が廃止されたことについて、次のような分析が出来るとしている（ヴェーヌ 一九八三〔一九七六〕）。彼によると古代ローマの剣闘士試合の廃止は、彼以前の研究ではキリスト教の浸透による人道主義が「残酷な」剣闘士試合を嫌う風潮を生みだしたため、と解釈されてきたという。しかしながらヴェーヌの調査では、現実の四世紀のローマには同程度に残酷な文化が正当なものとして多数営まれていたと言い、そのことを踏まえれば剣闘士試合の廃止をキリスト教人道主義の普及にのみ還元する説明には不十分なところがある。このためヴェーヌは新たな解釈を提示する必要があるとし、このことをフーコーの理論に従って、ある言説の変容から説明しようとする。それはすなわち「統治者」についての言説である。ヴェーヌによれば古代ローマの言説において元々、民衆と統治者＝皇帝の関係は「群とそのリーダー」という関係に擬えられていたという。そこでのリーダーの役割は群を導くこと――すなわち統率し、食べ物を与え、欲求を満たすことにあった。だが四世紀になると、そのような獣の群に擬えられるが如き民衆と皇帝の関係は変化し、新たに「子供と親」のような関係にあるものとして言説に現われるようになる。つまりここで皇帝は子供たる民衆に対して、ただ徒に欲求を満たすばかりではなく、慈悲を与え、徳性を育むべく働きかけることが求められるようになるのである。ヴェーヌはこの「統治者」という存在についての言説の変化を、古代ローマ文化・社会の変化の基調に位置づける。すなわち統治者に求められるべき振る舞いとは、かつてのようにただ群のリーダーとして民衆の欲望を満たすばかりではなく、民衆を我が子のように慈しみ、育むこととなったのである。そしてヴェーヌは剣闘士試合の廃止とは、こうした言説の変化に伴う了解の変化がもたらした一つの帰結に他ならない、と指摘するのである。

以上のような認識論は、本書の試みにとって模範となるようなものである。すなわち人の行動のあり方と、それを為す彼らの了解＝想像を何らかの関係にあるものとして捉えるというのがそれだ。このような視点に立つことの利点は、我々の「宗教」に対する明示的な知の欠如――すなわち必ずしも明瞭には言葉に出来ないにもかかわらず、「宗教とは何か」ということをよく知っている、という実態を捉えうる点にある。繰り返し述べてきたように「宗教とは何か」とは我々の頭の中の知識としてではなく、我々の（必ずしも自覚を伴わない）現実の行為の中にこそあるのだ。言い換えれば我々の行為はイメージによって編成され、前節にいささかしつこく見てきたように、常識的な社会人にとって当たり前の所作として営まれる。要するに今日宗教がそのようにあるようにあるということは、我々が宗教をそのようにあるべきものとしてイメージしていることの反映である筈なのだ。

この認識の下で本書が踏み込む作業とは、近代日本史の遡行である。つまり我々が今日のように、そのようにあるべきものとして「宗教」をイメージするようになったのは一体いつからのことであるのか。またそれは如何にしてであったのか。そしてその画期以前には「宗教」とはどのようにイメージされており、それは現在の我々が抱くイメージといかに共通し、またいかに異なっているのか。強調したいのはこの歴史的遡行とは、歴史の解明を目指すばかりではなく、現代の我々を理解するための対比を生み出すことを目的としているということである。何故ならこの差異の対比こそ、今日の我々自身の特徴を教えてくれる筈だからである。よって本書が探すのは、我々の「宗教」のイメージにおける、歴史のどこかの時点にあるべき断層である。そしてこの点こそが重要であるのだが、この「宗教」イメージの断絶線とは、すなわち我々の行動のあり方における断絶線に他ならない。何となれば本書が再三繰り返してきたように、イメージは現実の行為と結びついているからだ。現代の我々の行為がイメージによって組織されているように、明治から昭和初頭、すなわち近代日本における「宗教」のイメージは、その時代の人々の行動のあり方を決定してきた。たとえばそれはやがて本書が具体的に見ていくように、「宗教」への期待や熱狂として、あるいは「宗教」の説くところに対する抑圧として、だ。

おぼろげにであれ近代日本史を学んだ者にとって、明治維新から太平洋戦争に至る民衆史が、繰り返される宗教への抑圧と常に共にあったことは常識に属しよう。それは幕末維新期の「廃仏毀釈」と呼ばれるファナティックな弾圧に始まり、その運動は近代化に対する仮想敵としての迷信＝民俗信仰への抑圧へと連なっていく。あるいは明治末から大正期にかけての神社合祀の政策から、昭和ファシズム期における宗教弾圧、加えて一部のキリスト教に対する排斥なども想起して良いだろう。これらの宗教に対する抑圧は日本近代史の暗部として、多くの卓越した研究者により考察が積み重ねられてきた領野である。当然議論も相当程度煮詰められており、あるいは今更顧みるべき問題など残っていないようにさえ見えるかもしれない。しかしながら本書の考えでは、これまで見てきたイメージという視角は、従来の研究に対して新しい理解をもたらすものである。

そもそもある種の宗教に対する抑圧とは何だろうか。次節以降に具体的に見ていくように、既往研究はしばしば近代日本民衆史上の宗教に対する抑圧を、基本的に階級間対立とその支配の手法の問題として図式化してきた。つまり議論の出発点において、まずは民衆支配を目論む「支配者」が一方に仮定され、その反対側には無辜の「民衆」が配置される。この構図の下で民衆は支配者によって煽られ、啓蒙され、なだめすかされ脅かされて、やがて支配者に従うことを強いられていく。この階級間対立の構図において、様々な宗教への抑圧とはその支配の手法の一端に位置づけられる。すなわち民衆が自らの奉じたところの信仰を失っていったのは、邪悪な支配者たちがそれらの信仰をつるし上げ、糾弾し、追いやっていくことで民衆を矯正した企みの帰結だというわけだ。

本書が拒絶するのはこのような恐怖の物語としての近代民衆史像である。何故ならこのような物語は二つの点で現実から乖離している。それは第一に、支配者に超越的認識能力を仮定する点においてであり、また第二には、民衆に歴史の主体としての権能を認めない点においてである。思考実験としてこの階級間対立の物語が正しいと仮定してみよう。仮に恐るべき邪悪な支配者が現実に存在したとして、そもそも彼はどうして「ある種の宗教を抑圧するべきだ」というアイディアを獲得したのだろう。そのアイディアの発生について言えば、彼という鬼才が孤独な思索の果てに見出した独創、と考えることは現実的ではない。むしろ彼を含めた世界の内に、件の宗教に対し危険性を見出すようなイメージが共有されていることを前提に、そのイメージの中からの尖鋭として「何としてでもこの宗教は潰さねばならない」という彼の確信を位置づけた方が現実的だろう。確かに一般論として支配者層は社会全体の中で相対的に多くの知識を有し、それ故に認識能力において優位にあることは事実である。しかしながら彼らが獲得しうる認識や思考は、現実の人間社会から大きく離陸するようなものではありえない。あるいは百歩譲ってそのような超越的認識能力を有する人間が出現したとしよう。そのような天才としての彼が思うままに自らのアイディアを社会に対して問うた場合、彼の主張が支持される可能性は決して高くはない。何故なら彼の突飛なアイディアは、周囲の人々にとって説得的なものではないからだ。このことは天動説や進化論が説かれた時に、提唱者たちが社会からどのように扱われたかを考えれば明らかであろう。

第二の、民衆自身に歴史の主体としての権能を認める、ということはこの点に関わってくる。宗教への排斥が弾圧という行為に具体化するためには、民衆にその必要性を説き、耳を傾けさせ、巻きこみ、同意させ、結集させ、現実の運動へと育てていかなくてはならない。少なくともそうした民衆の合意を取り付ける手続きを伴わない宗教弾圧は成功し得ない。何故なら宗教とは一般に人間の内面的な営みに多くを負っている。宗教施設や神像などの物理的破壊は、宗教組織の財政的基盤にこそ危機をもたらしうるが、信者の宗教的信念を壊すことには必ずしも繋がらない。可能性があるとすれば信徒の生命に対する物理的攻撃としての虐殺であるが、この場合ですら信徒集団の絶滅でも実現するのでなければ、「殉教」という教義的正当化をもって残党の信仰が強化され、あるいは「御霊」として横死を遂げた者たちの現実への回帰に転じることは珍しくない。ある種の宗教や民俗信仰が失われていったとすれば、それは民衆自身の同意に基づいた主体的な判断の下でしかあり得ないのである。これは逆に言えば、もし人々がその信仰に対して「迷信」であると自ら認識し、了解したのであれば、人々は自動的にその信仰を捨てるということでもある。従って近代史上に幾つもの宗教が抑圧され、社会空間から排除されたとすれば、それはそれを担ってきた民衆自身が、自らの頭でそれらを無用と判断するに至ったことの帰結としてしかあり得ない。かように近代史の主体はあくまでも民衆自身に求めるべきだ、というのが本書の立場である。

本書が依拠するイメージという視角は、如上の問題意識に基づいている。すなわち日本近代史上において幾つかの宗教や民俗信仰が経験した不遇とは、ある限られた支配者による独善的な抑圧の結果でありうるにも、まして、それを担った人々におけるイメージの変化の帰結として理解せねばならない、と本書は考えるのである。ただし本書はこの過程においてある種の支配者や、特にインテリがそれなりに際立った機能を果たしたことを否定しない。すなわちイメージが作られ、あるいはイメージが変化するに際して、インテリはそれらの新しいイメージの構築に対し、言論人ないしはマスメディアとして特権的に関与したものと考えられる。ただしその上で本書は、こうしたイメージが民衆に「受容」される局面においては、支配者や知識人の力はごく限定されてくると考える。何となればこの構図に即して言えば、イメージの変化とは言葉の変化に擬えられるからである。インテリは新語を作り出し、それをマスメディアに流通させることも出来る点で一般民衆に対し特権的な立場にあるが、そこで示された新語が人々に受け入れられ、人々の日常語のうちに組み込まれうるかは彼の力量を越えたところで決定される。ある言葉の変化は、言葉の作り手の発声を肯定的に引き取り、受け入れ、自らの言葉として再び発声する無数の人々が続くことをもってのみ実現する。そしてそのような無数の人々による了解が果たされるには、その言葉が名指すべきイメージが、既に先んじて人々のうちに共有され、潜勢していなくてはならない。そうした既にあるイメージとかけ離れ、相反するところに新たなイメージを上書きすることは、身体的・精神的負荷によって判断力を減衰させるマインドコントロールの手法でも用いない限り不可能である。

さて、宗教への抑圧に対する本書なりの見通しを整理したところで、再び元の問いに立ち返ろう。すなわち我々において「宗教」とは何なのか。先ほど本書は、これから本書が取り組む作業が歴史的遡行であること、そしてその作業の目的は何らかの断層の発見にあることを述べた。そしてその断層がすなわち人間の行為の断層であり、行為へと人間を導くイメージの断層であることについても述べた。このことを踏まえ、考えてみよう。近代日本民衆史に見出される宗教への抑圧を生み出した「宗教」に対するイメージと、今日の我々の抱く「宗教」へのイメージの間には、果たして断層は存在するのだろうか。つまり民俗信仰を「迷信」と呼んで排除し、一部のキリスト教を典型とする特定教団を抑圧した過去の日本人と、今日の我々の間には差異は存在するのだろうか。

たとえば一つのありそうな考え方として、太平洋戦争の敗戦と昭和ファシズムの挫折に断層を見出す立場があるだろう。戦前／戦後という分割が多くの場における便宜の上で近代史と現代史を分かっているように、終戦を「宗教」イメージが変化する契機と見做すことはそれなりに説得的でありそうに見える。しかしながら実際には、民俗信仰の扱い一つとっても、こうした歴史像には首肯しがたいものがある。前節で異文化を想定して考えたように、我々は様々な「宗教」的な信念や行為に対して、それらが突き詰めれば真面目に取り合うに値しないことを十分了解している。またそれと同時に、それらを現実の利害に干渉しない範囲においては尊重すべきこともよく知っている。我々において「宗教」とはそのようなものとしてイメージされ、了解されていることは、現実の我々の行為のうちにはっきりと見出される。さて、問題はそうした行動のあり方が、太平洋戦争の前後で区切られるものであるかどうかだが、とりあえず言説のレベルから見通しまでに述べれば、一部の民俗信仰を「迷信」あるいは「淫祠」「邪教」のように呼んで排斥する思考そのものは近世以前にまで遡りうる。そしてそれが、国策としての近代化と対置され、取るに足らないものとして、近代化を推進する為政者やインテリに説かれたのは明治前期のことになる。他方でそれらの尊重を説く言説の出現はもう少し遅れ、明治末から大正期に相当する。たとえば民俗信仰に研究対象としての価値を認める民俗学の出現は、そのメルクマールとなるだろう。これらのインテリや為政者の言説は、一般に膾炙したイメージとイコールではないが、少なくとも民俗信仰に即して言えば、太平洋戦争の敗戦を我々の行動を一変させた一大契機と見做すことには明らかに無理がある。すなわちイメージの断層はもう少し前の時点に求めるべきだろう。そうだとするとそれはいつであり、またその変化はいかにして生じたのだろうか。詰まるところ、日本人が今日そうしているように「宗教」をイメージするようになったのは、いつからのことなのか。

長い前置きとなったが、本書がこれから求めようというのはまさにこの点、近代民衆史上におけるイメージの断層の所在である。ここで問題をより明確にするために一旦思弁を切り上げて、先行研究が論じてきたことを確認しておきたいと思う。その際最大の焦点となるのは「宗教」という言葉それ自体の来歴を巡る考察の蓄積である。

二　研究史

1　言葉のポリティクス

言葉としての「宗教」に注目した研究は本書が初めてではない。と言うよりも、後述する村上重良の著作『国家神道』が世に出された一九七〇年代以降、「宗教」という言葉を手がかりに近代日本史を読み解く試みはむしろ標準的なアプローチであったとさえ言える。その背景には「宗教」という日本語の成立をめぐる事情がある。

そもそも「宗教」は言葉の上では日本語でこそあるが、その中身は半ば外来の概念である。近世以前の日本においては「宗教」という言葉は、今日の我々が感受するような語感を持ってはいなかった。「宗教」の語は、かつては今とは異なる語感で流通していたのである。たとえば「キリスト教」と言う時、我々はそこから何らかの一群のイメージを想起する。十字架や教会、イエス・キリストの肖像から様々な宗教画、カトリックの神父とプロテスタントの牧師、あるいは、何よりもキリスト教が具えていると思しき教義とそこから導かれる儀礼や生活態度、あるいは信徒から成る教団組織といったものがそれである。今日の我々はこうしたまとまりをもって「キリスト教」という言葉で呼んでいる。こうした認識のあり方は、仏教やイスラームについても同様である。つまり我々は「〇〇教」という言葉遣いでもって、教義や教団組織を初めとする無数の要素のまとまりを把握し、イメージしている。今日において一般的に「宗教」とは、そうしたまとまりを串刺しして把捉し、包括する言葉として用いられている、と言うことが出来るわけだ。

しかしながら前近代、つまり概ね江戸時代までは「宗教」はそういう言葉ではなかった。そうしたまとまりを指した言葉としてはせいぜい、仏教の語彙である「宗門」や「宗旨」「宗派」が、やや近い言葉として用いられていたに留まる（林 二〇〇三）。近世にキリシタンが危険視された時、それが「邪宗門」と呼ばれることはあっても「邪宗教」と呼ばれることがなかったのはそうした事情を反映している。キリスト教というまとまりを指しうる言葉はあくまでも「宗門」であり、「宗教」とは文字通り、それら「宗門」「宗派」が説くところの「教」を指した言葉に過ぎなかった（西谷 二〇〇〇：八）。たとえば淫祀邪教という言葉があるが、そこでいう邪教とは「邪悪な宗教」の意味ではなく、淫祀すなわち「淫蕩な祭祀」と対をなす「邪な教え」を指している。そのような用語法の下では、キリスト教の儀式が淫祀と論難され、その説くところの教義が邪教と攻撃されることはあり得ても、キリスト教そのものが「邪宗教」と表現されることはあり得ない。キリシタンは「宗教」という言葉ではなく「宗門」という言葉によって括られ、その上で「邪宗門」として弾圧を蒙ったのである。

「宗教」の意味が今日のそれへと変化するのは、日本の近代化過程のことである。その契機とは英語の religion が日本語へと翻訳された際、その訳語に「宗教」の語が宛てられたことであった（磯前 二〇〇三：二九―五四、二〇一二：一七七―一八〇）。明治維新以降、日本は西欧の思想を矢継ぎ早に輸入していったが、religion の翻訳はその一コマに位置づけられる。もっともその輸入は単なる知的好奇心によってではなく、キリスト教の国内宣教の可否を含めた議論、すなわち「信教の自由という権利を日本国民に認めるべきか」という大きな統治論的文脈を負っていた。そのことは改めて後述することになるが、いずれにせよ一部の既往研究はこの翻訳を通じた受容という認識に基づき、「宗教」という言葉の近代性、あるいは外来性に注目してきたのである。ちなみに誤解を避けるために強調しておきたいが、これはもちろん前近代日本には「宗教」はなかった、という意味ではない。今日「宗教」と呼ばれているようなものが、そのように呼ばれ、把握され始めたこと――すなわち「宗教」としての対象化が近代の出来事であった、というのがここで本書が言わんとすることである。

この外来性のために「宗教」には「文明」や「意識」「客観」「民族」「思想」等々と同様、近代化に際して生み出された和製漢語に近い出自が見出される。つまりそれらは、西欧より入ってくる前には日本に存在しなかった概念であり、日本の文化・伝統とは無関係ではないにせよ、それに直接根ざして生み出されてきたわけではない、ということだ。それが本来的に根を下ろしていたのは西欧であり、それ故にその意味内容は主にキリスト教の伝統に多くを負っている(タンバイア 一九九六〔一九九〇〕)。このため過去の一部の研究は、我々における「宗教」のイメージの落ち着かなさ、収まりの悪さの一因をこの外来性に求めてきた(末木 二〇〇六:六)。すなわち近代以前に遡る日本文化に対して、借り物に過ぎない舶来の言葉を無理やり当てはめているのではないか、ということである。

たとえば「日本人は無宗教だ」というありふれた一般論を例に見てみよう。このような理解は学術研究というより、専らマスメディアや批評等の場で主張されることが多いものだが、統計は確かに日本人の「宗教」に対するコミットメントの弱さを示している。この分野でよく参照されるNHK放送世論調査所編『日本人の宗教意識』によると、「信仰の有無」という質問への肯定的回答は三三%程度であったという(NHK放送世論調査所編 一九八四:一三)。同調査が強調するように、慣習的な「イエの宗教」として(すなわち檀家や氏子として)ではなく、主体的かつ自覚的に宗教を信仰している、とする日本人は統計上全体の三分の一程度に留まるのである。また別な統計では、ある特定の宗教教団に信仰を求め、帰属意識を持っている日本人は全体の一割程度であるともいう(石井 一九九七:八)。このような実態を前にし、これを無宗教と言わずして何なのか、というのは相応の見識だろう。

しかしながら「日本人は無宗教なのだ」と言われると、その主張は必ずしも素直に腑に落ちるようなものではない。その一つの根拠として、日本には前述のように「イエの宗教」として慣習や儀礼、あるいは年中行事のかたちで行われる「宗教的行動」が濃密に見受けられることが挙げられる（末木 二〇〇六：二二六―二二七）。特定宗教や教義には依拠せずとも、寺社詣でや墓参りといった行動で見れば、それらが失われそうな様子は今のところない。すなわち「宗教」と呼んでしまうには躊躇《ためら》われるような礼儀作法や儀式、習慣、ならわしにおいてみれば、日本人はむしろ積極的でさえある、と見做すことも出来るのだ。こうした傾向は、我々が日常的に見聞きする範囲においても枚挙に暇がない。たとえば最新鋭のビルの建造に際して地鎮祭が催されることは「宗教」ではないのか。結婚式に吉日を選ぶことや、受験生がお守りを買いに行くことはどうか。盆に渋滞を抜けて先祖の墓に詣でることや、故人の墓の前に食べ物を供えることはどうだろうか。そうした行動を踏まえた時、我々は本当に「無宗教」と言えるのかどうか、答えることは決して易しくない。特に自覚的な信仰があるわけではないにしても、「無宗教」と言われると妙に腑に落ちない、とはこうした事情を反映した実感といえる。

阿満利麿が一般向けに書き下ろした著書『日本人はなぜ無宗教なのか』はこの点に関する模範的考察として評価することが出来る（阿満 一九九六）。阿満によると「宗教」という言葉がしっくりこない理由とは今ほど確認した通り、まずはそれが外来の概念であり、本来的には西欧の文化・伝統からの借り物であることに求められる。すなわちキリスト教を範とするような西欧の「宗教」概念を基準とする限り、日本の「ご先祖を大切にする気持ちや村の鎮守にたいする敬虔な心」に見られるような宗教性は取りこぼしてしまうと言うのである（阿満 一九九六：一五）。かような認識に従って阿満は、この問題への処方箋として「宗教」の意味内容の内側に、創唱宗教／自然宗教という弁別的な用語法を設定し、日本で担われている宗教の多くを後者に属するものとして理解することで「宗教」の語と日本文化を結び直すことを推奨する。

少し解説を加えるならば、ここで彼が言う創唱宗教／自然宗教というカテゴリーとは阿満の独創ではなく、宗教学の術語に準拠したものである。創唱宗教とはキリスト教を一つの典型として、ある教祖によって創られ、唱えられた宗教の謂いであり、教義体系や教団組織を具備した、いわゆる「宗教」のことを指した言葉である。創唱宗教はその多くが自覚的信仰と教団への帰属意識を信徒に要求し、信仰告白のような明確な加入儀礼を具えていることも多い。この点は後に触れることになるが、明治維新に際して日本に輸入されたreligion概念は、西欧のキリスト教を範としていたが故に、ここで言われる創唱宗教に近いものであった。他方で阿満がこれに対置する自然宗教とは、あらゆる人間が生まれながらに「自然に」有する宗教心の発露を指している。具体的には太陽や月への信仰、山川草木の如き自然環境やカリスマ的人物への崇拝、あるいは先祖祭祀や年中行事などの他、儀式や祭礼、所作や行為等もこれに含まれる。翻って自然宗教は、創唱宗教が一般に具えているような教祖や教義、教団といった体系・制度や、明晰な宗教的観念を必ずしも要件とせず、日本の先祖祭祀のような領域も範疇に含むことになる。こうした用語法に従えば、日本人は創唱宗教に関しては「無宗教」かもしれないが、自然宗教に関しては決して「無宗教」ではない、と表現出来るわけである。このような阿満による用語法の整理は、先に見た統計的な「無宗教」性と、それと矛盾するような宗教行動の盛況という実態に十分合致している。

しかしながらこうした議論から一歩身を引いて考えると、一つの疑問が浮かぶことになる。それはつまり、何故「宗教」概念の翻訳はミスしたのか、という疑問である。異文化間における言葉の輸入過程、あるいは翻訳過程がしばしば強引なものとなることには、翻訳が異文化間におけるイメージの受け渡しである以上、やむを得ない面がある。言葉は常にそれが育まれた伝統に即して、特定の時空間とそこで生きる人間の経験に根差して固有のイメージを作り上げる。生まれつき目の見えない人間に色彩を伝えることが困難であるように、伝統や経験を共有しない人々にありのままにイメージを渡すことは難しい。だからこそ文化人類学者は長年「文化の翻訳」という問題に腐心してきたわけだが、更に厄介なことには、翻訳は決して対等な関係の間で行われるとは限らず、しばしば二つの社会の力関係は非対称である。ちょうど日本が西欧の概念を輸入した時も、それは単なる知的好奇心を動機としていたわけではなく、あくまでも優れた西欧に劣った日本が学ぶ、という関係性が状況を強く規定していた（島薗 二〇〇四）。この力関係の下にあったからこそ、「宗教」は日本の文化や伝統と十分にすり合わせられることのないまま輸入された、と理解することはそれなりに説得的である。

とはいえそうした困難さは、実際「宗教」という言葉が日本にうまく輸入出来なかったことの、必要条件ではあるが十分条件ではない。何故なら近代日本の知識人は、前述したような多数の和製漢語「文明」「意識」「客観」「民族」「思想」等々を作り出し、それによって多くの概念を輸入した実績があるからである。抽象性において然程の違いがあるわけでもないにもかかわらず、これらの語にはその語感において、西欧人と我々のイメージの間には少なくとも「宗教」程の懸隔を生じていないように見える。つまり真っ当に考えれば、本来なら **religion** の翻訳は可能だった筈なのではないか。あるいは随分とこなれない表現であるとはいえ、創唱宗教／自然宗教の区別を掲げた阿満の主張を、再翻訳の試みとして評価しても良いかもしれない。いずれにせよ今更そのような考察を要するまでに「宗教」のイメージが不透明であるとするのならば、その理由がやはり問題となるだろう。

そして既往研究がその理由を探る中で嗅ぎ取ってきたのは、政治的作為と欺瞞の匂いであった。というよりもこの欺瞞の追及こそ、実のところ「宗教」概念をめぐる既往の議論の基調だったと言っても過言ではない。ではその欺瞞とは何だろうか。先ほど参照した阿満利麿は、別の著作において「宗教」イメージの混乱の最大の原因を、近代日本の為政者が自ら敷いた宗教政策に求めている（阿満 二〇〇五（一九九四）：一三）。それはすなわち「神道は宗教にあらず」という主張、いわゆる神社非宗教論と称される考えである。

近代日本の宗教政策において、学問的には「国家神道」と呼ばれている体制が際立った影響力を有していたことは多くの人の知るところである。それを初めて体系的に考察した村上重良の著作『国家神道』は、国家神道とは「二十数年以前まで、われわれ日本国民を支配していた国家宗教であり、宗教的政治体制であった」と規定することから議論を始めている（村上 一九七〇：ⅰ）。同書が刊行されたのは一九七〇年一一月であり、彼の「二十数年以前まで」という遡行は太平洋戦争の敗戦を念頭に置いている。先の引用にあるように村上は戦前期における神道を「国家宗教」であったと断定し、かつそれを「宗教的政治体制」と呼ぶことで、当時の政治との抜き差しならない関係を強調する。言い換えれば彼の「国家神道」に対する憤りは、一義的にはそれが政治体制との共犯関係にあったこと、そしてそのことで「政教分離」という原則が蔑ろにされたことに向けられている。

ここではさしあたり「政教分離」という言葉を、政治と宗教を相互に不干渉であるべきものと規定した原則、としておこう。つまり政治は宗教を妄りに抑圧したり、また逆に利用するようなことはあってはならず、そして宗教の側も政治の領域への関与には抑制的であるべきだ、ということである。これをとりあえず近代国家体制に要請されるべき一つの原則と見做す時、近代日本の国家体制がそれを疎かにしていたことは否めない。何故なら近代日本は神道儀礼を国家の公的行事として遇し、国家の戦争に殉じた死者を神道の祭式に則って祀り、国家の首長としての天皇への宗教的崇拝を国民に強いてきたからである（子安 二〇〇四）。ただし村上の批判は、こうした宗教的政治体制の非近代性に対する指弾に留まるものではない。それ以上に彼が問題視するのは、国家神道体制の実現過程が国民的な議論と合意形成の帰結としてではなく、言葉の誤魔化しによって成された、という点である。何となれば、村上の考えでは神道は明らかに「宗教」以外の何物でもない。しかしながら近代日本政府はかくも明らかに「宗教」であるところの神道を、法制度上の言葉のレベルで「非宗教」とし、「儀礼」「習俗」に分類して位置づけることで、それが政治と関係を取り結ぶことは何ら政教分離原則に背くものではない、とした。よしんば国民が広く議論を取り交わし、神道を国教として仰ぐことを民主的プロセスによって定めたのであればいざ知らず、国家神道体制は用語の誤魔化しによって、その是非を問う機会を逸したまま、祭祀や天皇崇拝の強制を正当化していったとして、村上はその経緯を厳しく批判するのである（村上 一九七〇：一一）。

このような戦前期日本の不徹底な政教分離体制を「日本型政教分離」と呼んだのは民衆史家の安丸良夫である。安丸もまた批判的に述べるように、日本における政教分離とは表向きにこそ信教の自由を掲げつつも、同時に皇室神道・天皇崇拝等については非宗教とし、かつそれらを国民の義務とした体制であった（安丸 一九七九）。こうした体制は一八八九（明治二二）年大日本帝国憲法二八条に掲げられた「日本臣民ハ安寧秩序ヲ妨ケス及臣民タルノ義務ニ背カサル限ニ於テ信教ノ自由ヲ有ス」の条文に明らかに見出される。特に皇室神道に基盤を有する天皇崇拝は道徳、習俗、儀礼等々と呼ばれることで「宗教」とは別格に遇され、教育勅語や国民道徳論といった教育制度や道徳的価値観に読み替えられながら、最終的には国民統治のための資源へと転用されていった。安丸の日本型政教分離概念は、こうした体制を裏づけた「実際には宗教として機能しながら、近代国家のタテマエとしては、儀礼や習俗だと強弁」した欺瞞的論理を、その形成過程の検証からえぐりだした成果であり、村上の国家神道概念とともに近代日本宗教制度史を捉える上でのアウトラインを提供するものであった（安丸 一九七九：二〇八―二一一）。

ここまでの議論を整理すれば、既往研究が「宗教」イメージの混乱の原因として見出した作為とは、すなわち国家神道体制（あるいは日本型政教分離）と呼びうるような近代日本の国家体制と、それを生み出した用語のすり替えの欺瞞ということになる。つまり彼らの考えでは religion が「宗教」という日本語に翻訳されようとしているその時、日本という国家はそこに介入し、いわばその意味内容を歪めたというのである。その動機となったのは言うまでもなく、天皇を中心として国家を統合し、各地の神社を一種のイデオロギー装置とすることで民心を把握しようという、近代国家日本の為政者たちの思惑であった。だから国家は「宗教」概念を恣意的に曲げてでも、本来ならそこに含まれるべきであった天皇崇拝や神社神道を「儀礼や習俗だと強弁」して除外せねばならなかった、というのである。

このような歴史像から現代日本へと照らし返せば、像を結ぶのは次のような認識である。すなわち今日の我々においてなお、特に「神道が宗教とも慣習ともつかないようなもの」としてイメージされているとすれば、それはまさにかような近代における政治の欺瞞の残響なのではないか、ということだ。先ほど論及した阿満の議論が規範的だというのはこの認識においてである。それというのも阿満は、先ほど見た「宗教」の翻訳を巡る批判的考察から、言葉に対する国家の介入の可能性を批判し、その自明性を疑い続けることの必要性を訴える。すなわち彼が「国家中心主義」と呼ぶところの「単に宗教にとどまらず、一つの文化現象を、国家の意志にあわせて都合よく分断、変形して怪しまない精神そのもの」を問題としなくてはならないというのである（阿満 二〇〇五〔一九九四〕：一三―一四）。

2 宗教概念論

阿満が規範的に示したような認識論は、九〇年代後半に現われた新たな研究動向である「宗教概念論」の議論にもある程度共有されている。宗教概念論とはその名の通り「宗教」概念自体を考察の対象とした一連の試みを指している。ただし宗教概念論は「宗教」という言葉の日本への受容過程に注目する点では、前節に見てきたような研究史とアプローチを共有しているものの、その視点は些か異なっている。それは宗教概念論の問題意識が、必ずしも村上や安丸の延長線上に現われたわけではないという、学史上の経緯を反映している。すなわち宗教概念論の理論的なルーツとなっているのは、ポストコロニアル批評によって問題提起された他者表象をめぐる議論であった〔3〕。

他者表象とは自分とは異なるものとしての「他者」を記述し、何らかのテクストとして描写する行為を意味する。この他者表象が人文学全体に関わる重要な課題として焦点化された最大の契機は、文学者エドワード・サイードの一九七八年の著作『オリエンタリズム』に認められる（サイード 一九九三〔一九七八〕a、一九九三〔一九七八〕b）。問題提起の書として知られるサイードの『オリエンタリズム』が具体的に取り組んだのは、長い歴史の中で「西洋」が描き、無数のテクストとして表象し続けてきた「東洋」の像とはいかなるものであったかを解明する作業であった。ここで言うテクストとは旅行記や地誌から行政文書、あるいは随想や哲学的思弁、そして何より文学テクストを指している。

それらの読解を通じてサイードが示唆するのは、こうした表象が純粋無垢で客観的な知であるということは決してあり得ず、常に無意識の偏見の下にあること——もっと言えばそうした表象は、テクストを書くところの彼ら「自身」に対置され、彼ら「自身」とは似ても似つかない「他者」として、言わば彼らの自己認識の陰画をなすような存在として描く欲望の下に築かれてきた、ということである。こうして無数のテクスト群として積み上げられた他者表象は、「単なる学問上の問題」を越えて、現実の世界における差別や植民地主義に接合し、西洋の東洋に対する暴力を正当化する自明性に転化していくことになる（サイード 一九九三〔一九七八〕a：七二）。かようにまとめうるサイードの他者表象に関する批判は、知識がそれ自体として権力として働くことへの批判であるとともに、中立で純粋な学知ということの決定的な困難さをえぐりだすそれであった。

学史の展開として、この学知の中立性をめぐる批判を特に深刻に受け止めたのは文化人類学である。異文化の研究を旨とし、まさに他者を表象するものとしての民族誌叙述を学問の基盤に据える文化人類学にとって『オリエンタリズム』の投げかける問いは極めて深刻な意味を持った〔4〕。この「表象の危機」と呼ばれるインパクトは、論集『文化を書く』やジェイムズ・クリフォードの『文化の窮状』といった人類学批判の試みに繋がっていくことになる。ただしここで注意しておくべきなのは、これらの批判の問題意識は「どこかにいる筈の悪者」を探すような筋のものではなく、人類学的な思考様式の脱構築にこそ向けられていたという点である。すなわち他者表象と植民地主義の共犯関係とは、「どこかに差別主義的で植民地主義的な野心を持った邪悪な人類学者がおり、その人物が権力と結託して現地社会への偏見を振りまいた」という子供っぽい善悪二元論に還元されるようなものではない。そうではなくポストコロニアル批評が問題としたのは、多くの善良で理性的な人類学者において、科学的で中立なものとして扱われている思考様式こそ、実は植民地主義と根深く関わっている可能性についてであった。

たとえばこの問題の先駆的な論客であるアサドは、かなり早い段階で「機能主義」に対する批判を展開している

(Asad 1973)。機能主義とは近代人類学のある意味では出発点たる枠組みであり、ある文化をその社会の全体性に対し、何らかの統合機能を果たすものとして捉えるアプローチを指す。たとえばある社会で行われている神祭祀に対する分析を考えてみよう。近代人の目には一見馬鹿馬鹿しい「迷信」に過ぎないものであるかの如きその祭祀は、かつて機能主義の光源に照らされることで新たな像を結んで見出されることとなった。すなわちその「迷信」は、それが存在することによって、祭祀に携わる人々の共同体の結束を強め、ひいては社会の統合を実現するための、有用かつ有益な契機として再評価されたのである。こうした機能主義の分析手続きは、科学的で合理的な雰囲気を帯びて我々の目に映る。何となれば機能主義分析の光は、一見した限りでは不合理で無意味に見えるような文化のうちに、隠された首尾一貫性と合理性を浮かび上がらせるからだ。だからこそこのような思考様式を獲得したことで、人類学は異文化を理解する学問として特権的な知になり得たのである。

しかしながらアサドは、こうした機能主義分析の科学的な雰囲気こそが実は植民地主義の共犯者でありうる可能性を指摘する。考えてもみよう。もしかしたら非西欧社会の「彼ら」が執り行なう神への祭祀は、確かに社会統合の機能を果たしているかもしれない。実際我々の経験や直観に照らしても、儀礼は人間集団の結束を強め、社会規範の再認識を促す機会である。だからそのように祭祀を解釈することは間違いではないかもしれない。とはいえその解釈において、祭祀において「彼ら」の胸中に渦巻いているだろう情緒――たとえば敬虔さや恐れ、崇拝などの複雑なうごめきは、「科学」的な機能主義の枠組みではどのように扱われうるだろうか。周知のように、白い人々の宗教としてのキリスト教史には神学的葛藤――神は存在するのか、罪とは何か、世界は神によっていかに作られたか――を深く抱え込んだ哲人たちが数多く存在する。では何故、人類学的関心の対象としての「彼ら」の記述においては、そうした哲人の可能性は排除されうるのだろうか。どうしてそうした「彼ら」における葛藤の可能性を排し、「科学」的に「彼ら」の祭祀を解釈することが是とされるのか。

誤解を恐れずに言えば、機能主義分析を用いる人類学者には悪意があったわけではないのである。それどころか「現地」に分け入って生活を共にする人類学者は、標準的な白人よりも遥かに「彼ら」に対して同情的な主体と見做しうる。しかしながらそうした善意に基づく他者理解、そしてその理解に基づいた書籍・論文による他者表象こそ、実は植民地主義の非対称な関係によって決定的に基礎づけられている当のものだとしたらどうだろうか。繰り返しとなるが、どこかに邪悪な人類学者がいたわけではない。そうではなく、そうした個々の人類学者の善意や共感に先だって、学知は一つの自明性として自動的に暴力作用を働かせるのである。ポストコロニアル批評がもたらした表象の危機とは、こうした自らの意識されざる思考様式を疑いに付すことへの要請であった。そしてこの要請は先程来繰り返してきたように、機能主義を始めとする人類学的思考への脱構築として具体化されていくことになったのである。

話を戻したい。宗教概念論という視角は、こうした西欧を中心とした認識のカテゴリーを脱構築しようとする試みから派生した問いの一つである。既に述べたように、本来は西欧の伝統に根ざした概念である religion ＝宗教概念は、決して人類に普遍的なものではありえない。しかしながら西欧において書かれたテクストに見出される無数の他者表象は、非西欧社会の文化を「宗教」という言葉を通じて記述してきた。これに対し宗教概念論はその、従来は自明視されてきた認識論を疑い直す試みである。

無論、こうした「宗教」という語の普遍性を疑い、文化の理解における有効性を相対化しようとする研究は過去にもなかったわけではない[5]。そうした過去の議論と宗教概念論との差異は、従来の議論が「宗教」概念の価値や有効性を学問的な尺度に照らして量り、「「宗教」という言葉では〇〇人の精神文化は適切に記述できないのではないか」という種類の問題として取り扱ったのに対し、宗教概念論は政治的な問題として量り直すところにある。すなわち「宗教」という言葉を用いて、たとえば〇〇人を記述する時、その手続きには意識されざる偏見や非対称な関係性、〇〇人を暗黙のうちに抑圧するような力作用が織り込まれてはいないか、ということを宗教概念論は考えようとするのだ。

　議論が前後するが、こうした宗教概念論の問題意識は本書が先ほど確認したフーコーの理論と多くの点で重なりあっている。これはそもそも『オリエンタリズム』を含め、表象の権力作用を批判的に考えていこうとするアプローチ自体がフーコーの思索に多くを負っている以上、当然のことと言える。では具体的に「宗教」という言葉がある種の権力として機能する状況はいかなるものであろうか。実を言えば、この権力に対する考え方の差異こそ、前節に見た国家神道研究の問いと、宗教概念論の問いを分かつ論点に他ならない。

　繰り返してきた通り、普通の生活者としての我々は既に「宗教とは何か」ということを少なからざる自明性の下で了解し、その了解に従って行為している。しかしもし、ある種の営みを「宗教」であると見做すことが、その担い手たる集団に対する抑圧なのだとしたらどうだろうか。再び例に沿って考えてみたい。本書は先ほど、思考実験として女性を「ケガラワシイ」とする信念を持つ一会社員の振る舞いの可能性を述べた。経験的に予測すれば、現代日本社会において彼の信念は、先ほど述べたように自動的に「宗教」として、場合によっては「狂気」として周囲に了解される。従って彼の主張は議論の場に上げられることさえない。もちろん本書は別に彼の信念を擁護しようなどという気はない。ただし看過するべきではないのは、そのような変わり者としての彼の信念が、集団的に了解された自明性の下で「宗教」として認知され、それ故に自動的に「論外」とされるような力学にこそ、「宗教」のイメージは関わってくるという事実である。これは逆の状況を考えてみれば良い。すなわちその社会において女性は一般にケガラワシイ存在とされており、かつその社会において、そのような自明性に抗する勇敢な女性が戦いを挑むことになったと仮定しよう。この時、もしも彼女の信念が「宗教」的と見做された場合、彼女の主張は全く同じ手続きにおいて、議論に上げられることもないまま、自動的に却下されることは十分にありうる。彼女は特異な宗教的信念の持ち主か、悪くすれば狂人と見做され、故にその主張は自動的に論外へと片づけられる。女性が「ケガラワシイ」ということを、誰もが自明なものとして「知って」いる世界では、彼女には議論し、戦うことさえ出来ないのだ。

　フーコー的な権力の問題は、我々自身が自明なものとして抱くイメージと、それが促す自動的な動作による抑圧に関わっている。そもそも独裁者などの揮う恐るべき強権に対する戦いとは、突き詰めれば純粋に力関係の問題に属し、いつか独裁者を打ち倒すことでその専横は挫くことが可能である。これに対しイメージとして共有され、自明なものとして了解された知と戦うことは遥かに困難である。

　宗教概念論において主導的に言論を展開したアサドは、この種の問題をハーバーマスの「公共圏」概念を批判的に参照しつつ、中東の主にエジプトの事例に基づいて、政治体制の民主化と宗教の地位をめぐり考察を重ねている（アサド 二〇〇六〔二〇〇三〕）。我々の多くは西欧の認識に倣って概ねイスラームを「宗教」と見做し、故に直感的にはイスラームが政治に関与することを、とりあえず否定的に見ることだろう。しかしながらイスラームが説く教えが当該社会の価値観や倫理道徳、社会規範として現実に広く流通している時、それらを「宗教」だとして政治の場から排除することはそもそも現実的だろうか。あるいは逆にイスラーム的なものの政治への関与を承認するとして、その譲歩は一体どこまで許されるべきであり、かつそれは何を根拠としうるだろうか。それを「話し合い」で決めることの困難さはどれほど強調されても良い。何故ならその話し合いの場とは、そもそも話し合いの場に「持ちこんで良いこと」と「持ちこんではならないこと」の定まっていない場所であるからだ。話し合って良いことの線引きをし、一定のコンセンサスを確立した内部でしか議論は可能とならない（アサド 二〇〇六〔二〇〇三〕：二四二―二四六）。しかしながらその線を引いた段階で、その向こうに置き去りにされた人々の信念は、二度と議論の場に加わることが出来なくなる。

　結局のところ政教分離を掲げる世俗主義的な政治体制において、ある人々の信念を「宗教」とすることは、それらを討議から切り離し、ある意味、以降における発言権を奪うことを意味する。そしてこうした権力の作用は、まさに

「宗教」のイメージとして、共有された了解によって人々の間で機能し、かつそのイメージの促しの下で人々は自動的に動作する。当然、議場から排除される者の中には不満が生じることだろう。何故なら彼らにおいてはその「宗教」は究極的真理であり、その信念は万民が耳を傾けひれ伏すべき聖なる啓示だからだ。そして更にやっかいなことは、そうした主張や信念は明晰な言葉や観念としてではなく、しばしば感覚や情動として生きられていることである。言葉にならない情動は、泣くことや憤ること、叫ぶこととして現実化し、それ故に議場で他の者に説得したり、妥協点を探したりという手続きとはすれ違い続ける。この限界を、同じくポストコロニアル批評の旗手となったスピヴァクは「サバルタンは語ることができるか」という問いとして表現したことがある（スピヴァク 一九九八〔一九八八〕）。サバルタンとは統治から疎外され、それ故に抑圧された人々を指す言葉である。こうしたサバルタンにとって、世俗主義的な民主主義体制が、必ずしも自ら政治参加し、社会の一員として安住出来る場所となるとは限らない。何故なら、仮に民主主義的な政治参加が権利上許されたとしても、その時でさえ彼らは、議場において許された作法で、議場で用いるべき言葉を使いこなすのでなければ、自らの意見を述べることは出来ないからだ［6］。言い換えれば、そのような技術と分別を受け入れて初めて、彼らサバルタンは自分の意見を議場で述べることが出来る。しかしながら仮に努力と訓練を経て作法を身につけたとしたら、その時はもうサバルタンとしての彼らは元の彼らではない。彼らが元の彼らのままで、ただありのままの地位において自分の意見を表明することは不可能なのだ［7］。

3　宗教概念論の日本的展開

これら欧米の学術界に生じた動向としての宗教概念論は、それ自体は異文化研究を主とする文化人類学と一部の比較文学の領域を除けば日本の学術との接点に乏しかったにもかかわらず、実際にはほぼリアルタイムで日本に持ち込まれた［8］。そのことはたとえば二〇〇三年刊行の『岩波講座宗教』の第一巻が「宗教とはなにか」と題され、かつ宗教に関する講座のシリーズでありながらその著者の半数近くに文化人類学者を擁するという目配りからも窺える（池上・小田・島薗・末木・関・鶴岡編 二〇〇三）。同書は表題通り「宗教とはなにか」という問いに取り組んだ論集だが、そのいずれにおいても「宗教」という概念を相対化し、歴史化しつつ、政治や社会運動との関わりを視野に入れて議論を展開している。こうした問題意識の同時代性は一義的には宗教概念論が九・一一テロという世界史的事件のインパクトを背景にしており、そのプレッシャーが日本の研究者にも及んだ結果として理解できる。

更に学問的な文脈を整理しておくとすれば、宗教概念論が輸入される前史として、九〇年代には宗教復興運動に関する研究が盛んであったことについても言及しておくべきだろう。これは冷戦構造の解体以降、にわかに世界各地において「宗教」や「民族」を旗印とした紛争が相次いだことを背景とした研究動向であった。一般論の上で近代化は宗教の衰退を導くものとして理解されるが、現実の宗教運動の高まりはそういった通俗的理解を改め、「世俗化」という言葉で括られ、自明視されてきた近代社会像そのものを再考する必要性を浮かび上がらせたのである。加えてこうした「宗教の復讐」について言えば、日本固有の文脈としての、九〇年代中葉におけるオウム真理教の一連の事件が及ぼしたインパクトが無視できない。これら近代世界への宗教の回帰の理解に取り組んだ試みが「世俗化論」と呼ばれる枠組みである。世俗化論はその問いの性格上、宗教社会学及び一部の人類学において、主に社会制度や政治体制と宗教の関係性などに関する研究として展開した［9］。

世俗化論と宗教概念論は、同時代における宗教の位置づけを問う点では問題意識をある程度共有している。その上で両者を分かつ点となるのは、世俗化論には「宗教」というまとまりを実体として捉える傾向が見出される、という点である。世俗化論が関心を寄せるのは、たとえば何らかの宗教教団が政界への影響力を強める動きであるとか、宗教的信念に基づいた集団が慈善活動で社会的存在感を高めるとか、そういった社会動態であり、その解釈の上ではそれらが「宗教」であることの自明性はあまり問われない［10］。とはいえ実際の研究の上では両者の立場性は必ずしも相反ではなく、たとえば二〇〇六年刊行の論集『宗教とモダニティ』は、宗教概念論の影響を受けた論考も見出されるものの、基調としては近代社会における宗教の地位や政治との関係に関心を向けており、枠組みの上では世俗化論からの発想が強く見出される（竹沢編 二〇〇六）。

再び話を戻せば、宗教概念論の議論は九・一一以降における中東問題という世界的関心を背景に、ほとんど時間を空けることなく日本の学術に持ちこまれることになった。ただしその一方で、宗教概念論の理論は同時代日本に生きる「我々自身」を理解するための理論としては必ずしも利用されたわけではない。宗教概念論の問い自体がそれなりに難解かつしばしば思弁的であったことを含め、その理由は幾つかあるだろうが、結果的に日本の研究状況の上で宗教概念論は、前節に見たところの国家神道をめぐる研究史を批判的に捉え返す試みとして具体化されていくことになる［11］。すなわちその焦点は「現代」に対して直接にではなく、「現代」の起点としての「近代」に据えられたのである。

宗教概念論の視点と村上らの国家神道研究の視点は、「宗教」という言葉を問題にする点では共通するものの、その描く歴史像は異なってくる。その違いは一言で言えば、権力観の差異によって生じているものである。明らかなマルクス主義の影響のために、村上や安丸の議論の基盤となっているのは、階級間対立（階級闘争）とその支配の手法への注視である。つまり大前提として強権を振るう為政者がおり、他方にはそれに抑圧される弱い民衆が想定される。非対称な関係にある両者は対立し合い、為政者は様々な方法で民衆支配を強化しようとする。繰り返しとなるが、村上の理論において「宗教」という言葉を巡る欺瞞とは、要するに政府が言葉を民衆支配の道具として利用したこと——すなわち「宗教」という言葉の定義を支配の手法として用いたことを指している。この構図を支えている権力観とは階級的支配の概念であり、「宗教」概念の恣意的運用や、それに基づいた国家神道への奉仕の強制は、支配の手法としてのイデオロギーに相当するものとして解釈される。前述の阿満の「国家中心主義」批判とは、それらの研究が依拠してきた認識論の端的なまとめと言っても過言ではない（阿満 二〇〇五〔一九九四〕：一三―一四）。

しかしながら宗教概念論の権力観は本来、前節に詳しく見たように、そういった階級的支配とは異なる権力モデルによって成り立っている。すなわち宗教概念論の捉える権力とは、知として編成され、かつその知が人々の実践を組織するということが重視されている。そして日本に関する宗教概念論の考察は、こうした権力観の刷新に発して、主に近代、すなわち明治から太平洋戦争に至る時期における日本宗教史に即して展開した。

たとえば一九九九年に刊行された山口輝臣『明治国家と宗教』は、宗教概念論の日本への本格的な輸入に先立って現われた著作であるが、まさに村上の権力観を自覚的に相対化し、国家神道体制の実現過程の捉え直しを試みた成果である（山口 一九九九）。すなわち山口は村上の国家神道論に対して、国家神道体制の実現過程が村上の想定したような民衆統治体制が完成されていく権力者主導のプロセスではなく、特定の主体の恣意に還元し得ない調整と正当化を含んでいたことを明らかにした。前述のように村上は神道を「明らかに」宗教であるとし、だからこそそれを曲げた近代日本の宗教政策を「欺瞞」と見做したわけだが、これに対して山口は、近代日本において「神道は宗教であるか」という問いの解は誰においても決して自明ではなかった、という事実から議論を構成する。そしてこの認識の下で、為政者のみならず、当の宗教者や知識人、海外の眼差しから民衆自身に及ぶ無数の主体を巻き込んだ「宗教」の「語り方」をめぐる模索の帰結として、国家神道体制の実現過程を記述するのである（山口 一九九九：二九―四九）。

山口による国家神道体制の捉え直しは方法的には文献史学に準じ、国家神道をめぐる政治史に思想史からアプローチすることでその解明を試みたものと言える。そしてこうした「宗教」言説、あるいは「宗教」概念をめぐる思想史からの試みは、やがて日本における「宗教学」という学問の形成史の解明に向かっていくことになる。何となれば山口も前掲書にて触れているように、宗教を対象とする学問としての宗教学とは「宗教」の語感がある一定のコンセンサスを獲得していくにあたって極めて重要な主体であり、かつまた同時にそのテクストとは「宗教」という言葉のイメージが、学問的な一般性のレベルで表現された場でもあったからである（山口 二〇〇五：六一―六二、磯前 二〇〇三：三〇―三二）。この近代宗教学とは明治二〇年代から三〇年代にかけ日本の学知へと輸入され、専門的な学問として定着したそれである。

この近代宗教学の受容過程を追跡した研究として、磯前順一の『近代日本の宗教言説とその系譜』及びその後の歩みの総括と言うべき『宗教概念あるいは宗教学の死』が挙げられる（磯前 二〇〇三、二〇一二）。磯前は東京帝国大学における宗教学講座の設置と、その役割を担った姉崎正治をはじめとする黎明期の宗教学者の言説を分析した。こうした作業によって磯前は近代宗教学を日本の学知に再文脈化するとともに、「宗教」という言葉が「信仰」や「儀礼」「道徳」「倫理」ひいては「個人」「国民」といった言葉と結びつけられ、あるいは切断されながら、知を編成していく過程を解明した。それはすなわち近代宗教学と、それ以前に遡る神道学などの知との関係を整理し直すと共に、国民道徳論などのイデオロギーとの接合を問い直す試みであったと言える。こうした試みによって磯前は二〇〇〇年代における宗教概念論の中心的な論客となった[12]。

こうした明治大正期を対象とした宗教概念論の試みは、神道学や仏教学の分野において具体的研究として更に結実していくことになる。何となれば宗教概念論の知見は、近代における宗教者たちの行動を理解する上で極めて有効であったためである。たとえばある仏教者による慈善事業の試みを理解しようという場合、彼が仏教という「宗教」をいかなるものとして了解し、またその了解はどのような実践と結びついていたか、という点を踏まえることで、その行為や思想の理解には全く新しい光を当てることが出来るのである。こうした研究動向に並行して、日本の高等教育における宗教学の受容などを扱った林淳の試みなども挙げることが出来る（林 二〇〇八）。

ところで磯前の議論が主に学知を対象とした研究であったのに対し、そうした知が表現され、社会に対して上演され、現実の多くの人々へと媒介される過程に注目したのが島薗進である。島薗は村上の国家神道論の問題点の一つとして、「国家神道をもっぱら政府が国民に強制したものと捉えていて、国民こそが国家神道の担い手だったという側面についてあまり触れられていない」ことを挙げ、むしろ国民自身が担い手として「支えもり立てていった側面」に注意を促している（島薗 二〇〇八：二四五―二四六）。そしてそうした見落としが生じた理由として、国家神道論が神社神道と皇室神道を神道の中核と見做して分析の俎上に上げる傍らで、国家神道において周縁化されつつも国民に対してより重要な喚起性を持った儀礼実践を看過してきたことを挙げる。すなわち島薗は、国家神道を構成するのは、神道の信仰・思想や、宗教制度をめぐる法律上の条文にも増して、それらが何らかのかたちで表現され、訴えられ、身体的に演じられることであるとする。それは具体的には教育勅語のかたちで学校教育制度に組み込まれたことや、公的なイベントとして神社祭祀が挙行されたこと、国民がこぞって集まるべきものとしての天皇巡幸の実施などが指摘される（島薗 二〇〇一、二〇一〇）。こうした国家のパフォーマンスに基づいた統制という視点は、かつてターナーの政治人類学やギアツの劇場国家論がモデル化したものであり、近代天皇制に関してもタカシ・フジタニの『天皇のページェント』や多木浩二『天皇の肖像』などが示唆したそれである（フジタニ 一九九四〔一九九六〕、多木 二〇〇二〔一九八八〕）。こうした繰り返されるパフォーマンスを通じて、国民は国家神道の言説を内面化し、自ら「下からの国家神道」の担い手になっていたと島薗は捉えるのである（島薗 二〇〇八：一六六）。

ここに見るように宗教概念論は欧米のポストコロニアル批評に根をもつものの、日本においては神道学・仏教学を含めた宗教学を主要なアクターとして、歴史学の特に制度史との隣接関係の下で展開した。その中では磯前順一がアサドの議論の特に思想的な面を引き取って、他者とのコミュニケーション不可能性をめぐる考察を深めていることが目を引くものの、研究状況の大勢は国家神道論に対する批判及び精緻化をあくまでも基調に、近代宗教史の再考の試みとして具体化されてきた。そして特にその方法に関して言えば、近代史上の様々な歴史史料の解釈を軸としており、参照する史料においては幾らか幅を広げたものの、その対象となる人々は為政者やインテリ、エリートに限られてきたのである。そして本書の考えでは、こうした姿勢は既往研究に一種の視野の狭さをもたらしてきたように思われる。それは民衆の自律性という問題に関わってくる。

本来その研究主題において大いに関係してくるにもかかわらず、宗教概念論の導入に極めて消極的であった学問分野に民俗学、及び日本をフィールドとした文化人類学が挙げられる。周縁的な「宗教」である民俗信仰を主な関心の対象とする民俗学にとってこの問題は明らかに重要なのだが、実際に宗教概念論に関心を払った研究者はほぼ皆無であった。その理由は幾つか挙げられるが、その第一は日本の民俗学の経験主義に見出される、フィールドの事例から積み上げられたボトムアップな理論構築のみを理論として扱い、逆に隣接諸科学の成果や見識をフィールドに適用するというような、言わばトップダウン的な理論の運用については内容の如何に関わらず拒絶するという戒律に求められるだろう。それに加えて近年の民俗学の方法論はより一層素朴な現場主義への傾斜を強め、歴史を扱うにおいても「直近の過去」という、これもまた経験主義的な短い時間範疇に関心を絞っている。すなわち一部の聖地巡礼やツーリズム研究において「宗教」概念の問題に言及される場合はあるにせよ、それらであっても理論的には宗教社会学の世俗化論を下敷きに、「直近の過去」において「宗教」が商業主義や伝統主義と結びつく契機に言及する程度の問題意識に留まってしまったのである。

こうした民俗学の知的消極性に関しては課題として指摘するに留めるにせよ、さしあたり宗教概念論の試みに民俗学的な地域研究の視点が加わらなかったことが宗教概念論そのものの射程を狭めたことについては否定し得ないと本書は考える。何故ならこうした視点を欠いたことによって宗教概念論は、普通の人々が了解する「知」の領域にはついに踏み込むことが出来なかったからである。再三述べてきたように、宗教概念論の依拠する権力モデルは、本来的には強制に基づいた階級的支配のモデルとは異なり、個々の人々に了解された知が人々を自ら動かし、他からの強制ではなく、多くの人々の自発的実践として行動が組織されることに焦点を合わせている。この視点の下で宗教概念論は、たとえば法制度を構築した為政者やインテリ、エリートたちをその時その場において、そのように制定せしめた力として、「宗教」をめぐる知＝言説を問い直すことには十分に成功したと言える。しかしながらそれらの研究の射程は、依然として知＝言説とエリートの関係についてまでしか及んでいない。つまり数の上で大多数を占める一般民衆においてそうした知が了解され、自ら近代日本の主体として実践を再編していくに至った過程に関しては、せいぜいエリートによって一方的に知が上演され、それを受け入れていく、という可能性の水準でしか考慮されていないのである。

4　批判

近代におけるこうした一般民衆と知が取り結んだ関係についての考察の欠如は、研究史上のマイナーな空白ではあり得ず、宗教概念論の知見そのものに後退を強いている。それはすなわち権力観の後退である。この点は何度も繰り返し強調しておくべきだが、宗教概念論の前提となるフーコー的権力は、階級的支配を構成する権力とは区別されるべきものであり、個々の民衆において了解された自明性として、人々が自立的に動かされる力であることに特徴を有する。しかしながらたとえば島薗の国家神道モデルでは、こうした宗教概念論を一度経由しておきながらも、結局は国家と民衆という階級的関係と非対称性を再び措定し、「上から下へ」上演されるパフォーマンスと、それによって「下から」自律的に従う民衆という構図に回帰しているのである。

日本近代民衆史を扱うにあたり、知＝権力と、階級支配という二つの異なる権力モデルが混同された、これも典型的な例として川村邦光のモデルが挙げられる。川村はモダニティの学知が民衆に介入して、生活世界を作り変えていった近代史を対象化するにあたって、専門の知／民間の知（もしくは民俗の知）の術語を用いた構図化を試みる（川村 二〇〇七：二六—二七）。ここでいう専門の知とは精神医学や近代スピリチュアリズムなどに代表される学知であり、また他方の民間の知とは、狐憑きや神懸かりのようないわゆる民俗や民俗知識に属するものを指す。この構図の下で川村は、専門の知が様々なかたちで民間の知に介入する「アカデミズム化」を、民間のシャマンの拘禁や官憲による監視と重なり合う動きであったと捉え、学知と統制の共犯性を論じようとするのである〔13〕。

もちろん本書はこうした権力者と民衆の階級対立からなるモデルの、説明の便宜上の有用性は否定しない。とはいえ彼の議論が「専門の知」の民俗への介入について説きつつも、結局はそれを民衆統制のための道具的な契機としてのみ解釈してしまうことには同意しかねる。何となれば川村の言う二つの知は結局完全な平行線を描き、「勝者」が専門の知であり「敗者」が民間の知であること、そしてその敗北を経てなお強かに生き延びる民間の知というナイーブな結論において行き詰まるに至るからである。川村の構図において民衆はあくまでも強大な権力に翻弄される客体であり、歴史を作り出すような主体としては見做されない。ましてやポストコロニアル批評が取り扱ったような、異種混交的な主体性の問題や、民衆自身の政治参加としての民衆運動の問題などは扱い得ないのである。

如上の批判は、理論の首尾一貫性の不備を論うためのものではない。そうではなく、ここでの批判の眼目は、日本における宗教概念論の既往研究が結局、今日の我々自身について答えようとするものとなっていないことにある。そして本書の考えでは、その射程の狭さの理由とは宗教概念論が、前述のようにあくまでも国家神道論を中心にそれを補うものとして展開され、かつ対象の上で学者や政治家、宗教者等のエリートに関して研究されてきたことにある。翻って知＝イメージが普通の人々に了解され、協約されていくプロセスに関しては、むしろアルチュセールの「イデオロギー装置」を思わせる枠組みで把握され、民衆はただそれに盲目についていった（もしくは「強かに」それらをかいくぐった）かのように、平板かつ受動的に理解される。当然こうした粗雑なモデルは、極めて強力で、「分かりやすい」非対称な力関係を前提にしない限り成り立たない。だが近代日本史では、昭和ファシズムにおいて頂点を迎える、他にないくらいに「分かりやすい」力関係が容易に参照される。かくして宗教概念論はこうした非対称性に絡め取られ、学知と支配の共犯的関係を問うためだけの枠組みとして、さながら国家のパワーポリティクスの従属変数を取り扱うものであるかのように矮小化されたのである。

だからこそ宗教概念論は、政治体制上の断絶である太平洋戦争の敗戦を、まさにそれが体制上の断層であるが故にメルクマールとするに至る。しかしながら既に述べたように、太平洋戦争の敗戦を知＝イメージの変化する分水嶺と見做すことが妥当であるようには思われない。そのことはむしろ本書全体を通じて示していきたいところであるが、さしあたり一つの根拠として、戦前と戦後において大きく変わることがなかった民俗学の学知を挙げることが出来る。日本民俗学の基本的枠組みは、柳田国男の「郷土生活の研究法」等のテクストが現われた一九三〇年代に整うが、その抱く「宗教」に対するイメージは敗戦をもって変節することがなかった。もちろん民俗学自体が日本人の知全体にとってはあくまでもマイナーな存在ではあったにせよ、別の契機の可能性を探ることの必要性は十分ある。こうした本書の見通しは、戦前と戦後における国家神道の連続性を捉え直そうという島薗や、更に遡って村上の主張を別の視点から継承しようというものでもある。すなわち、本書が後に具体的に見ていくように、「宗教」のイメージ、ひいてはそれによって編成される実践の断絶面は、恐らく太平洋戦争の敗戦や昭和ファシズムの挫折とは別の時点に引かれている。それがいつであり、かつそれがいかなるものであるのかを本書は見ていくことになるだろう。

三　方法

1　南島の歴史人類学

ここまで本書の依拠する理論的背景とそこからの見通しを確認してきたところで、そろそろこの本が具体的に試みることを述べるべきだろう。本書が取り組むのは、日本の南島と呼ばれる地域に関する歴史人類学的な研究である。この「南島」という言葉が指すものについては次章で整理するものとし、さしあたっては奄美・沖縄から成る琉球弧の島々だとしておこう。先だってもう一つのキーワードとなる歴史人類学という枠組みについて補っておきたい。

歴史人類学という表記は歴史学と人類学の交差を示唆しているものの、その実多くの読者にとってあまり通りが良い言葉ではないだろう。それは日本においては「歴史人類学」を自称した研究が必ずしも多くはない、という事情も関わってくる。日本の人文学史の上では「歴史人類学」という用語は主にフランスのアナール派歴史学の試み、すなわち社会史を指す言葉として用いられてきた。アナール派の特徴は従来のいわゆる歴史文書だけでなく、統計や非文字資料、自然環境、物質文化、口承などをも含めて歴史叙述のための史料として用い、従来の方法では解き明かし難かった庶民生活や社会相を明らかにしようとした姿勢に認められる。こうした社会史の歴史叙述とは、それ以前の「政治史」「社会制度史」「宗教史」といった領域化や細分化に対する批判に基づき、再び人間の生活世界の全体的把握を目指すものであったために、同じく全体的把握を主題とする人類学と思想的に近かった。こうした事情のために社会史は歴史人類学とも自称してきたわけだが、学問の形成史を反映してその主軸となってきたのは歴史学であり、これに人類学的手法や発想が合流する関係にある。

一方、本書の用いる「歴史人類学」の語はこうしたアナール派とは別の文脈にあり、近年のアメリカ人類学で用いられている Historical Anthropology の用語法を念頭に置いている（Axel ed. 2002: 3-7）。ここで言われる歴史人類学とは、アナール派の社会史とは異なる問題意識から生じたそれであり、学史的には前述のポストコロニアル批評に端を発している。長らく「白人による有色人種の研究」であった人類学の学知は、ある意味で宿命的に植民地主義と関わっており、特にその前史をなす民族誌的叙述の多くはしばしば白人の現地行政官やキリスト教宣教のために赴任した牧師・神父たちによって著わされたそれであった。こうした事情のために人類学の知は、少なくともその初発において植民地主義や帝国主義にしばしば奉仕し、あるいはそうした非対称な関係を背景としてきたことが否めない。のみならずここで重要なのは、そういった民族誌にまとめられた知が、植民地行政に代表される現実の政治過程と取り結んだ関係である。たとえば二〇世紀に入ってからでも、ルース・ベネディクトの『菊と刀』が、アメリカが対日戦争において敵国分析のため進めていたプロジェクトにルーツを持つように、民族誌とは現実の政治過程において基礎資料として参照され、施政に影響を及ぼす学知であり得る。そして本書が倣う歴史人類学とはポストコロニアル批評以降の試みとして、如上の認識に基づき、植民地の学としての人類学の成立から更にその前史における人類学的認識の生成過程を主題化する一方、更にそうした知・認識と植民地統治との結託を問い直すことで、現地社会にもたらした社会・文化の変容を捉え直そうとするアプローチを指している。こうした問題意識は対象の上では一〇〇年以上の歴史的遡行を、また方法の上では歴史文書と現実のフィールドの動態を往還することを研究者に要求する。またその問題意識のために、こちらの歴史人類学の主軸はあくまでも人類学の方に置かれ、その方法として歴史的な視点が援用される関係にある。

この歴史人類学の方法を特徴づけているのは、認識主体としての西欧が自明のものとして用いてきた諸概念を相対化しようとする姿勢である。つまりそれが目指すのは単に表面的な記述の暴力性、すなわち「未開」「野蛮」「土人」といった類いの差別的な用語法や、身体的形質への認知バイアスを過去の民族誌の中に見出すことだけではない。それ以上に重要なのは、より中立で普遍的に見える概念――「民族」「人種」「階級」「所有」「道徳」「性別」等々のカテゴリーが持つ政治的効果の問題である。こうしたカテゴリーはあまりにも自明かつ価値中立なものに見えるが、たとえば西欧的な「民族」の概念とは異なる観念でもって自他を区別したり、「男女」の二元論とは異なるジェンダーを持つような文化は、非西欧社会には多々見出される。しかしながらこうした現地社会の認識は白人の入植によってしばしば歪められ、たとえば自他を区別する在来の論理は「民族」の差異として、財の共有や在来の性規範はそれぞれ「所有」や「倫理」の未開的形態として把握されるなど、その誤った前提の下で政治が敷かれることになるのである。

こうした問題は「宗教」というカテゴリーに関しても指摘できる。宗教学者のデイヴィッド・チデスターは植民地状況下の南アフリカの民族誌叙述に関し、そこにおける「religion」という言葉の使われ方を分析することで、現地社会に対する認識と植民地経営の相関を論じている（Chidester 1996）。チデスターによれば現地人が「宗教」を持つか否か、という一見ニュートラルな問いをめぐる記述を左右しているのは、「彼ら」が白人に対して服属しているか否か、という政治的文脈であったという。つまり白人に服属し、「従順」になった原住民は、未開なりに何らかのプリミティヴな「宗教」を持つものとして記述されるが、反乱を起こし、抵抗する原住民はそのようには扱われないのである。この記述において書き手は必ずしもそのように表象する理由に自覚的ではない。ただ白人に抵抗し、一向に服従しようとしない「野蛮な」原住民は、当然「宗教」のような高度な精神文化を持つわけがない、という植民地主義的な予断が当時の民族誌家たちの認識論として横たわり、そのことがキリスト教宣教の強力な推進や、強権的な植民地行政を正当化していたのである。

さて、前節に述べたように、日本における宗教概念論にとっての一つの空白とは、近代に現われたところの知が普通の人々へと介入し、その新たな了解が一般民衆の生活世界を変容させていく歴史過程が未だ明らかでない、という点にあると本書は考えている。こうした問題意識にとって、今述べたところの歴史人類学は有効な枠組みでありうる。そしてこのような枠組みにおいて、冒頭に述べた「イメージ」という視点を改めて強調しておくべきだろう。先ほど批判したように、これまでの宗教概念論はエリートの残した文献史料に依拠しており、そのことによって明晰さを担保すると同時に、知が一般民衆に膾炙する過程には考察を広げ得ないという限界を有していた。だとしてその批判から模索する場合、「言葉の普及」を尺度として、民衆への広がりを捉えることは妥当だろうか。すなわち近代日本においてエリートが用いるようになった「宗教」という言葉を、一般民衆が追いかけて用いるようになったことをもって、知の波及を捉えるべきだろうか。恐らく理想としてはそうあるべきだろう。しかしながら問題は、民衆が用いる言葉とは、特にそれが口語であれば尚更に記録に残されることがないという点である。ある言葉がいつの時代から使われるようになったのか、初出はともかく日常語としての普及というレベルで捉えようとすれば、その正確な時点を特定することは不可能である。それ故、言葉の一般民衆への普及を時系列的に探ることをもって宗教概念の広がりを捉えることは、理想ではあるにせよ現実的なアプローチではない。だからこそ本書は従来の宗教概念論の用いる知＝言説という標準的な認識論を逸脱し、冒頭にしつこく論じたところの知＝イメージとする独自の把握を試みる。しかしながら人々が心に懐くイメージの把握とは、言説の把握以上に困難であるように見えるだろう。実際本書としてもその直接的な把握が可能であるとは考えていない。

この点を補う視点として本書が参照するのは、人々における「実践」の変容という指標である。これも既に述べたことであるが、本書の依拠する権力モデルにおいて、知＝イメージの変化と人間の行動の変化は結びついたものとして捉えられる。この認識に従えば、実際にその歴史上のある時点において「宗教」という言葉、あるいは概念を人々が受容していたかは不明であったとしても、そこに行動＝実践の変化が見出される限りにおいて、そこには人々における知＝イメージの変容があったことが期待される。もちろんこうした期待とは、あくまで理論の内部における蓋然としての期待に過ぎない。とはいえ「宗教」をめぐる学知の変化に関しては、これまでの宗教概念論の蓄積がかなりのことを明らかにしている。そしてエリートにおける学知の変容と、一般民衆が生きる世界におけるイメージの変容の間には、間違いなく何らかの連続性が存在する筈である。本書はその学知の変容の一般民衆への波及を、イメージの変容に伴うべき実践の変容を見出すことによって把握する。故に本書のアプローチはこうした学知とフィールドの動態との往還によって進められる。なおここで言う動態とは、何らかの「宗教」に対する主に「抑圧」や「弾圧」を念頭に置いている。この点は次節で詳述しよう。

いずれにせよこの歴史人類学的な視点にとって「南島」は最も興味深いフィールドである。特に「宗教」のイメージの変容が、人々の生活世界に及ぼした影響を量るという本書の目的においては、これ以上のフィールドは得難いと言わねばならない。何故なら南島は近代初頭まで本土＝ヤマトとは異なった文化、ことに精神文化を育ててきた地域であったからである。たとえば奄美・沖縄では歴史的に仏教・神道の組織的展開が行われることがなく、このために一般民衆は寺院の「檀家」や神社の「氏子」のようなかたちで宗教に帰属することがなかった。彼らの宗教文化の中心を占めてきたのは主にノロと呼ばれる神女が司る祭祀と、ユタと称されるシャマンたちであった。特にノロの祭祀は琉球王国の統治体制の一翼であったことによって、民衆は一宗教への帰属としてのみならず、王国の民としての関係からその祭祀を尊んできたのである（後田多 二〇〇九）。翻って近代南島において起きたこととは、日本本土で構築された「宗教」という言葉が、こうした本土とは異質な精神文化に結びつけられ、あるいは区別されるという出来事だったのである。

こうした歴史的経緯により、今日でも南島の人々に「あなたの宗教は何ですか」という質問をすると、彼らには少し考え込むようなところがある。これがヤマト＝本土の場合であれば、この様に聞かれた人々は、とりあえず自分の実家の檀那寺を思い浮かべ「無宗教のつもりだけど……一応うちの寺は〇〇宗だったかな」式の回答を口にすることが出来る。しかし南島にはそのように人々を生まれながらに囲い込む「宗教」はない。奄美群島における筆者の調査経験では「うちの宗教は先祖だ」と言い放つ人物も一人ならずいる（及川 二〇〇七）。南島が手厚い先祖祭祀の精神文化の息づく地域であることは民俗学では常識に属し、その丁重な作法は仮に「宗教」と呼ぶとしても何ら遜色がない。奄美・喜界島のある郷土史家の口から次のように聞かされたこともある。「島の人間は何かの宗教というより、先祖が我々をいつも見ているという気持ちで自分を律してきた」と。

このように仏教や神道への帰属を持たない一方、かつては一つの全体的世界観に等しいものとしての琉球王国の国家祭祀に、あるいは代々受け継いできた先祖祭祀に親しんできた南島の民衆は、大日本帝国憲法の説く、国民は「信教ノ自由ヲ有ス」という理念にとって全くの想定外だったと言うことが出来る。そして、だからこそ、そこには混乱の火種が燻っている。すなわち神女ノロの祭祀は「宗教」なのか、シャマンであるユタは「宗教」なのか、そして「先祖」は「宗教」なのか――詰まるところ「信教ノ自由」なる原則とは、彼らの伝統的な精神文化とどう関わるものであるのか。

重要なのは、こうした学知の現地文化に対する関与とは、中央から地方への一方的な動きとしてのみあったわけではないことである。すなわち現地の情報はしばしば、ヤマト＝日本本土のエリートたちの学知へと再帰することになる。時代において神道の事実上の国教化により日本型政教分離が急速に具体化していった明治二〇年代とは、日本が帝国主義化の中で周縁地域への関心を急速に高めつつあった時代でもある。一八七九（明治一二）年に完了する琉球処分や一八九四（明治二七）年に開戦した日清戦争は、こうした帝国主義化の一過程に位置づけられる。そしてその中で陸続と現われだすのが現地調査に基づいた報告・研究の数々である。これらの調査の多くは学術的関心にも増して、行政資料としての利活用を前提として著わされたそれであるが、そこにおいて南島の民衆が信仰する「宗教」がいかなるものであるかという問題は、様々な理由によって大きな関心が割かれたテーマであった。そして、これらが明らかにした現地のデータは、中央のインテリたちへとフィードバックされ、やがて「宗教」という概念そのものを反省的に揺るがしていく。こうした動きの最たるものが民俗学の父、柳田国男の固有信仰論であろう。南島は日本の民俗学／民族学が生まれてくる上で特権的なフィールドであり、近代日本の学知の妥当性が常に試される場所だったのである。

以上が本書の枠組みとしての「南島の歴史人類学」の前提となる理論的基礎、及び認識である。次に考察の見通しを示しておこう。

2　力と自己のテクノロジー

最初に、くどいようだがもう一度だけ整理しておこう。本書が立脚するのは、知＝イメージによって「実践」が編成される、という権力モデルである。つまりイメージの変化が実践の変化を生み出す、と本書は考えるのである。そしてそのモデルに基づき、宗教概念論の成果としての学知の変容を南島という地域に重ね合わせ、地域社会に見出される動態を追跡し分析することが本書の着想である。ただしここでいう、学知の変容が地域社会レベルにおける実践の変容＝動態に結びついているという考え方は、その結びつきを実定的に記述することが難しいため、あくまでも仮説に留まることは付記しておくべきだろう。

さて、これらの枠組みに基づいて本書が目指すのは、どのようなことなのだろうか。それは本書が最初に掲げたように、今日の日本において、あるいは日本人において「宗教」とは何なのか、という問題に新しい答を提出することである。ではその答について本書が抱いている見通しとはいかなるものだろうか。

前節に述べたように、本書が実践の変容として主に注目するのは、「宗教」への抑圧の動きである。近代日本では幕末維新期の廃仏運動を皮切りに、様々な宗教への抑圧が繰り返された。これらの抑圧は基本的に為政者によって主導されたものであり、それ故にその理解においては、それらの宗教に潜勢する社会への有害性――すなわち体制転覆的な教義を説いている等の対抗関係を仮定することで説明されてきた。とはいえこのような分析は、人間の為す行為をあまりにも目的論的に捉え過ぎており、特に集団の動きを捉えるにあたっては的外れなところがある。たとえばキリスト教への抑圧は、キリスト教の教義を学び、その危険性なるものを「理性の働きを通じて把握した」人間の手によってのみ為されたわけではない。近代日本でキリスト教を抑圧した人々を行為に駆り立てたのは、「キリスト教は危険だ」という、どうしようもなく曖昧なイメージである。キリスト教が人々にとってあまりにも自明に「弾圧されるべきもの」として想像《イメージ》されたからこそ、それは集団によって自動的に弾圧されたのである。これは未だ記憶に新しいオウム真理教に対する取り扱いに折り返しても良い。オウムが「危険」であり近所には来て欲しくないと判断するために、オウム真理教についての詳しい知識は必要ないのだ。

ところでこのような権力モデルにとって一つのキーワードとなるのは、「主体」という概念である。主体とは既に人口に膾炙した言葉であるが、宗教概念論を含め、ポストモダン思想の文脈ではこの語はそうした一般的な語感とは異なる意味合いで用いられている。一般的に「主体」と言えば、たとえば「主体的」という言葉が示すように、能動的かつ内発的に動機づけられた人間のあり方を想起させる。言い換えれば本書が繰り返してきたような、イメージによって動かされるものとしての人間モデルは、随分と「主体」性を欠いたもののように見えることだろう。しかしながら人間が自ら道徳的に振る舞おうとする時、その実践のあり方を決めるのはそもそも「道徳」がどのような振る舞いとして了解されているか、だということは明らかであろう。人間はまっさらな無知において行為するのではなく、世界との関係において与えられた了解の下で行為する。いわゆる「主体」的な行為自体が、実は彼の世界に対する了解によって初めて可能となるのである。

ここで補っておくべきことは、そうした了解に対する懐疑や抵抗の可能性である。経験的に我々は、どんなことに対しても疑ってかかることが出来る。たとえば周りが全てキリスト教を非難していても「それは偏見なんじゃないか」と考えることは出来るし、そうした懐疑はオウム真理教に対してすら働くことがある。恐らく本書の扱うような、イメージによって動かされる「主体」というモデルが不十分に思われるとしたらその点に、つまり懐疑や抵抗の可能性においてだろう。だからこそ補足が必要となるのだが、本書の立場とはそもそもそうした懐疑や抵抗を排除するものではなく、「主体」を他律的な存在とする考え方とも関係がない。むしろ本書の依拠する主体概念とは、人間を一つの「場」として、すなわちイメージがそこにおいて調停され、行動へと転化される空間として想定するものである。しかし何故そのようなややこしいモデルが必要なのだろうか。それは本書の問いが、人間を行為へと促す「力」を視野に入れているためである。

たとえば我々が「正しいことを為したい」と動機づけられて行為する時、イメージは我々に「何が正しいことなのか」を示唆し、それによって行為は具体的な実践へと組織される。この点において主体の実践は、決定的にイメージによって秩序づけられている。ただしイメージは実践を編成し、秩序づけることは出来るが、人間の行為それ自体を生み出すことは出来ない。人間の行為を発生させるものはより生物的かつ身体的な欲求であり、感情の昂ぶりであり、畏怖や感動、不安や正義感などといった情動である。極論めいた言い方が許されるならば、近代日本においてキリスト教への弾圧を動機づけた一つの動因は、人々の抱く不安であり正義感であった。これらの情動はたとえば日本の秩序をかき乱すものとしてのキリスト教のイメージに媒介され、その結果として抑圧という行為へと現実化したのである。こうした情動とはイメージによる組織化よりさらに先だって働く、それ自体では方向性を持たない力である。そして主体が「場」であるという本書の視座は、まさに主体こそがこの力とイメージの調停される空間である、という認識に基づいている。

こうした主体のモデルは本書のオリジナルというわけではない。宗教概念論はかなり早い段階において、「宗教」という言説が主体の形成と関わる問題であることを看破している〔磯前 二〇〇三：六〇―六二〕。これもあえて単純化した言い方となるが、我々はある種の不安を抱え込んだ時、「宗教」としてイメージする相手にその不安を相談することには抵抗を感じることが多いが、これが「精神修養」「自己啓発」等々の「非宗教」として現われた場合、抵抗感は幾らか軽減される。ここにおいて不安という潜勢する力は、宗教言説の「何が宗教であるか」という知に媒介され、人間の実践を編成するのである。こうした知と主体からなるモデルは、再び後期フーコーの理論における「自己のテクノロジー」の議論に基礎づけられている。この議論が示唆しているのは、主体が何らかの超越ではなく、知によって力が媒介された、ある種の技術の産物だということである。だからこそ島薗進は、国家神道を構成する天皇崇拝が、教育勅語として学校教育に取り込まれたりしたように、「宗教」とは異なるものとして人々に訴えかけたことを、国家神道体制の現実化における重要な契機と見倣している（島薗 二〇一〇）。つまりそのような「非宗教」のイメージに媒介されることで、人間の内にある力が帝国主義を実現するような実践へと組織されたのである。

本書はこうしたモデルを基本的に継承するものであるが、ただ既往研究の成果をもって事足りるものではない。それはこの「力」をどのようなものとして描くかという問題に関わってくる。本書の理解では、既往研究は人々を行為に促す情動を、社会科学的で、ある意味で普遍的水準において理解してきたように思われる。たとえば磯前順一は他者性をめぐる問題に注視し、「孤独を逃れ人間が他なる存在と関わっていく契機」として、その情動を捉えている（磯前 二〇〇七）。また安丸はアサドの世俗主義に対する考察へのコメントとして、社会システムから疎外された人々が反世俗主義にひきつけられる必然性を指摘している（安丸 二〇〇六：一〇五）。ここでは力は、疎外に対する抵抗として想定されている。このように情動や力は、人間一般の抱え込むものとしての不安や孤独、あるいは疎外などの普遍的な欲求に還元されて捉えられることが多い。

しかしながら現実のフィールドの動態というレベルで捉える場合、人々を促す力は地域固有の歴史的・文化的背景によって言わば「色づけ」されていることを踏まえるべきである。何となれば、彼らにおいて懐かれた「不安」は、そもそも近代宗教言説とは無関係な段階において、彼ら自身が何世代にもわたって継承してきた神や先祖へと託しうるからである。言い換えればそうした文化的背景を持たない、さながら無色透明の「不安」の情動は理論の中にしか存在し得ない。そして純粋理論の研究では<u>ない</u>本書において、この「力」の概念はかように無色透明のものではなく、近代以前に遡る力として、すなわち神や先祖、自然への信仰、崇敬、あるいは恐怖として想定される。

こういった地域の民俗文化とナショナルなイデオロギーとの関係性は、国民国家論において「動員」という概念で論じられたものである。ホブズボウムらの『創られた伝統』が指摘したように、近代国民国家の構築過程はしばしば民俗文化の資源化＝国民文化としての再価値化を伴った（ホブズボウム&レンジャー編 一九九二〔一九八三〕）。たとえば先祖祭祀が「忠孝」に接合し、道徳としてイデオロギーの資源となっていったこともその一つに数えられる。こうしたモデルは地域の生活文化が持つ力を前提としているが、現在に通じる日本人の「宗教」イメージの形成は、こうした伝統と「宗教」概念が調停された先において編成されていると本書は考える。そしてこうした力は、現代における我々自身のありようを恐らく強力に根拠づけている。こうした前近代に遡る「力」と、近代的な知＝イメージが出会い、実践が組織される場こそ本書が「主体」と呼ぶ場所に他ならない。

［1］民俗学では精神文化を対象とした概念として、民間信仰、民俗宗教、民衆宗教、俗信といった用語の他、固有信仰、基層信仰などを含む多くの術語が用いられてきた。本書はそれら一切を含め、民俗学の研究対象としての宗教文化を指す言葉として「民俗信仰」の語を用いることにする。この語はちょうど小松和彦が「民俗」の概念について主張したように、現実の一部を民俗学的分析の対象とするためのラベルに過ぎず、何らかの内包を具体的に想定するものではない（小松 二〇〇二〔二〇〇一〕：六六―七一）。その上で「民俗信仰」の語を選ぶのは、宮本袈裟雄が「民俗学の立場を強調した用語」（傍点宮本）としてより適切と述べていることを踏まえている（宮本 二〇〇九：二）。すなわち本書は、現実のフィールドに生きられている文化との固定的な対応関係は一切想定せず、あくまでも民俗学の立場が人間の精神文化を扱うための操作的概念として「民俗信仰」の語を用いる。

［2］ハイデッガー哲学とフーコーの思想の共通点と相違に関してはドレイファスとラビノウの著作『ミシェル・フーコー 構造主義と解釈学を越えて』を参照（ドレイファス&ラビノウ 一九九六〔一九八三〕）。

［3］ポストコロニアル批評とは人文科学および文学を中心とする批評の用語であり、植民地主義や植民地状況を対象に、その継続性を批判的に明らかにしていく問題関心を指している。仮にある国が独立し植民地状況から解放されたとしても、長年の植民

地経営は現地の社会システムや思考様式、文化、言語などあらゆる面において依然影響を及ぼし続ける。典型的なのは公用語の問題であり、たとえば植民地経営が英語で行われた場合、国家の独立後も官公庁を始めとする公共空間での使用言語に、現地語にもまして英語が優先され続けるということがありうる。あるいはこうした社会において、しばしば知的エリートに属する文学者は、英語という他者の言語をもってしか文学的表現に取り組むことが出来ないという矛盾と困難を抱え込むことになる。ポストコロニアル批評はこうした植民地以降における主体の分裂や、その中で生じる異種混交的なアイデンティティ、社会運動の編成などに関心を抱く批評上の立場性だと言うことが出来る。

[4] ただし研究史的に見れば『オリエンタリズム』に先立つ一九七三年、タラル・アサドの編になる論集 *Anthropology & Colonial Encounter* が既に、植民地主義と人類学的認識論の相互性をラディカルに批判している（Asad 1973）。またデル・ハイムス編の論集 *Reinventing Anthropology* の初版が一九七二年に出ているが、同書においても既に人類学に染みついた植民地主義や人種主義への批判と、その超克が模索されている。

[5] 西欧的カテゴリーを相対化した代表的な試みとしては、ロドニー・ニーダムの *Belief, Language, and Experience*（Needham 1972）やスタンリー・タンバイア『科学・呪術・宗教』が挙げられる（タンバイア 一九九六〔一九九〇〕）。これらはいずれも **religion** や **belief** といった概念を、西欧の思想史を遡ることで歴史化し、それらを異文化に適用することの限界を明らかにしようとしたものである。特にニーダムの試みは「文化体系としての宗教」として宗教を捉えようとするギアツ以降の解釈人類学の問題意識とも響き合っている（ギアツ 一九八七〔一九七三〕a、一九八七〔一九七三〕b、ピーコック 一九九三〔一九八六〕：五三―五四）。

[6] ここに整理した、言葉の共有によって編成される公共空間への参入と、言葉を運用する主体の問題は、本書全体の議論に深く関わっている。たとえば本書は第四章において沖縄の民間巫者であるユタが行政を批判し、その方法に関して裁判にかけられ、破れていった事例を見ることになるが、そういった彼女たちの無様さに主体としての可能性を見出したのは伊波普猷のような民俗の研究者だけであった。あるいはたびたび指摘されているように、柳田の終生の課題は、日本人を自らの意志や主張を自分の言葉で表現する主体としていくことであり、この認識の下で日本語教育は民主主義の前提に位置づけられている（千葉 一九九一：一六三―二一六、益田 二〇〇六：三七二―三七八）。

[7] この点に関してアサドは、近代世界のリベラリズムが前提としかつ理想とする、対話に基づいた世俗主義的な民主主義に具わった一種の宿命的な脆弱性として「自爆テロ」を論じている（アサド 二〇〇八〔二〇〇七〕）。自身の命を擲って行われる自爆

テロは、何かの政治的主張を伝えるための表現というより、むしろそうしたメッセージの伝達を越えた恐怖や戦慄といった情動をこそ喚起し、そうした情動の次元でリベラリズムに応答を要求する。

[8]人類学の試みとしては、アサドの議論と、アサドの仮想敵であるギアツの議論を往還しつつ、そこから人類学的な認識論の可能性を探った中川敏の論文「「宗教とは何か」とは何か」が挙げられる(中川 二〇〇三)。また関根康正『宗教紛争と差別の人類学』は、コミュニケーションや共約が困難な存在としての「理性の他者」を前提として、「対話」による「理解」とは異なる共存の態度としての「他者了解」を模索した試みである(関根 二〇〇六)。

[9]たとえば一九九五年に刊行された文化人類学の論集『アジアにおける宗教の再生』では、表題にもある通り現代アジア諸地域における同時多発的な「宗教の再生」の横断が試みられている(田辺編 一九九五)。本文中にも述べたように、こうした宗教運動の再活性化は冷戦構造の解体に伴って生じたそれぞれの国家における政治体制の再構築や、ナショナルアイデンティティの模索を受けた動向と言える。これらのフィールドの変化を受け、文化人類学の地域研究は、従来のように地域文化を閉じたまとまりとして把握するのではなく、政治運動や統治体制との関係の下で捉えようとする姿勢が強まっていくことになる。そして九〇年代にはこうした関心にポストコロニアル批評の議論が合流していくのである。

[10]これはもちろん、世俗化論が学問的枠組みとして劣っているという意味ではない。本書の考えでは、一〇年程度のごく短い期間における社会動態を記述するのであれば、宗教を実体(あるいは社会的事実)として扱い、その中における動きを描いた方が方法として有効である。何故ならそのような短い間にイメージが一変することは少なく、社会動態はそうした自明性の共有を前提とした様々なアクターの駆け引きとして理解されるからである。他方で五〇年から一〇〇年程度の長いタイムスパンで捉えるのであれば、その際には宗教概念論のように、言葉のイメージそのものの変化を疑い、人々の了解する自明性そのものが変わっていった可能性を視野に入れるべきである。

[11]宗教概念論の問題意識には、オウム真理教の事件を受けた宗教学自身の自省が反映されている(磯前 二〇〇三:一一一—一一三)。周知のように教義あるいは教祖の信念を根拠として凶悪な事件を起こしたオウム真理教であるが、彼らの社会へのインパクトの余波に「宗教学」への不信感がある。特にマスメディア上に現われた一部の宗教学者は、オウムに対して共感的な態度を続け、「宗教」の専門家として擁護した。もちろん価値中立な立場性からすれば、たとえどれほどオウムが凶悪であったにせよ、それでも擁護するという判断があり得ることは保証されねばならない。しかしその上で専門家としての見識の底の浅さは(少なくともそれで給料をもらっている以上は)批判されて然るべきところであった。宗教概念論の試みはこうした見誤りの原

因を尋ねるにあたり、自らが用いる「宗教」概念を懐疑するところから始める。すなわち、「宗教」をどのように了解するからこそ、一部の宗教学者はオウムを疑わず、擁護さえしたのか、ということである。この問題は本書の言うイメージという視角と重なり合っている。オウムを擁護した学者たちは、実際のところオウムについて十分に知っていたわけではない。ただ彼らはオウムが「宗教」であったが故に、自動的に擁護したのだ。だとすれば、擁護という実践を導く知＝力を明らかにするのでなくては、その過ちの原因は分からない。

　こうした問い方への共感が本書の基調にはあるが、同時にそれが分かりにくい議論であることも認めざるを得ない。しかし少なくとも国家神道に引きつけた議論は、宗教概念論の初発の志からすれば周辺的な問題でしかないことは確認しておく必要がある。むしろ積み残しの問題は、オウムを擁護した宗教学者とともに、彼らを公共の電波に乗せたマスメディアや、オウムにブレーキをかけられなかった日本の社会システム、ひいてはオウムのパフォーマンスをさながらピエロのように享受した無数の人々において、その実践を組織した力＝イメージとはいかなるものであったのか、というところにある。それがつまり本書の問う、我々において「宗教」とは何か、という問題である。なお本書が書かれている二〇一五年には中東におけるイスラームの政治運動や、他者としての難民との共存が問われているが、こうした動きは依然として「宗教」のイメージの力学がアクチュアルな課題であることを示している。言い換えれば、本書のような問いは、本来ならばもっと早く片付けられていて良かった筈のものだと筆者は考えている。

[12] 磯前の関心は、徐々に具体的な歴史過程の解明から遠ざかり、むしろアサドを参照しつつも、コミュニケーションの不可能性を前提とした他者との相互了解の可能性ともいうべき哲学的な問いに向かっていくことになる。

[13] 川村邦光のようなモデルは、九〇年代後半以降における学問的流行であった国民国家論に広く見出されるそれであり、あるいは川村の理論的枠組みを跡づけるのであればそちらに背景を求めるべきかもしれない。国民国家論はホブズボウムやアンダーソンの議論を下敷きに、様々な事象を国民国家の形成過程と関連づけて捉えようとする枠組みであるが、そこでは学知や文化運動、文化政策などが国民統制に関わるものとして理解される。本書は国民国家論からも多くを学んでいるが、本文中にも述べたようにそれらが往々にして、多くの民衆を歴史の主体としては扱わず、周縁化し続けていることについては共感し得ない。ましてや普通の民衆をこそ研究する筈の民俗学が、こうした枠組みに何ら疑問の声をあげることなく、人々を歴史から疎外し続けていることの鈍感さは見るに堪えない（及川 二〇一〇）。

第一章　南島

一　所在

1　地理的／政治的範疇

民俗学が「南島」あるいは「南西諸島」という言葉を使う時、基本的にそれが指しているのは奄美・沖縄からなる琉球弧の島々である〔1〕。具体的に言えば、北は喜界島から奄美大島及び加計呂麻島、徳之島、沖永良部島、与論島からなる奄美群島を経て、沖縄本島へ、更に西の宮古、八重山に至る先島地域、そしてそれに付随する大小の島々が「南島」と呼ばれる地域に相当する〔図①〕。時にはこの島々に、本土（九州島）南端の鹿児島から奄美大島に至る洋上のトカラ列島が加えられることもある。それらを合わせれば、南島とは距離にして一、二〇〇キロメートルにも及ぶ長大な海に続いた島々の総称だと、まずは言うことが出来る。主な島々の間のおおよその距離を測ってみたとすれば、本土鹿児島の南端から奄美大島までが約三八〇キロメートル、奄美大島と那覇の距離が三四〇キロメートル、那

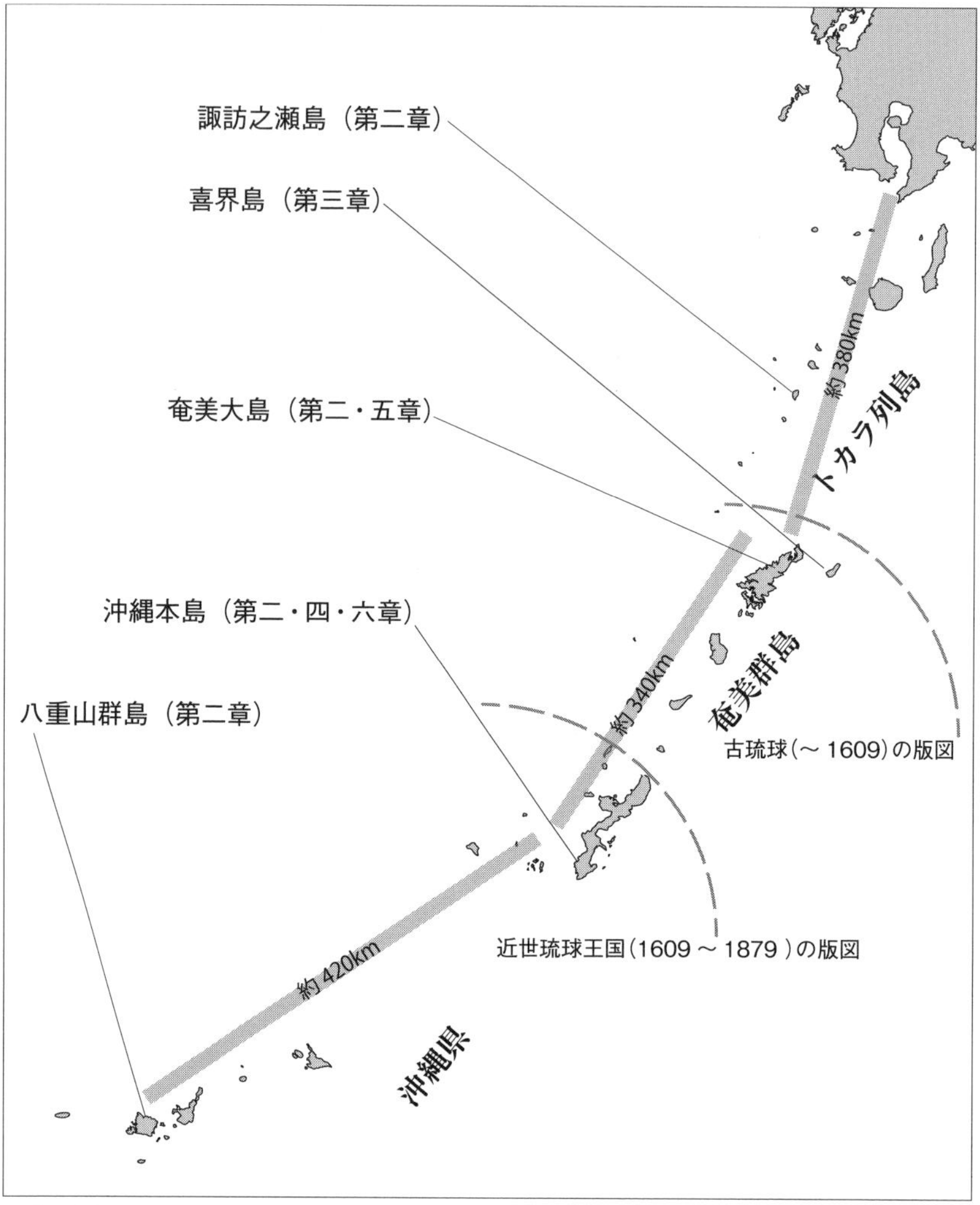

図①　「南島」地域概要
島嶼名および「第○章」の表記は、各章で扱うフィールドと対応している。

覇から石垣島（八重山群島）の間は四二〇キロメートルほど離れている。この空間の広がりについては、たとえば東京・大阪間が約五〇〇キロメートル、東京・鹿児島間でも精々一、〇〇〇キロメートル程度にすぎないことと対照されるべきだろう。個々の島が必ずしも大きくなく人口密度も低いために意識され難いが、南島と呼び慣わされる空間は極めて広い。

その地理的配置の上で、南島は日本以外の国々とも直接対峙する関係にある。よく指摘されるように沖縄の那覇市を中心に見るのであれば、そこには北東に日本列島、西に八重山群島を経て台湾、北西に中国のあるユーラシア大陸、南西にはフィリピンと、幾つかの国に対して等しく臨み合う空間が浮かび上がってくる（高良 二〇一二〔一九八〇〕：三四―三六）。実際の距離においても那覇からマニラ（フィリピン）と、那覇から東京との距離をそれぞれ比較した場合、実はマニラの方が一〇〇キロメートルほども近い。こうした事情を踏まえると「南島」という言葉は、そうした空間性を日本の南にある島々、という関係性に切り詰めたところに成り立っていることが分かる。この点はまた後ほど触れたい。

さしあたってそのような広がりを持った空間を地理的範疇としての南島と呼ぶとすれば、それと政治的範疇、すなわち国家や行政の領域はどのように重なるだろうか。言うまでもなく今日、地理的範疇としての南島はその全てが日本国の領土に含まれている。とはいえ沖縄は一九七二年の返還まではアメリカの施政下に置かれていたし、奄美群島も同様に一九四五年から一九五三年までの間、占領され、日本から切り離されていた。このことは近年の一例に過ぎず、歴史上、南島が常に「日本」の政治の及ぶ範囲であったかのように考えるのは誤りである。

それならば南島は歴史上いかなる政治権力に統治されてきただろうか。南島はかつて一度だけ、トカラ列島を除くほぼ全域をもって一つの国家を形成したことがある。それが第一尚氏と称される王権に初めて統一された琉球王国である。琉球王国の版図は最大時で北は奄美大島・喜界島から西は先島にまで及んだ。その最盛期――日本史で言う室町時代に重なるこの時期の琉球王国を「古琉球」と呼んだのは沖縄学の父、伊波普猷である。

歴史上の多くの国がそうであるように古琉球の始まりについては歴史と神話が半ばしている(高良 二〇一二〔一九八〇〕:九三)。年号の上では統一国家としての琉球王国の成立は一四二九年に一応求められる。琉球の正史が沖縄本島に割拠していた三つの勢力(中山・北山・南山)がこの年、中山の尚氏により統一された、と記録しているためである。言い換えればそれ以前の南島には統一王権はなく、幾つかの勢力が互いに覇を競っていたと見られている。琉球史の用語では、沖縄本島におけるこの三大勢力の緊張の時代を「三山時代」、そして更に遡り、数多くの在地勢力が争っていた時代を「グスク時代」と呼び慣わしている。グスク時代とは考古学的知見に則った時代区分であり、その時期に成立したものとして日本中世の山城に似た遺構(グスク)が群島に数多く見出されることからの呼称である。こうしたグスクを拠点とした在地豪族を按司《あじ》といい、このためにグスク時代は歴史学においては「按司時代」と呼ばれることもある。彼ら按司がどこから現われたのかは今もって論争となるところであるが、少なくともその前身の一つに中世東シナ海で活躍した倭寇勢力があることはある程度共通認識となっている(村井 一九九三、吉成・福 二〇〇七:一七―二三)。つまり南島は倭寇の陸上の拠点であり、その中からやがて奄美・沖縄で成長した在地勢力こそが按司だというのである。ただし村井章介が指摘するように、倭寇の大きな特徴は彼らが国と国の中間に生きたマージナル・マン(境界人)であったことにある。すなわち倭寇には、日本人のみならず朝鮮族や漢族その他複数のエスニック・グループが含まれていた可能性が見込まれている。

以上の事柄を時系列的に並べ直せば次のような歴史像が描かれる。まず日本史の中世期に並行する、統一された政治体制のない、様々なエスニシティを持ったマージナル・マンが海と島の間を行き交った時代がある。次いでその中から有力層としての按司勢力が現われ始め、そこから更に力を持った者が台頭する。彼らがやがて割拠する三山の大勢力に糾合してゆき、最終的に集権国家としての琉球王国の成立に繋がっていくのである。ただし按司の割拠は文献史料よりも主に考古学的遺物によって示唆され、文献史料的に確証できることはそれほど多くない。かつまた琉球王国の正史叙述自体が多分に後世の創作と解釈をはらんでいることから、古琉球の成立には多くの不明点が残されている。他方で、古琉球がいつ終わったのかについてははっきりしている。すなわち一六〇九年における薩摩藩の侵攻である。徳川幕府が成立し、近世的秩序が着々と築かれつつある中、薩摩藩は幕府から許可を得て奄美・沖縄の島々に侵攻した。これによって琉球王国は薩摩藩に服属し、以降、国家の独立は形骸化する。同時に奄美群島に関しては薩摩藩へと政治的帰属を移し、以後は米軍軍政期を除いて今日まで鹿児島県の行政区に入り続けることになる。

現在の研究者は必ずしもそのことに自覚的だとは言えないが、民俗学の「南島」の用語法にはこれら歴史上の政治的範疇が反映されている。既に述べたように「南島」はしばしば鹿児島以南の琉球弧全体を漠然と指す用語であるが、そこにはトカラ列島が含まれる場合と含まれない場合がある〔2〕。これはトカラ列島が古琉球の版図に入らなかったこと、すなわち奄美大島・喜界島より更に北に続いた島々には琉球王国の支配が及ばなかったことを受けている〔3〕。もちろん全ての民俗文化に対して敷衍出来るわけではないが、かつて古琉球という政治的範疇が存在したことは、この範囲（奄美〜沖縄〜八重山）に分布する民俗文化が一つの基層を共有しているとする認識の蓋然的根拠であった〔4〕。言い換えれば特にトカラ列島以北に焦点を合わせる研究の場合、そこで選ばれる言葉は南島（南西諸島）よりも「薩南諸島」であることが多い。これは読んで字の如く「薩摩の南の島々」を範疇とした用語である。ただし注意しなくてはならないのは、薩南諸島という言葉が含むのはトカラだけでなく、北は九州島に近い種子島、屋久島に加えて、南にも奄美群島南端の与論島までの範囲に及ぶ場合があることである。これは薩南諸島という言葉が南島のうち、およそ近世には薩摩藩統治下に置かれていた島々を名指していることを反映している。このため逆に薩南諸島の語が指す範疇は、奄美より以南・以西には及んでいないが、仮にその範囲を呼ぶとすればそれは一般的に言うところの「沖縄県」に等しいことになる。

このように整理していくと「南島」という範疇は四〇〇年以上前の政治的範疇＝古琉球に概ね一致し、民俗学的にはいわゆる琉球文化圏を構成する一方、沖縄県と鹿児島県（薩南諸島）にまたがっているなど、今日の政治的範疇の線引きとは必ずしも一致していないことが分かる。言い換えれば民俗学が呼ぶ「南島」は、政治的範疇とは異なる範疇としての「琉球文化圏」という枠組みを参照したところに成り立っているのである。ただしここで注意しなくてはならないのは、この「文化圏」の認識とはあくまで学問的な意味での仮説に過ぎない点である。民俗学が南島という言葉を「琉球文化圏」に等しいものとして使う時、その用語法はあくまでも文化の圏的分布なり基層性に対する期待の下で使っているに過ぎない。言い換えれば将来における「琉球文化圏」実在が証明される可能性を担保し、地域史の再構成に向けた作業仮説として文化の共通性を措定することはあり得るとしても、それを既に自明の所与として素朴に考えるようなことは、多少なり学問的厳密性を意識する研究者であればまずあり得ない、ということである。何故ならまともなフィールドワーカーであればあるほど、南島の文化には共通性にも増して、無視しがたい地域的差異が存在することが見えてくるからである（高橋 二〇〇六）。

たとえば本書がたびたび言及することになる喜界島の場合、最盛期でも二万人ほどしか暮らしていなかった島であるにもかかわらず、実際には「シマ」と称される集落ごとに異なった民俗が営まれている［5］。個々のシマの規模は三〇〇名から一、〇〇〇名ほどに過ぎないにもかかわらず、この差異は話し言葉にも及び、現地で暮らす人々は互いの集落で用いられる言葉のなまりに驚くほど敏感である。この差異はシマの外来者にすぐに見出されるようなものではないにせよ、そうした認識を当事者より聞き及んだ後になお、南島を一つの均質な地域であるかのように単純化し、あるいはそのように語ることに大方の民俗学者は与しない。文化圏という言葉が学問的仮説であるというのは、こうした事情を指している。

2　関係論的／想像的範疇

かように今日の地域研究では「南島」を、実体的な地域範疇として扱う立場は有力なものではない。今日主に用いられているカテゴリーとは、仮に呼ぶとすれば「関係論的範疇」と言うべきようなそれとなる。この問題を整理した研究者に人類学者の津波高志が挙げられる（津波　一九九六）。津波は「沖縄県」という政治的範疇の内部においてさえ実際には那覇と八重山では異なるアイデンティティを持ち、お互いを「自分とは同じでない」と見做しているという、フィールドでしばしば出会う事実に言及することから議論を始める。この点はまさに前節に述べたところの南島文化の地域的多様性を指摘したものである。ただしここで津波が注意を促すのは、こうした差異の認識があることによって「南島」を単一体として理解してはならないのと同程度に、それを所与の差異として理解することも妥当ではない、ということである。それと言うのも、確かにお互いを異なるものとして認識し合うところの那覇と八重山ではあるが、それが一個のアイデンティティを共有することが全くないわけではないからである。ことに「ヤマト」、すなわち日本本土と対置される場合に限って言えば、この両地域に住む人々は「沖縄人」としての同一性をむしろ意識し、時には声に出して主張することがありうる。このようにある状況における関係性に準拠した同一性の認識とは、様々なスケールに敷衍することが出来る。たとえばある離島にある個々の集落は、単純にそれぞれが対峙し合う場合においては確かに異なった民俗文化を担うもの同士であり得るが、他の島と対峙する状況においては「○○島」としてのアイデンティティを共にすることが出来る。同様に奄美群島は島ごとに多様な民俗を有するが、「沖縄県」と対峙する場合においては「奄美」という同一性を意識し得るわけである。

こうした関係論の考え方を持ちこむことで、津波が「琉球文化圏」に代わって沖縄・奄美を称した用語が「対ヤマト地域」というカテゴリーである。すなわち津波は「ヤマトとの関係性の下で」という条件付で、奄美から沖縄までを含めた南島を、相対的な同一性を有する地域範疇として見出すのである［6］。繰り返しとなるが、こうした関係論に基づいた地域範疇とは、何らかの他者（他集落、他島、他県……）との関係を前提とした状況的なそれであり、素朴な事実レベルの同一性を主張するものではない。言い換えればそれは現地の人々が抱くローカル・アイデンティティを視野に入れた「条件付き」の地域範疇に過ぎないのである。

こうした認識論にどの程度自覚的であるかはともかく、今日の民俗学が南島をフィールドに選んで研究する際に準拠するのは、前節に見た「文化圏」の仮説ではなく、ここに見たような関係論的な地域カテゴリーである。こうしたカテゴリーはその内部における文化の均質性を必ずしも期待するものではないし、あるいは社会学的な視点に寄りかかって研究するような立場からすると、むしろ個々人における民俗文化の担い方の差異に積極的な価値を見出す場合も珍しくない。民俗学のキーワードを参照すれば、文化圏というエティック（外的・客観的）な認識に対し、関係論は現地社会のイミック（内的・主観的）な認識を主張するものだと言うことも出来るだろう。

ところでこうした関係論は「自他の境界をどこで引くか」という当事者の認識に根拠を有するものであるが、この点に関わってくるのが「想像的範疇」としての南島というカテゴリーである。津波が示唆した地域カテゴリーは、ある関係の下での地域の同一性や差異を捉えたものであるが、そのスケールが大きくなり、ことに「対ヤマト」のようなカテゴリーに至ると、それは直接的経験を離れ、何らかの想像を通じて描かれるものとならざるを得なくなる。すなわち「自分たち」という範疇が一種の想像の共同体として現われることになるのである。この点はむしろ、ヤマトの側から捉えた方が分かりやすいかもしれない。ヤマトの人々のうち、どれだけの割合が実際の南島地域に赴いたことがあるかに関わらず、日本社会には「南島」、あるいは「沖縄」のイメージは広く膾炙している。それは広告代理店の仕事に媒介されたものかもしれないし、地理教育や小説家の手になるエッセイ、あるいはテレビで流れる天気予報画面などによって作られたものであるかもしれない。いずれにせよこうして築かれたイメージは、具体的で直接的な関係性を要件とするものではなく、何らかの契機によって媒介され、我々において漠然と想起されるそれである。

しかしながらこの曖昧な想像的範疇は二つの理由のために注目される必要がある。まずその一つ目は、想像的範疇には規模の上で大きなカテゴリーを構成する傾向が強く認められ、それ故に極めて多くの人々を巻き込む、ということである。想像的範疇は関係論的範疇と共通する点も多い反面、基本的に数十万人規模を含む地域カテゴリーを構成し、南島は往々にしてさながら一つのまとまりのように想起される。正に「ヤマト」と「対ヤマト地域」のような範疇化とはそのようなマクロなカテゴリーを構成するものであり、かつこうした巨大な範疇は、漠然とし曖昧であるにもかかわらず、最もよく社会の中に流通するそれである。

第二点目は、第一点目とも関わってくるが、そうしたスケールのために想像的範疇は、ある種の誤認を避けることが難しいということである。たとえば想像的範疇としての「沖縄」は、手堅い民俗学者が関心を持つような個々の地域における文化的多様性をざっくりと割愛し、「青い海」「白い砂浜」「首里城」といった貧弱なイメージに単純化したところに成り立っている(原 二〇〇〇)。実のところ先ほど述べた「南島」という、その用語法自体が琉球弧の島々を「日本の南」という関係性に縮約して捉えた範疇化もまた、こうした誤認と単純化の産物に他ならず、沖縄を中心とした空間的な広がりを見落としたところに成り立ったそれだと見做すべきだろう。しかしながらこうした誤認を伴った想像的範疇としての南島は、極めて多くの人々を強力に捕えているそれでもある。

このことは知に対し誰より慎重であって然るべき研究者すら例外ではない。たとえば歴史学者の石上英一は『史学雑誌』収録の文献目録において、『改訂名瀬市誌』が沖縄県の史料に分類されていたことを遺憾としたことがある(石上 一九九九)。もちろん名瀬は奄美大島にある都市であり、行政上の所属は沖縄ではなく鹿児島である。より興味深い例として、近代日本における南島表象を厳しく批判した研究者である小熊英二と村井紀の著作が挙げられる。彼らは日本の「植民地」統治と学知の共犯関係を舌鋒鋭く問い質し、それらに染みついたイデオロギー性を批判した点で南島地域研究に大きな影響力を及ぼした。ただ彼らの研究――主に村井の『南島イデオロギーの発生』及び小熊の『単一民族神話の起源』『〈日本人〉の境界』など――を丁寧に読んでいくと奇妙なことに気づかされる。それは彼らの奄美に対する徹底した無視である。彼らが「南島」という言葉で指しているのは事実上「沖縄」であり、それもどこか沖縄の具体的な地域であるというより、多分に彼らが学ぶまでもなく知っていると思い込んでいるイメージとしての沖縄である。もちろん地域研究に興味を持たない大勢に関して、その依拠する認識にエアポケットがあることを指摘しても生産的ではない。要するにここで強調しておきたいこととは、南島への認識の「イデオロギー性」なるものの批判者においてをや、その抱くイメージには無知が拭いがたくつきまとうのであり、それを避けることはほとんど不可能なまでに困難だということである。これは突き詰めれば人間の能力の限界でもあり、対面的関係を築きうる範囲を超えれば、他者像は必然的に想像に補われて描かれざるを得ないのである。

遠く離れた地に住まうインテリによって描かれればこそ、南島はますますかような想像的範疇としての性格を強め、ある種のファンタジーが投影される場となる。こうした想像力を惹起する一つの要因に、地域としての南島の周縁性が挙げられる。周縁とは中央に対置される概念であり、ある範疇の内部において最も中央から遠く、それ故に最も顕著な中央との差異を示す場所である。周縁は境界に接し、それをまたいだ外側には「他者」が暮らしている。このような周縁が中央の秩序にとって危険な存在でありうることは、かつて象徴人類学がたびたび指摘したところでもある（山口 二〇〇〇〔一九七五〕）。南島の人々とは「我々」の「内なる他者」であり、「我々」自身の自明性を良くも悪くも覆すような存在として想定される。そしてそのことは、今日「宗教」として把握される精神文化に関しても敷衍される。

南島が日本民俗学の学史にとって、ある種の知的な「聖地」であったことの子細は、第四章で言及することになるだろう。ここではそのような想像的範疇が現在でも生きていることの例として、もう一度阿満利麿の『日本人はなぜ無宗教なのか』を参照しておきたい。阿満は同書の終章に相当する箇所を沖縄県の離島である大神島の民俗の記述から書き起こしている。大神島は沖縄県の先島諸島を成す宮古島に付帯した離島であり、県内でも有数の僻地――言い換えれば民俗学的には非常に高い関心の寄せられるフィールドである。阿満はこの島で担われているウヤガム祭祀、すなわち「ウヤガム」と呼ばれる土着的な共同体の神に対する信仰を、彼が「自然宗教」と呼ぶものの好例として取り上げ、その「深い精神性に支えられている明るさ」を称揚する（阿満 一九九六：一七六）。阿満の評価が妥当なものであるかは全く別の問題として、日本人の「宗教」が問われる際において、南島の宗教が一種の鏡として参照され、取り沙汰されることはたびたび繰り返されてきたことである。南島の宗教はヤマトのそれとは異質であり、その異質さは周縁としての南島が喚起する想像に増幅されて、一部のインテリたちを魅了してきた。想像的範疇としての南島は、中央にある「我々」の自明性が疑いに付される場であり、「我々」の世界では安定的に運用されている法や制度が通用しなくなる領域である。そしてそれは中央で「宗教」と呼んできたものについても同様であり、「我々」にとって見慣れない南島の「宗教」に出会うこととは、結局「宗教」という言葉の定義を一からやり直すことでもあった。その再定義とは、やがて将来において広く共約されるべきイメージの核心となるものであるが、それらは現実の具体的な南島にではなく、想像的範疇としての南島に根を持つが故に、既に実際の人々の暮らしからは遊離している。しかしながらこうした知＝イメージは、現実の南島に再帰し、生きた人間に受け取られていくことによって、人々の実践のあり方を変えていくことになるのである。

二　南島の民俗信仰

1　宗教史

では実際に、南島の宗教はいかにヤマトとは異なっているのか。ヤマトにおいて仏教がイエの宗教となり、日本人のほぼ全てを囲い込むように普及したのは、近世日本の宗教政策が仏教寺院を統治体制の末端に位置づけたことの結果である。この「寺檀制」と呼ばれる制度によって、日本人の世帯はいずこかの仏教寺院を「檀那寺」とする「檀家」となり、それぞれの寺院が管理する宗旨人別帳に登録されて管理された。この管理体制によってヤマトの人々は、自身がキリシタンではないことの保証を檀那寺より得た他、イエの構成員の生死は寺院に届ける、旅行に際しては身元保証を寺院から受けるなど、生活の全体において仏教寺院と関わることとなった。こうした体制は幕藩体制が崩れると共に廃止されることになるが、こうした歴史的経緯が今日でも日本人の少なからざる割合を生まれつきに仏教と結びつけている。

近世以降の南島宗教史を理解する上での前提となるのは、これらの宗教政策が近世南島においては敷かれなかったという事実である。ただしその理由は、仮初めにも独立国家であった琉球王国と、薩摩藩の一部であった奄美群島とでは異なっている。まず琉球王国であるが、薩摩藩に侵攻された後も幕藩体制の外部にあり、寺檀制が敷かれるべき範疇にそもそも含まれていなかった。従って仏教寺院が各地に置かれるべき必要もなく、沖縄の仏教僧侶たちの一般民衆に対する関わりは稀薄であり続けたのである。一方の奄美群島は状況が異なり、地域としては本来的に幕藩体制下に置かれていたものの、薩摩藩領内ではこの寺檀制が形骸化していたことにより、仏教寺院が普及しなかった。この寺檀制の不施行は奄美群島に限らず近世期の薩摩藩領内に共通した政策であるが、他藩では地域の檀那寺に託されていた戸籍等の管理を、薩摩藩では代官が「手札改め」という方法で直接担うこととなっていた。このために仏教寺院の地域社会に対する関係は抑制され、薩摩藩領内では教勢を拡大することが困難であっただけでなく、民衆との接点そのものが乏しく、他藩ではどこでもそうであったような「檀家」としての人々の抱え込みが出来なかったのである。この方針は海を渡らなければ僧侶がやってこられない奄美において、むしろ一段と強固に貫徹されたと言える。各種の文書や口碑は近世奄美において、島ごとに一寺ないし二寺ほどが置かれていたことを伝えているが、それらは檀那寺として機能することはなく、個人的な帰依の対象に留まったと考えられている。そしてそれらの寺院は、次章で言及するように明治初頭の廃仏運動によって破却され、甚だしい場合には現在ではその所在がどこであったのかさえ分からなくなっているのである。

こうした仏教の影響力の弱さは、死者祭祀のありように最も良く反映されている。ヤマトにおいては一般に死者が出た場合、イエの属する宗派の仏教僧侶を呼び、読経を依頼する。こうした宗教民俗は近世の寺檀制を背景としたものであるが、仏教の定着しなかった南島においては、必ずしも死者儀礼にこうした宗教者を招くような民俗は生まれなかった。もちろん近代以降の民俗の「日本化」によって昨今では、ヤマトと同様にする例も増えているところではあるが、少なくとも前近代の南島では、仏教僧侶（あるいは地域によっては神道の神職）の葬儀への関与は限定的であったのである。

ただし南島の人々の先祖に対する篤い信仰は、ヤマトのそれよりも明らかに強く、かつ自覚的だということは強調しておかなくてはならない。筆者がフィールドワーク経験の中で「自分の宗教は先祖だ」と語る人物に出会ったことについては先ほども述べたが、南島ではかように、先祖そのものが一種の宗教的な神格として認知され、場合によっては子孫に禍福をもたらすものとして了解されている。言い換えればこうした先祖を祭祀する何らかの枠組みとして、仏教や神道は位置づけられておらず、このために彼らの何らかの「宗教」との関係は今日でも選択的なものとして、つまり「葬式に呼びたければ呼ぶし、いらないと思ったら頼らなくていい」ものとして成り立っているに過ぎない。彼らの信仰の対象は、先祖そのものに焦点が合わせられているのである。

ではこのように仏教や神道を頼みとしないのであれば、南島の人々の宗教的需要——一般論としては、現実世界の矛盾に対し救済をもたらし、現世利益への期待に応えること——を満たしてきたのは、一体如何なる宗教であったのだろうか。その筆頭に挙げるべきは「ノロ」と称される神女によって担われた村落祭祀であるだろう。神女ノロについては本書第四章及び第六章において詳しく言及することになるが、さしあたり概括的に述べるとすれば、地域の祭祀を担う女性の司祭だ、と定義しておくことが出来る。「ノロ」の呼称は「宣《の》る」に通じる語とされ「祝詞《のりと》」の「ノル」とも同根であると考えられている。南島の村落では、今日で言う「字《あざ》」を基本的な単位とし、村民自身によって挙行される祭祀がほぼ全域で行われていた。この祭祀単位は複数の字にまたがることや、場合によっては一つの島全体が単位となることもある。ノロはこの祭祀を祀掌する土着の宗教者であり、地域によっては「ツカサ（司）」や「オオアム（大阿母）」などと称されていることもある。沖縄県内、すなわち近世琉球王国に含まれていた地域では、このノロの下に「カミンチュ（神人）」「ニーガン（根神）」などと呼ばれる下位の女性司祭が複数名擁され、彼女たちが組織されることで神役組織＝祭祀集団が形成される［7］。一般に沖縄の祭祀はこれに数名の男性神役が加わって挙行されるが、社会変容によって祭祀の継承が困難になりつつある今日でも、祭祀の中核はこうした女性神役によって行われるべきだという認識は失われていない。ノロたちの祭祀は現地では「ウグワン（御願）」や「ウガミ（拝み）」「ウートートー（御尊）」等と呼ばれ、その多くは森の中の「ウタキ（御嶽）」と称される斎場か、もしくは「アサギ」等と呼ばれる集落内に設けられた施設で祭祀を執り行なう。この祭祀の目的は時期によって様々であるが、多くでは食物や線香などが捧げ物として用意され、口承として伝えられた祭文を唱え祈るなど、神を迎え饗応する儀礼が行われる。そこで神に乞い求められるのは豊穣や航海安全、多産や防災といった様々な現世利益であるが、それを享受するべき主体に想定されているのは基本的に村落共同体である。なおこの祭祀は特に重要なものであればあるほど秘儀性が高く、しばしば一般の村民を隔絶する中で挙行された。今日ではこうした秘儀性を薄れさせつつある祭祀も多いものの、かつての神女ノロの宗教的権威は絶大であり、彼女達の儀礼を覗いたりすることは神罰の対象とさえ見做されたと言われる。

これらノロの祭祀は琉球文化圏の全域、すなわち喜界島から沖縄本島、八重山に至る島々の全てにおいて存在し、あるいは過去に存在していた痕跡が認められる。ただし更に北上したトカラ列島にもこういった女性神役の民俗文化は見出され、彼女たちはノロではなく「ネーシ」と呼ばれている。このような民俗文化の分布のありようは、女性司祭が掌る村落祭祀という信仰形態の起源が古琉球以前にまで遡りうる可能性を示唆している。このためノロの祭祀はしばしば、神道の一形態としての原始神道・民族神道と関連づけられ、特に柳田国男の民俗学においては神道という宗教の原型を今日に伝えるものと見做された[8]。神道との関わりの実態に関しては、本書は立場を保留しておきたいが、少なくともその祭祀が中世以前に遡りうる歴史性を負っていることを疑う必要はないだろう。

ただその一方で重要なのは、これらのノロの祭祀が何らかの教団組織を形成し、均質な教義・儀礼を調えた「宗教」となることはなかったという点である。つまり彼女たちの祭祀は「ノロ教」の如きまとまりを形成せず、仏教の「宗門」「宗派」に相当するような集団を作り出すことはなかった。その理由は仮説としてしか答えられないが、一つはそれが村落共同体に基盤を持ち、基本的にその小宇宙において完結するものであったことが挙げられる。ノロ及び神役を務めるのは地域から選ばれた女性たちであり、彼女たちが迎える神もまた共同体の神である。そしてその神がもたらすものとは共同体の豊穣であり、その祭式は地域において代々伝えられてきたそれである。こうした自己完結性によってノロの祭祀を支える観念は具体的な地域生活と結びついたものであり続け、翻ってしばしば宗教教義にありがちな思弁性や抽象性は抑制されてきたと言える。

このノロの祭祀の広がりを捉えるにあたり琉球文化圏、すなわち古琉球の政治的版図が一つの基準となるのは、琉球王国がその歴史を通じて、彼女たちノロの掌る祭祀を国家祭祀として組織し、支配体制の中に取り込んできたためである。何者か教祖と呼ぶべきような人物に創始された信仰ではないが故に、ノロの祭祀の起源ははっきりしていない。ただ前述のようにノロの祭祀は、民族神道と同根であるとの見解が有力でもあり、少なくともその原型となるものは古琉球以前より存在していたものと考えるのが自然である。琉球王国は国家としての統一を果たすとともに、こうした在来の祭祀を組織化し、王府が執行する祭祀を頂点とした国家祭祀のヒエラルキーを構築した。つまり個々の村落共同体で行われる祭祀は、琉球王国全体の祭祀体系の中に位置づけられ、その裾野を成すものとしての地位を与えられたのである。こうした祭祀の組織化は、一五世紀に琉球王国に侵略された奄美群島にも敷かれ、それを示す史料として琉球王府から発行されたノロの任命状が喜界島で発見されている（第三章を参照）。こうした祭祀の組織化を通じて琉球王国は祭政一致の国家体制を築き上げ、民心の掌握と宗教の管理を実現したのである。

ところでこの体制が個々のノロに与えたのは、一種の公的役職としての地位であった。何となれば琉球王国の国家体制において個々の村落祭祀は究極的には国家の祭祀に連なるそれであり、このためにノロたちの祭祀には人々に一個の全体的世界像をもたらすことが期待されていた。その世界像とは要するに琉球王国の支配を正当化するためのそれであり、豊穣や安寧などに関する宗教的観念や神観念が、王権を根拠づけるものとして動員されたのである。その公的役割の故にノロの職分を担う者には王府より給田が与えられ、地域社会においては卓越した地位を占める存在として尊敬され、また畏怖された。同時にその役職に財と地位が伴ったことでノロの役職は世襲化の道を歩むこととなり、特定の血縁の内部において代々継承されるべき職分に転じていく。こうした体制は琉球王国の歴史を通じて継続し、後述する琉球処分を一つの転換点としつつ、祭祀そのものは地域によっては今日でも続いている例も多々存在する。

ところで古琉球時代に琉球王国の国家祭祀に取り込まれつつ、近世には薩摩の侵攻を契機に王府から切断された奄美では、ノロたちはどのような歴史を歩むこととなっただろうか。薩摩藩の支配には総じて、奄美民衆に対し厳しい傾向が見出されるために否定的に評価されがちであるが、ノロの祭祀に対する薩摩藩の扱いは抑圧一辺倒であったとは必ずしも言えない。少なくとも近世を通じて奄美では各地でノロの祭祀が存続していたことは、史料上にはっきりと確認される。その上でそれらの（主に薩摩藩より派遣された役人が残した）史料には、祭祀のために奄美民衆が様々な供物を蕩尽することへの規制や、聖地とされた山野の開拓が滞っていることなどへの苦言が散見され、薩摩藩が彼らの祭祀を手放しに認めていたわけでもないことが分かる。いずれにせよ近世の琉球王国では村落祭祀が国家祭祀の一部として遇され、ノロには公的地位と財産が与えられていたのに対し、奄美の村落祭祀は王国の外に置かれたが故にそれらの保証を得られなかった。ただその一方で、前述のように薩摩藩は藩領内における仏教僧侶の活動に抑制的であり、寺檀制を奄美に持ちこむこともしなかった。本土にある高千穂神社など薩摩藩領の神社を島々に勧請する動きは、近世期を通じて散発的に見受けられるが、それらは基本的には藩から派遣された役人層の信仰対象であるに留まり、奄美民衆の信仰を大々的に集めるには至っていない。結果、仏教および神社神道の奄美への普及は近世を通じて限定的であり続け、その代りに島の人々の宗教的需要を満たすものとしての村落祭祀が生命を保ち続けたのである。

2　シャマニズム

このように南島全域において宗教文化の中核をなしたのがノロによる村落祭祀であったが、これと並んで民衆に信仰されたものに「ユタ」と呼ばれるシャマンがある。ユタとは南島の語彙である「ユンタ（お喋り）」を語源とした言葉であり、その他地域によっては「トキ（時）」「カンカカリャ（神懸かり）」「ムヌチー（物知り）」などのように呼ばれている場合もある。一般に神や死霊の意思を取り次ぐ宗教的職能を有し、東北北部のイタコと並んで日本のシャマン文化を代表するものと民俗学では見做されている。ただし今日ユタと呼ばれている宗教者には、シャマン的職能者のみならず、風水（風水見／フンシミー）や易（易者／エキシャ）、暦などの知識をもって占いを行った民間宗教者に連なる者も多数含まれている。ユタになるのは多くが女性であるが、ノロのように女性に限定されているわけではなく、特に男性のユタは近年むしろ増えているという指摘もある。こうした男ユタの増加の背景として、フンシミーやエキシャがユタと同一視され、実態のレベルでも習合している可能性が考えられる。

南島の精神文化を捉える上でユタは、前述のノロとの対比によって捉えられることが多い。たとえば今日でも用いられている類型論として、ノロ＝プリースト（司祭）とユタ＝シャマンのモデルがある（桜井 一九七三：三―五、佐々木 一九九二）。ノロの役割は前述のように村落祭祀であり、かつ村落の中では地位と財産を有する概ね上層の階級にあることが通例である。他方でユタはそういった村落祭祀に基盤を有さず、専ら私的にクライエントの相談を受け付けることで宗教的需要に応える存在であり、階級の上でも必ずしもハイクラスを占めない。むしろ「ユタ」という呼称自体、南島においては侮蔑的なニュアンスを含んでいることから、当事者がそう呼ばれることを嫌い、「カミサマ」のように呼ぶことを求める者もいる。宗教的活動に際しても、ノロが主に祭文を唱え供物を捧げるなどの作法によって形式的に儀礼を執行するのに対し、ユタはしばしば精神変容を通じて神意を判示するなどのある意味で動的な方法を用い、この点でも対照をなしている。

逆にノロとユタの共通点としては、ユタもノロ同様「ユタ教」のような組織化がなされていない点が挙げられる。ユタの信仰には創始者や統一された教義、教団組織などはなく、更にいえばその仕事が世襲的に継承されることもない。それでもなお今日でもユタが南島において再生産され続けているのは、その信仰が極めて広く社会に根を下ろしているためである。そもそもユタになる人物は自分がユタになることを望んでいない場合が大半である。つまり元々はそうした世界とは無関係に暮らしていた者が、あるきっかけによってユタになるというプロセスを経るのである。このユタの成巫過程を理解する上では、そもそもユタがどのような宗教的活動に携わっているのかを踏まえる必要がある。

南島の人々がユタに依頼する契機となるのは、一般的に体調の不良や精神の失調、あるいは身内に不幸が相次ぐなどの経験である。特に体調の不良であるが、これは頭痛やめまい、幻覚や幻聴、身体の痛みや強ばりなど様々な形態をとる。傾向としては心因性疾患に属するものが多く、病院での検査によって原因が突き止めきれず快癒に繋がらなかった場合、ユタに「診てもらう」ことになるのである。心身の不調を近代医学とは別の論理において捉え、その原因を主には神や心霊、祖霊、怪異などからの働きかけなどに求める論理を、文化人類学は「災因論」と呼んでいる。災因論の機能は病や不幸に対して宗教的・象徴的な解決の筋道を与えることであり、クライエントは宗教者から「災因」を教唆されることによって、その然るべき対処を知ることになる。ユタの役割は正にこの災因論に与ることにあり、その探索は南島においては主に「ハンジ（判示）」と呼ばれている。ユタの判示が災因に見定めるものは様々であり、特に近代以前には怪異や悪霊による危害として解釈されることが多かったという研究もあるが、今日ではクライエントが先祖祭祀を疎かにしていることなどが原因に挙げられる例が目立つ（塩月 二〇一二：二〇一―二二二）。いずれにせよ判示を受けたクライエントはユタの指示に従って、先祖祭祀の作法の変更や、「拝所」と呼ばれる聖地でのウグワン（祈願）を行うなど、様々な儀礼を行う。これらの儀礼は先祖や神々といった存在からの要求に応えることを意味するものであり、体調不良や不幸は、生者の側に信仰上の「フスク（不足）」があるが故の「ダーリ（祟り）」としてもたらされたものだとされる。

このようにユタから「ウグワンブスク（御願不足）」を指摘され、それを改めることによって不幸は解消される場合もあるし、宗教的対応である以上、解決には至らないこともある［9］。またクライエントの側も、常にそのユタの判示を鵜呑みにするわけではないため、別のユタに一種のセカンドオピニオンとしての判示を求め、もしそちらがより納得のゆく内容であれば、そちらに則った儀礼が行われることもある（比嘉　一九八七：九三―一〇七）。実のところユタを信仰する人々であっても、多くはユタの中に何らかの「格の違い」があることや、全てが信頼に値するユタばかりではないことを認めている。そもそもユタそのものが迷信だという考え方も広く行き渡っており、このためにユタの判示を仰ぐことはしばしば「ユタ買い」という否定的なニュアンスを帯びた言葉で呼ばれる。それでもユタ買いの文化がなくならないのは、今日なお依然としてユタの判示によって、不幸から脱却したという実感を得る人間がいるためであろう。とはいえこのユタ買いは、クライエントの不幸や病が癒えるまで繰り返されるため、いわゆる霊感商法のように、クライエントが財産を祭祀のために使い尽くし、人間関係に破綻を来すような例もないわけではない（琉球新報社編　一九八〇）。

ところで新たなユタがいかにして生まれるかということであるが、ユタの多くが発生してくるのはこうしたクライエントたちの中からである（池上　一九九九ａ）。すなわち心身等に失調を来したことでユタを訪ねた者が「それは神からの召命である」との判示を得ることが、ユタの成巫の出発点となるのである。ここで言う神とは沖縄の民俗社会の神であり、彼らはいずこかのウタキや拝所に宿りつつ、自らに仕える資質のある人間を捜しているものとして南島では観念されている。神々はそういった人間を見出すと、その心身や運命へと介入し、自身を祭祀するシャマンとなることを求め、呼びかけてくるのである。その結果、人間は身体に変調を来し、あるいは不幸に見舞われることになる。このような宗教的観念は、南島の民俗社会において誰でも知っているものではないし、何より心身の不良を来した当人においてさえ、そのような判示はしばしば理解を超えた解釈として提示される。ただ同時に、ユタとなる者はこうした判示が示されるのに前後して、たとえばそれまではノイズのようにおぼろげな幻聴として聞き取っていたものを、有意味な神の声として聞き取るなど、それまでの常識が覆されるような経験をする。ユタになる者はこうした自身の経験の否定しがたいリアリティを根拠として、そのありえそうもないような「神の召命」という判示を受け入れていくことになるのである。このようにユタの成巫のきっかけとなるような原因不明の心身の不調は、民俗学の用語では「巫病《ふびょう》」と呼ばれている。

神の召命を受け入れたクライエントは、多くはどこかのユタに弟子入りして、儀礼の方法をはじめとした宗教的知識を習得していくことになる。この師匠ユタの役割は必ずしも彼女に巫病の判示を下したユタが務めるとは限らない。特にユタの信仰では、自身が仕える神との関係が最も重要視されるため、同じ神に既に仕えているユタや、それに近い機能・性質を有する神に仕えるユタを探して、その指導を受けることが良いとされる。ただしユタになるべき者が成巫過程で属しうるようなユタの「コミュニティ」は、個々のユタの個人的な人脈以外には存在しない。つまり前述したように「ユタ教」のような組織なり集団があるわけではなく、このためユタの修得する知識も、それなりに体系立って見える反面、何らかの統一的な経典や儀礼書、教義などに裏打ちされているわけではないのである。

むしろユタの儀礼は彼らが仕えるべき神から「直接に」指示され、それを唯一の根拠として祭式が整えられる場合が多い。このためユタの成巫過程で師匠ユタから如何なる教育を受けることになるかは、人物により相当なばらつきがある。いずれにせよ広く見出されるのは、こうした成巫過程ではしばしば南島各地のウタキ、拝所を巡ることが求められる点である。その意味づけも決して一様ではないが、新たなユタはこうしてあちこちの聖地を回ることで、自身の宗教的な感受性と、神との繋がりを強化していく。同時にこの巡拝に伴って巫病は解消に向かうことが多く、時折神の怒りや試練のために再発することはあるにせよ、基本的には治癒と呼びうる状態にまで回復する。

なお、こうした神の召命を受ける一つの要因として捉えられているのが、南島の民俗的観念としての「サー（精）」あるいは「セヂ」と呼ばれる霊力の考えである。これは人が生まれながらに具えた霊的資質であり、その勢いには生涯のうちに波があるものの、優れたサーを具えた人物は「サーダカウマリ（精高生まれ）」と呼ばれる。琉球王国の神歌である『おもろさうし』にも歴史上の卓越した人物を「精高子《せだかこ》」と表現した例が見られるが、今日でもサーダカと見做されることは一種のカリスマ性を含めた霊的資質を有していることを意味している。サーダカであることはユタとして神に仕えることの条件であり、このため本人に自覚がなくとも、成長してユタとなるような人物は優れた直感力や鋭敏な感受性、あるいは強烈な自意識を周囲から認められていることが多く、幼少期から良い意味でも悪い意味でも「変わり者」と見做されていることが珍しくない。こうしたパーソナリティは良い方に転じれば、強い意志を持って先頭に立って人間社会を導いていくような力を生み出し、また悪い方に転じれば、他者の意見を受け入れずに自身の確信に固執し、軋轢を作り出していく存在にもなり得るそれである。恐らく前述したユタの社会的評価のぶれ、すなわち信頼される宗教者であると同時に、しばしばうさんくさいものとして忌避されるという在り方は、ユタの具えたこれらのパーソナリティ傾向とも関わっている。いずれにせよ成巫過程に入った新たなユタは、聖地を巡り自分なりの祭式を構築していくことで、自身の中にあるこの霊力の活性化を自覚する。これに伴って神からの呼びかけはますます明瞭なものとなってゆき、そのことをもって神や心霊をめぐる様々な問題に、神のアドバイスを踏まえて然るべき回答を教唆出来るようになっていく。この新たなユタに最初のクライエントがいつ来ることになるかは、本人の人脈と「評判」によって異なってくる。いずれにせよ彼らユタの多くは街路に大々的に看板を出して客を集めるようなことはせず、大方は誰かの紹介によって判示を引き受ける。今日における南島のユタの信仰は、如上のプロセスの反復によって再生産され、命脈を保っているのである。

ここに付記しておくべき点として、サーの観念と神女ノロの関わりが挙げられる。サーダカがユタとなる大きな条件の一つであることは今ほど述べた通りであるが、実は村落祭祀を担うノロやカミンチュにおいても、サーを具えていることは要件として求められる場合がある。このことはたとえば八重山などの一部地域において神役の選抜が、神クジなどで「神意をはかる」ことをもって定められることなどに痕跡を残している。村落祭祀を掌るものが高い資質を持っていることを望む意識は、その村に生きる者の希望として自然なものであり、恐らく前近代においてはその傾向は尚更強いものであったと予想される。ただその一方で、ノロをはじめとする神役は村において概ね血縁で継承される役職であり、それ故に神役の就任には個々の女性のサーの大小にも増して、彼女がそのような家筋に属していることの方が大きな要件であった。この点でノロになることとユタになることは大きく質が異なる。またこれに関係して無視出来ないのは、村落祭祀とユタの判示においてそれぞれに要求される宗教的機能の差異である。図式的に言えば、村落祭祀とは周期的に繰り返される宗教儀礼であり、そこに求められるのは現状を変化させるような革新性ではなく、むしろ今日の状況がこれからも維持されていくことを祈願する保守性である。これに対してユタの判示は逆に、現状に何らかの「不足」を見出すことこそが期待されており、この点において本質的に目の前の状況を覆していく革新性を含みこんでいる。このように宗教的機能においてもノロとユタは正反対であり、このため仮にユタとしてのパーソナリティが強い人物がノロになってしまった場合、その強烈な宗教的確信の下で様々な改革を提言し、つつがない祭祀の維持を希望する村落と対立するような状況もありうる。実際こういった状況に関しては「ノロのユタ化」という状況として既に幾つもの報告が挙げられている（塩月 二〇一二、渋谷 一九九二）。一方、こうしたノロとユタの機能的には正反対でありつつも重なりあうような在り方とは、それらが遥かな過去においては一つの信仰であったことを示唆してもいる。

3　抑圧と周縁

これら南島の宗教が近代以降に置かれた境遇とは、決して恵まれたものであったとは言い難い。近代以降に南島の民衆が経験した信仰上の抑圧に関しては、第三章以降に具体的に見ていくことになるが、ここで最初に強調しておきたいのは、それらの抑圧は必ずしも政治権力との明白な対立の下で起きたわけではない、ということである。つまりこれらの民俗信仰が武器を取って政府に抵抗し、あるいはその信仰者が虐殺されるといったような、明らかな敵対性や暴力行為が生じた例は見出されないのである。むしろ南島の近代宗教史とは、そうした直接的な暴力としての権力によってではなく、人々の抱くイメージの変化によってそのありようを変えていった過程である。それは一言で言えば、南島の人々が継承してきたノロやユタ、あるいは先祖への信仰が「宗教」であるのかどうか、ということに関わってくる。

本書の以降における議論を先取りし、見通しとして述べておくならば、近代南島における宗教をめぐる暴力を生み出していたのは、結局「宗教とは何か」という問いに他ならない。何故ならここまでに見てきた通り、南島の民俗信仰は「宗教」という概念の境界線上に位置している。今日の我々は、我々自身が自明なものとして抱く「宗教」イメージに則り、ノロの執行する厳粛な村落祭祀や、ユタの生々しいシャマニズムに「宗教」的なものを、あまりにも当然に看取している。しかしながらこうしたイメージは、日本近代において常に自明であったわけではない。前章にて論じたように「religion」の訳語として日本に持ちこまれた「宗教」はキリスト教を範とした面があり、これに対して教義も教団も、教祖すらも持たない南島の民俗信仰は際立って異質である。第二章で見ていくのはまさにこの点であり、南島の人々が何らかの「宗教」を持っているのかどうかということは、近代史を通じて決して自明ではない問題として取り扱われた。このため時として、南島の人々は「無宗教」の人々として文字の上に記される。そしてこの記述は中央と周縁という非対称な関係の下で、現地社会の実態とは無関係に流通し、政策や教育に反映され、現実の生活へと介入していくのである。議論の出発点として、この「無宗教」と「宗教」の表象をめぐる歴史的な揺れ動きを次章で追ってみたい。

かように南島の「宗教」が語られ始める中で、実際に現地社会で起きていたことを考察するのが第三章である。ここで具体的に扱うのは近代初頭に起きた「廃仏毀釈」という暴力的な抑圧が、奄美喜界島の在来の民俗信仰にもたらしたインパクトの問題である。前近代の喜界島において担われていた信仰とはノロの祭祀であったが、これらは廃仏に際して破壊され、神社へと改められるという憂き目に遭う。この神社への更改に際して喜界島の民衆は、彼らの伝統的な祭祀のことを、押しつけられた「神社」の来歴伝承のうちに織り込もうとするも、結果的には挫折する。その挫折をもたらした要因とは在来の祭祀を対象化する言葉の欠如であり、このために彼らは村落祭祀を彼らの「宗教」として継承することが出来なかった。ここでも再び問題となるのは「宗教とは何か」という問いであり、在来の信仰文化は「宗教」たりえなかったが故に、言葉によって記述されることが出来ない。そしてこうした現地文化の境遇は、本来は現地に対する中央の無知に責が帰せられるべきそれでありながら、実際には彼らに対する「無宗教」の表象にからめとられていくことになるのである。

このような「無宗教」表象の前提をなしているのは、依然としてキリスト教を範とし、教義や教祖の存在をもってそれが「宗教」であることを確証していく認識であり、そのようなものとしての「宗教」イメージである。言い換えれば、当時の「宗教」イメージは南島の民俗信仰に「宗教」を直観するような今日の我々の懐くイメージとは異なっている。そしてこのことは、南島の民俗信仰が今日のように「宗教」として自明にイメージされるまでの過程には、歴史上の何らかの転換点、フーコーに倣うのならば「断層」が挟まっていることを意味している。

この断層を捉えようとする時、日本民俗学が構築され、民俗信仰を直接的に対象化する知が発生したことは一つのメルクマールと見做しうる。何故なら民俗信仰論とは、民俗信仰のうちに「宗教」の存在することを自明視するような「宗教」イメージがあって、初めて成立しうる思考であるからだ。この見通しの下で第四章において取り組むのは、南島の宗教をめぐる近代史を、明治大正期における民俗信仰論という学知の結晶と重ねあわせる作業である。殊にここにおいて注目されるのは、日本民俗学が民間巫女の研究を信仰研究の原点としていたことである。民俗信仰研究がこの巫女をめぐる問いから始まったことは、これまでの学史叙述では偶発的な出来事と見做されてきたが、南島の状況及び南島の研究者の関心を踏まえると、むしろこの点は必然と見做すべきように思われる。その上で民俗学史はその後、民間巫女の研究から離脱し、いわゆる「常民」の研究へと移行していくが、第四章ではそこに至る論理の連なりについても明らかにしてゆきたい。そしてこのことは同時に、「無宗教」という言葉の意味内容そのものの変化を理解する上でも重要な示唆を与えている。

第五章では再び、これらの知の変動を現実のフィールドとの交差のもとで捉えることを試みる。その際に具体的に扱うのは奄美大島におけるカトリックの受容と弾圧をめぐる近代史である。奄美大島ではまさにそこにいる人々が「無宗教」と呼ばれていた時代にカトリックの宣教が開始されているが、その結果として、日本には他に例がないほどの教勢の伸びをみせた。だがこの状況は昭和以降、急速に鈍化し、軍国主義の高まりとともに奄美カトリックは排撃を受けるようになる。第五章ではこうした受容と弾圧を、従来の分析枠組みとは異なって、「宗教」という語のイメージの変化からの説明を試みる。同章の結論を先取りすれば、奄美カトリックが受容された時「無宗教」という言葉は文字通り、「何の宗教も持たない」ということを意味し、そしてそれはある種の規範を具えていないことであるが故に恥ずべきこととして説かれていた。しかしながらやがて「宗教」という語は意味内容を変え、人間に普遍的な資質として、誰でも生まれながらに具えているものと見做されるようになる。奄美カトリックはこの「無宗教」が意味内容を変え、「無宗教」であることがすなわち「宗教を持たねばならない」というプレッシャーを人々に与えなくなった時、当の人々からの排撃を蒙り始めるのである。

最後に第六章で見るのは、明治時代に沖縄の村落祭祀を担っていた女性祭司である「ノロ」がキリスト教に回心したことが、いかに語られたのかという問題である。こうした問題は従来、成立宗教と民間信仰の葛藤や、混淆という視点から問われてきた。しかしながら実際に事例に即してみてゆくと、ノロの回心という事例は到底そうした単純な構図において捉えられるものではありえないことが見えてくる。第六章ではそこで語られる回心の物語の絡み合いを解きほぐすことによって、そこに一貫した論理としての近代的個人の確立への志向性を見出していくことになる。というより、語りが個の信仰へと収束していくことによって、キリスト教とノロの祭祀、伝統とモダニティ、啓蒙と信仰といった様々な矛盾が統一的に整理され、一つのまとまりとしての宗教的主体の像が結ばれるのである。そしてこうした過程において、「宗教とは何か」という問い、すなわち「宗教」のイメージはその通奏低音を構成している。

これらの南島近代史上の出来事は、突き詰めればいずれも「「宗教」という言葉のイメージとその変化」、及び、「それらが当時現地で生きられていた民俗信仰とどのように関わったか」、ということを焦点としている。少なくともそのような視点に立つことによって、近代の南島の信仰に起きていたことの多くが理解可能なものとなると本書は主張する。そして、いずれにせよ忘れるべきでないのは、「宗教」という言葉のイメージの変化を担ってきたのは南島の人々自身ではなく、常に想像的範疇としての南島を語ったヤマトの人々であったことである。それらの一方的な表象は、中央と周縁の非対称な関係性の下で、ある意味では押しつけられ続けたそれであった。それらのイメージの変化が引き起こしたのがどんな事態であったのか、本書の記述はそれらを追いかけ続ける道程となるだろう。

［1］「南島」は今日では「南西諸島」と言う方が一般的であろうが、どちらの語であれ意味内容や、本文で述べたような政治的含意は異なるわけではない。本書は近代における表象に焦点を合わせており、今日の視点からの違和感も織り込みつつ「南島」の語を選ぶこととする。

［2］たとえば民俗の地域的差異を古代史までを射程に入れて捉えようとした下野敏見は、トカラ以北を日本（ヤマト）文化圏、奄美大島以南を琉球文化圏と呼んでいる（下野 一九八六）。このように線引きする下野が立脚する歴史認識とは、トカラ列島についてはグスク時代（下野は「按司時代」と書いている）には琉球文化圏に属したものとし、続く古琉球の時代には薩摩藩との両属に、薩摩の侵攻以降には日本（ヤマト）の文化圏に属する、と考えるものである。トカラ列島が琉球文化圏と呼びうるかは保留するとして、この認識に従えばトカラ列島は、古琉球以降を時間軸とする場合は日本（ヤマト）文化圏に位置づけら

れる一方、それ以前のグスク時代も含めて考察されるような場合には琉球文化の枠組みで捉えられることになる（下野 一九九九：一九〇―二〇八）。なおグスク時代以前に遡る場合、南島研究の拠って立つ文書史料はそのほぼ全てがヤマト側によって書かれたものとならざるをえず、こうした文字史料の性格との整合性も考慮される必要がある。

［3］もう一つの範疇化の可能性として、生物学上の分布境界線である渡瀬線の存在に触れておく。渡瀬線は大正時代に生物学者の渡瀬庄三郎がトカラ列島の特に悪石島と小宝島の間に引いた線であり、これを境にして複数の生物の分布が分かれるとした。こうした生態的条件の差異が、南島の文化圏の構成に全く影響していないとは考えにくいが、十分に複雑で多様である南島の文化・社会の成り立ちを自然環境条件に帰して解釈するのには限界があるように思われる。

［4］これはもちろん、それを見出す研究者側におけるバイアスの可能性を排除するものではなく、文化事象の同質・異質をピックアップする民俗学者の認識論自体に何らかの先入観が影響を及ぼすことはあり得る。しかしながらそもそもの前提として、何らかの「仮説」を先立って提起し、それを何らかの方法をもって検証し証明する手続きとはあらゆる学問にとって当たり前の作法にすぎない。また民俗学者は自身の立てた仮説が自らの調査データを基に証明されたと考え、少なくともその事実としての妥当性を期待するが、それを唯一普遍の揺るぎなき事実として他者に強要するようなことはないし、それを可能とするような政治権力を握ったこともない。ある種の民俗学に対する反イデオロギー的な批判の最も受け入れがたい点とは、少なくとも人文科学においてはそもそも「仮説」や「証明」とは研究上の手続きに過ぎず、かつ民俗学者は自身が精一杯の能力において提示する文化・社会像が将来において陳腐化する可能性を受け入れて研究に携わっているにもかかわらず、ある種の批判者はその学知が果たしうる政治的な効果の水準において、研究者に無制限の責任を負わせようとする点にある。しかしながら本来的に民俗学者が責任を果たしうるのは、その「仮説」なり「証明」の事実性の範囲に限られる。従ってたとえば、沖縄を「日本人」という範疇の下で語ることがイデオロギー的に不当であり、その仮説を下敷きにした論考を政治的に有罪だと断じるのであれば、その断罪には「沖縄人は日本人には含まれない」という前提が、事実性レベルで確認されていなくてはならない筈である。これは批判として単にフェアでないのみならず、そもそもそうでなくては批判を受けた側が反論しようがないためである。何故なら、これに対する民俗学者の反論は「いや、このような根拠のために沖縄人はやはり日本人だと論じるべきだ」という体裁のものとなろうが、これに対する批判者の応答は「相変わらずイデオロギーを振りまくのか。これだから民俗学者はダメなのだ」式の冷笑に収斂するだろうからだ。この議論においては明らかに、民俗学者が如何なる点において（つまり仮説の検証手続きに関して）誤っているのかをはっきりさせる義務は、批判者の方にある。むしろ民俗学のイデオロギーを批判

する者の多くは、民俗学者がそうであるより遥かに深刻なレベルで、自身の知の無謬性に酔っているようにさえ見える。

［5］たとえば喜界島では盆以上に重視されている行事である先祖祭にしても、島の北部では「シバサシー」、南部では「ウヤンコー」と別の名前で呼ばれるなどの違いがある。

［6］こうした認識に基づき、最近の津波が提起しているのが「奄沖文化」という範疇である（津波 二〇一二：二三一―二四六）。これは彼の造語で奄美・沖縄を一つの文化圏として捉えるために用いられている。この言葉が指すところの地域的範疇は、本論で述べたところの「南島」にほぼ等しく、それ故に「奄沖文化」圏は「琉球文化」圏と事実上一致する。ただし津波が奄沖文化の語で捉えようとしているのは、古琉球の文化およびその今日の残存ではなく、薩摩侵攻（＝古琉球の終焉）以降を時間軸とする近世以降の奄美・沖縄史である。政治的範疇で捉えれば近世の南島は、琉球（＝沖縄）史と奄美群島史に分かれて展開したことになるが、民俗文化史はそうした政治的範疇に必ずしも完全に拘束されるわけではない。たとえば奄美の島々のノロの一部には、近世期にも王府からの辞令を求めて琉球を目指した者がいたという記録がある。また近代以降の奄美・沖縄の行政は、本文中で述べたようにヤマトの「南島」というユニティの想像の下で方向づけられてきた。こうした点で「奄沖文化圏」概念は、歴史上の奄美・沖縄地域をヤマトとの関係の下で関係論的に捉える思考を「対ヤマト地域」概念から継承しながらも、より具体的な民俗事象の把握に引きつけた用語と見做すことができる。

［7］今日ではノロと根神の差異は役職上の違いという面が強く、それ以上の差異は見出されにくい。ただし仲原善忠によると、根神は地域に在来の神女であり、ノロとは必ずしも在来でなく、支配者に任命されることでその地の祭祀を司るようになった神女であるという（仲原 一九五九：一五三）。

［8］たとえば第四章で見る佐喜眞興英は、ノロの祭祀を邪馬台国の卑弥呼が担った宗教と根を同じくするものとして捉えている。『魏志倭人伝』に「鬼道」の語で記録された卑弥呼の宗教を原神道と見做すべきか、あるいはそれがノロの祭祀と同根であるかといった問題は、魅力的ではあるにせよ本書の課題を越えており、ここでは議論を保留したい。

［9］こうしたプロセスを合理主義的な視点から捉えるとすれば、宗教的処置を施すことによって心的な緊張が緩和され、そのカタルシスによって心身の不調を脱した、と理解される。もちろんユタの判示が宗教的対応である以上、その「有効性」を評価しすぎることは危険であるが、今日の精神医学における「カウンセリング」と類似の機制によって心的緊張からの解放を促すものとして仮定的に捉えておくことは妥当であろう。

第二章　南島民俗信仰の対象化過程
——一九〇〇年前後における民俗誌叙述

一　対象化される民俗信仰

本章の目的は一九世紀末、和暦では明治二〇〜三〇年代に南島地域の民俗信仰がいかに記述されていたかを、当時の「宗教」をめぐる知と関連づけつつ史料から点検するところにある。ただ、まずは南島にとってこの時期がいかなる時代であったかという点を押さえておくべきだろう。

南島は近代日本にとっての周縁であり、沖縄は日本の帝国主義の歩みにおける、言わば最初の領土であった。近代日本の植民地主義の研究者である森久男は、明治時代の南洋探検家・鈴木経勲《つねのり》の活動の解説にあたって、日本における南進論を四期に分けて整理している（森 一九八〇：二七三—二七四）。ここでいう南進とは台湾に始まり、フィリピンやマレーシア等の東南アジア、及びパラオやミクロネシア等の南太平洋の島々に対する経済活動、あるいは経済的野心とでも呼ぶべきものの拡大を指している。南進論の第一期は明治維新直後の一八七二〜一八七九年であり、国境画定問題に付随した動きとして、琉球処分の完了（一八七九）をもって一旦の区切りをみる。続く第二期は一八八四年から一八九三年の間が想定され、これは近代的国家体制の整備と南洋の未分割地の存在を背景に、在野の南進論者が出現する時期である。この時期の南進論は主に民間で説かれた主張であり、言い換えれば国家としての日本は必ずしも南進に強いコミットメントを有していない。こうした消極的態度は琉球処分後の旧琉球国＝沖縄県に関しても見出され、この時期敷かれた統治は「旧慣温存」と称されているように、在来の制度・文化・社会に対する介入は限定的なものに留まったのである。翻ってそうした姿勢が積極に転じる画期は、日清戦争の勝利と台湾領有であり、森はこのことをもって第三期への移行を標しづけている。この第三期とは日本が植民地を獲得し、その経営が現実化する中で、南進が国政レベルで扱われ、推進された時代であり、領土あるいは経済圏の拡張が実際の政策課題として具体化されていく時期に相当する。国家による南西諸島への介入が本格化するのもこの第三期であり、本章で言及する史資料は概ねこの時期に書かれたものである。その後の第四期とはこうした南西諸島への関心が事業へと実質化され、完成をみていく時期であり、一九一〇年以降、植民地経営と南太平洋における貿易が日本経済にとって欠かせないものとなった時代を指している。

こうした歴史の流れにおいて沖縄は、琉球処分によっていち早く日本に取り込まれたものの、主に清国との対外的な緊張関係のために、植民地的経営の具体化は第三期にまでずれ込んでいった地域である。言い換えれば日清戦争の結果がこの対立に一応の決着を与えたことで、この一九世紀最後の七年間と、二〇世紀最初の一〇年から成る第三期は、日本の南島地域に対する関心が実利への期待感を膨らませつつ飛躍的に高まった時代となった。この関心は然るべく、それまでにない試みとしての南島の実地調査と、それに基づいたテクストの公刊という事業を生み出していくことになる。そしてそのテクストの中で紙幅の割かれたテーマの一つに、「現地の宗教とはいかなるものであるか」という問いがあった。

前章に述べたように、南島の宗教はヤマトとは大きく異なっており、そのことは海を越えてやってきた調査者たちに様々な印象を与えることとなった。その中身を見ていくことが本章の主目的であり、以下では明治二〇〜三〇年代に書かれた民俗誌に見られる南島の民俗信仰の記述の性格を分析する作業を行いたい。ここで取りあげるのは、この時代を代表する報告者である笹森儀助、加藤三吾、田代安定、昇曙夢の四人のテクストである。彼らは柳田国男が大正期に登場する以前に活躍した人々であり、規範的な民俗学史にとっては「前史」として数えられる研究者たちである。このため議論の先取りながら、本章が注目する一九〇〇年前後とは、柳田のいわゆる「南島イデオロギー」と表裏をなす日本民俗学の萌芽期と言え、このために本章の問いは「日本人」をめぐる排除と包摂〔1〕の論理に対し、宗教という概念がどう関係したかという問題にもある程度関わっている（村井 二〇〇四〔一九九二〕）。なおこうしたテクストと、そこで記述されている地域との対照関係は、図①（六四頁）に言及しておいたので参照されたい。

二　宗教をもたない人々

1　笹森儀助――人民宗教を信仰するものなし

明治二〇年代を代表する南西諸島の探検家に、後に大島島司を務める笹森儀助（一八四五〜一九一五）がいる。彼の『南嶋探験』は一八九三（明治二六）年に奄美から沖縄先島に至る各地を踏破した記録であり、この時期のものでは最も著名な民俗誌である。この笹森の民俗信仰へのまなざしを探るにあたり、彼が島司職在任中にトカラ列島を巡検（一八九五）した際の報告書である『拾島状況録』を参照してみたい（笹森 一九六八〔一八九五〕）。『南嶋探験』が旅程に沿って記述される見聞記調であるのに対し、『拾島状況録』は項目別民俗誌の形式を採っている。これはトカラ列島の各々が人口の少ない小島で、その全体像を求めやすかったことに加えて、それ自体が行政的な目途の下で行われた巡検であったことを反映したものと考えられる〔2〕。

この大枠に基づいて笹森は記述にあたり、まずいわゆる成立宗教については「寺院」「神社」の項目を設ける一方、別に「神仏崇信」の項目を用意し、住民の営む祭祀儀礼や信仰態度に関してはこちらに弁別している。トカラ列島は離島という環境のために仏教の僧侶や神道家が常駐しておらず、特に仏教に関していえば、幕末維新期の廃仏運動以降は完全に活動が絶えていた。同様に神道についても、専門の神職が派遣されていなかったため、集落の各戸が持ち回りで神役を務めることで祭祀を継承していた。こうした事情のため、笹森が「寺院」「神社」の項に記しているのは寺院名の口頭伝承や毀損した仏像などの痕跡、あるいは神職もいない現地の神社の呼称、祭神の伝承等である。こうした項目立ての下に笹森は、たとえば諏訪之瀬島の民間巫女を次のように記述している。

稚児神ノ遺跡ト称シタル三本松ノ間ニ枇榔樹ヲ以テ屋根ヲ蔽ヒタル一小屋ヲ造リ、若宮神社ヲ祭レリ。又切石ノ浜上ニ拾間四方位ノ洞窟アリ、御聖人ノ岩屋ト云フモノ之レナリ。移住民山田齊治（次――原文註）ノ妻ツネナル者、明治十六年五月ノ頃ヨリ発狂ス。他島ニ於テ巫女ヲ為シタル者嫁シテ本島ニ在リ、請フテ祈禱セシム。巫女曰ク、切石ノ洞中旧ト若宮ノ神ヲ祭ル。香火ヲ捧ケサル事久シ、故ニ神此女ノ奉祀ヲ受ケンカ為メナリト。之レヨリ其洞窟中ニ若宮ノ神ヲ祭リ、奉祀スル事巫女ノ言ノ如クス。狂疾之レヨリ癒エタリ。

拾島従来巫女多シ。本島ニ平島ヨリ嫁シ来リタル者壱人、悪石島ヨリ嫁シ来リタル者壱人、故ト《も》巫女ヲ務メタルモノナリト。ツネノ疾病癒ユルニ及ヒ亦巫女トナル。之本島巫女ノ初メトス。爾后婦人ノ小疾病ニ罹リアル、直チニ巫女トナリ神社ニ奉祀ス。故ニ今ハ其数増シテ拾六人ノ多数ニ及ヘリト。事跡愚ナリト雖モ、病ヲ治スルニ医師ナキノ地、如斯習慣ヲ生スル事亦已ヲ得サルナリ。（笹森 一九六八〔一八九五〕：二五九）

最初に触れておきたいのは、ここで描かれている記録はトカラ列島在来の人々ではなく、奄美大島系の移住民のものだということである。諏訪之瀬島は火山島であり、一八一三（文化一〇）年の大噴火で住民が全て脱出して以来、無人化していた島である。それが一八七六（明治九）年に火山活動の終息をみたことで奄美の人々に移住が探られはじめ、その計画が具体化されたのが引用文の事件のあった一八八三（明治一六）年であった。笹森が視察した一八九五（明治二八）年には移住は成果を挙げつつあったとは言え、荒廃した被災地の開拓は容易でなく、ここに見えるストレスに耐えかねた人々の発狂という事件も起こるべくして起きたことといえる。

引用文から分かるように、この事件を移住民たちは巫女の判示に従い、若宮神社の祭祀を興すことで乗り越えた。神と交流し託宣する巫女の民俗は元よりトカラ列島にも分布が見られるが、笹森の描く民間巫女の成巫過程には、神の召命によって神病を患い、その原因を求める過程で祭祀者としての宗教的確信を作り上げていくユタの成巫過程の特徴が典型的に見受けられる（桜井 一九七三、山下 一九七七）。そして最初の巫女である「山田ツネ」が成巫し、この若宮神社への奉祀者となってからは、こうした民俗信仰は著しく流行し、笹森の調査時点までに島の中に一六人もの「巫女」を生み出していたのである。

こうした民俗信仰の流行を目の当たりにしつつも、笹森は島民の宗教については次のように記している。曰く「人民宗教ヲ信仰スルモノナシ」と（笹森 一九六八〔一八九五〕：二六〇）。前述の通り、当時のトカラ列島ではいずれかの教団を主体とした仏教・神道の活動はなく、民衆の宗教的需要を満たしていたのは民俗信仰であった。笹森はこうした事情を観察し、民間巫女の祭祀が人々を慰めていることについても「愚ナリト雖モ、病ヲ治スルニ医師ナキノ地、如斯習慣ヲ生スル事亦已ヲ得サルナリ」と一定の理解を示している。しかしその上でなお笹森は、トカラ列島・諏訪之瀬島の人々を「宗教ヲ信仰スルモノナシ」と書いたのである。そしてこの時代の南島について、このように「無宗教」と書き記したのはひとり笹森だけではなかった。

2　加藤三吾——一般沖縄人は無宗教と称すべく

次に見てゆくのは弘前出身の教師・加藤三吾（一八六五〜一九三九）の『琉球の研究』である（加藤 一九四一〔一九〇七〕）。同書は彼が一八九九（明治三二）年七月に沖縄県立中学へ赴任して以降、個人的に調べた文化習俗の記録であり、一九〇七（明治四〇）年に上中下巻の三分冊の体裁で少部数が公刊されている［3］。同書で加藤は沖縄の宗教に関しては神社神道と仏教、そしてメソジスト派キリスト教の状況について触れた上で、いずれにせよそれらを信仰する沖縄民衆の数は限られているとしている。

というのは、まず当時の沖縄では仏教は「一定の檀越あるにあらで（中略）人を集めて法を説き又賽銭を要求することがない」という活動状況にあり、僧侶は単発的に依頼を受けて葬儀に関わることが稀にあるに過ぎなかった。また神道に関しても加藤は、沖縄唯一の官幣社として「伊弉冊尊」（傍点加藤）を祀る波上神社を取り上げているが［4］、その記述の中で同社は元々「巨大なる陽石を祭つた淫祠」だったのを改めたものであるとし「土人は之を大和の神と呼んであまり敬意を表してをらぬ」（傍点加藤）とそれが支持を集めていないことを指摘している（加藤 一九四一〔一九〇七〕：一七―一八）。そして以上を概括して「一般沖縄人は無宗教と称すべく、強て彼等の信仰を問はゞ（ユタ）と呼ばるゝ巫蠱の迷信あるのみと言はねばならぬ」（傍点加藤）という見解を示すのである（加藤 一九四一〔一九〇七〕：一七）。

ここに見るように笹森儀助の一八九五年のテクストと、加藤三吾の一九〇七年のテクストは、それぞれトカラ列島の奄美系移住民と沖縄民衆を「無宗教」と記述している。このとき両名がそのように記すことの根拠となっているのは、一義的には南西諸島では仏教や神道がヤマトのようには受容されていないことである。繰り返しとなるが、歴史的に南西諸島の人々は、ヤマトの人々がそうであるように、仏教の檀家や神道の氏子として制度的に宗教と結びつけられることはなかった。その代わりに宗教的需要を満たしていたのは、たとえばユタのような民俗信仰だったのである。

　ただしここでの「無宗教」の表現が示唆しているのは、南島がそうした成立宗教の活動の空白地帯だ、ということだけではない。すなわち彼らが注目しているのは、言わば南島の民衆における内面的な信仰の欠如ということである。そのことに関する事例として加藤が一九〇〇（明治三三）年に『東京人類学会雑誌』に寄せた、「沖縄の「オガミ」幷に「オモロ」双紙に就て」という論考の記述を取り上げてみたい。

> 予は沖縄の御嶽（オガミ）に就て或は旧き記録より或は怪しき口碑より或は地名より或は地貌より或は（オガミ）《ママ》の形状位置並に実査発掘等より沖縄に於ける上古の状態を穿索しようと考へましたのですが突然に霊地を発掘して質撲可憐なる村民の信仰を蹂躙するのも忍びない所て《ママ》ありますし少数の御嶽は記録等もありますが多数は口碑もなく伝説もなく無意味に習慣に村民に崇信せられてあるので御嶽の構内には足を入るゝことなく御嶽の森の樹枝も折り取ることなく最も神聖に保存せられてあるのでありまして或は愚にも附かぬ由来をもつておるのもありましようが不明であるたけ案外に面白き由緒をもつて居るものもあるかと考へるのです
>
> （加藤　一九〇〇：二八―二九）

　この文章に認められるように加藤は、ウタキが「質撲可憐なる村民の信仰」を集めていることを認識し、それを侵すことが信仰の蹂躙を意味することを承知していた。彼がそう理解したのはテクストにもあるように、人々がウタキへの立ち入りや開発を避け、その場所を「最も神聖に保存」していたためである。ただ加藤にとって問題だったのは、そうした信仰が、その由来や祭祀対象については「口碑もなく伝説も」欠いていたことである。

　一般論としていえば、こうした担い手における信仰対象の曖昧さや由来の不確かさ、明確な教義の欠如といったことは、民俗信仰では珍しいことではない。しかしこのことのために加藤はその信仰を、人々の作法の丁重さに関わりなく、「無意味に習慣に」崇信されているものとし、これによってウタキ祭祀を「宗教」とは弁別したのである。

3　宗教と自覚的信仰

このように信仰への明確な自覚を、「宗教」が存在することの根拠とする考え方は、よりはっきりと笹森儀助のテクストに見出される。次に引用するのは前掲の『拾島状況録』に収められているトカラ列島・竹島の記述である。

古来土人ノ宗教ハ浄土宗ニ属ス。然ルニ自己未来ノ幸福ヲ祈ルニアラス。死者アラハ親族及村民集リ読経念仏ス。彼等ハ信セリ、人ノ死スル其霊魂ハ死セス、僧侶ノ引導若クハ会送者諸経名念仏ニ依リ、未来極楽ニ生ル、ヲ得ト。又死者ノ忌日ニ遭遇スル親族其家ニ集リ、之レガ合唱ヲ為ス。均ク死者ノ冥福ヲ祈ルナリ。若シ宗教ヲ信スト称スル言辞ヲシテ、自身ノ善徳ニ依リ自身未来ノ幸福ヲ期スルノ謂ヒナラシメハ、彼等ハ宗教ナキノ民ト云ハサルヲ得ス。彼等ノ今称シテうぶすなト称スル旧浄土寺ノ仏又聖神社及其合祀ニ係ル釈迦等ヲ崇信スル所以ノ者、多クハ海上ノ安全時疫ノ防止ヲ主トシ、其他病疾ニ罹ルアレハ其全快ヲ祈リ、凡ソ人事ト自然トヲ問ハス自己ノ思念ヲ以テ随意ニ左右シ能ハサル事ハ総テ之ヲ神仏ニ祈願スルモノニシテ、神仏ノ区別ハ彼等ノ知ル処ニアラサルナリ。

（笹森　一九六八〔一八九五〕：一二三四）

ここに見えるように笹森は島の住民が一応の帰属の上では浄土宗に属していること、そして行動の上でも経文を唱え、祭祀を行っていることを認識している。ただ問題はそうした営みが現地人の自覚レベルでは神仏の区別さえなく、その信仰のあり方も「自己ノ思念ヲ以テ随意ニ左右シ能ハサル事ハ総テ之ヲ神仏ニ祈願スル」が如き信仰だったことである。

こうした信仰のあり方は「自己未来ノ幸福ヲ祈ルニアラス」という点で、俗信論の言う現世利益主義とも異なる。むしろ人知の範囲外の一切を自助の及ばないものとし、神仏に全面的に委ねてしまう点からすれば、信仰態度としては「極めて深いもの」ということも出来るだろう。だが笹森は、民衆のかような神仏に対する全面的な崇信にもかかわらず、それを「宗教」とは見做さない。何となれば笹森は宗教という言葉を「自身ノ善徳ニ依リ自身未来ノ幸福ヲ期スルノ謂ヒ」として理解するためである。すなわちトカラの人々はこうした自覚的な信仰を欠き、ただ曖昧なままに自明視された神仏への畏れによって祭祀と祈願にあたっているがために、その営みは宗教ではないというのである。

このように自覚的な信仰をもって宗教とみなす考え方は、阿満利麿が批判的に指摘しているように西欧の宗教概念、特にキリスト教を範とした「宗教」のイメージを反映している（阿満 一九九六）。その宗教観とはすなわち、内面的な信仰に裏づけられ、特定の信仰対象や教義を主体的に「信じる」ことこそが宗教的信仰だとする考え方である。こうした内面的信仰から定義される宗教概念は、文化人類学ではビリーフ（belief）中心主義と呼ばれ、逆に行為や儀礼から宗教を定義しようとするプラクティス（practice）中心主義と対比される（タンバイア 一九九六〔一九九〇〕）。既に今日では、こうしたビリーフ中心主義の、日本の文化土壌に対する異質さは明らかながら、少なくとも明治二〇〜三〇年代という時代において「宗教」という言葉は、西欧を範とした近代化の中で、知識界を舞台に日本の伝統や民衆の生活世界とは切り離れた場所で作り出されたばかりのそれであった（磯前 二〇〇三：三六―三八）。ここでの笹森や加藤にみられる「無宗教」の記述は、このように近代日本に輸入された「宗教」概念が、現実に存在する日本の民俗信仰と揉み合った最初の事例の一つである。

そしていずれにせよこうした一方的ともいえる表象を正当化していたのは、ヤマトと南島の間にある中央／周縁という配置であった。笹森や加藤のテクストには、自身が用いる「宗教」という概念が妥当ではないのではないか、というような懐疑は見受けられない。後進地域として周縁化された南島は、その配置のために中央からの啓蒙・指導を欠くべからざるものとされ、そのために現地の信仰が後進地域の「遅れた」営みであることは自明視されている。そしてこの中央と周縁という関係性はこれ以降も依然として機能し、一方的な表象を正当化し続けていくことになるのである。

三　政治への端緒

1　田代安定——将来の外交上の一参考に供う

本節でみる田代安定《あんてい》（一八五七～一九二八）は内務省博物局に在籍し、植物学を専門とした官界の研究者である。管見では田代の『東京人類学会雑誌』への寄稿は南島の民俗信仰を「宗教」の語で記述した最も早いテクストの一つである。彼は笹森の『拾島状況録』と同じ一八九四（明治二七）年、八重山群島の現地調査から次のように書いている。

八重山島民宗教ノ根素ハ他ノ沖縄、奄美諸島ト同ク日本固有神道ノ一派脈中ニ属スルモノナリ既已ニ内地ニ廃滅スル所ノ遺風却テ已上諸島ニ現存スルアリ之ヲ概見スルトキ実ニ奇々怪々ノ景状ヲ呈シ外来諸客ヲシテ是果テ固有ノ習俗カ将タ儒教ノ余派ヲ留ムルモノナカランヤ等ノ疑懐ヲ惹サシムルヤ図リ難シ然レトモ能ク之ヲ尋繹スルトキハ寧ロ日本上古ノ祭神法尚依然トシテ此州南諸島ニ存在スルモノアルヲ知ルヘキナリ（中略）

州内諸島ニテハ従来仏教ノ勢力極テ微薄ニシテ只儀式上僅ニ之ヲ用フト言フニ止リ別ニ其信徒トシテ見ル可キ

モノナシ亦八重山島ニ於テモ儒教ノ習俗固ヨリ有リ然レトモ是モ同ク儀式上ノ形態ヲ装フニ止リ敢テ儒教ノ民トシテ見ルヘキ点ナシ此儒教ハ沖縄本島ヨリ伝ヘ八重山島ニ入リシハ其沖縄ト交通ヲ開キシ以後ノ事ニ属シ儒教ノ沖縄ニ入リシハ支那ノ明時代ニ始リ其以前ハ沖縄本島モ八重山島モ共ニ前ニ述ヘシ固有神道ヲ以テ一般ノ族制ヲ組織シ来リシモノナリ然リ而シテ其神道ノ濫觴ハ同諸島ノ開闢際ニ関係ヲ帯ヒ今ノ士民ハ皆自ラ天降神《アマクダリガミ》ノ胤裔ト称シ神ハ即チ有徳ノ人物ニシテ其人ノ魂魄ハ千秋万祀不滅自在吉凶禍福皆神人ノ所為ニ係ル故ニ之ヲ崇尊セサルヲ得スト云フニアリ而シテ士民祈禱ノ際ハ必ス其御嶽ト唱フル霊場ニ於テシ一郷一村一家一身ノ事皆神ニ頼ラサルハナシ便チ神ヲ以テ島政ノ基礎トナシ治家ノ要素ト為シ修身ノ指針ト為ス神ノ関係亦広シト謂フヘシ近来諸学士説ヲナス者アリ曰ク我カ神道ハ神教ニアラスシテ只敬神習俗ナリ何トナレハ風俗ヲ教化スルノ素質ヲ離ル、モノナレハナリト而シテ州南諸島殊ニ八重山島ニ於テハ恰モ神教ノ下ニ生息スル人民ト称シテ可ナラン乎予元ト神事ニ僻スル者ニアラス通常ノ人ニ比スレハ寧ロ神仏等ノ事ニハ至テ冷澹ナル方ナリ然ルニ縷々反復此処ニ宗教上ノ事ヲ列述スルハ他ナシ世人中往々州南諸島ノ民ヲ異教ノ徒トナシ若クハ南太平洋ノホリ子シアン、メラ子ジー諸民族ト等シキ原人即チ野蛮民族ト看做ス者アリ故ニ特ニ其実ヲ旌表シ併テ諸経世家将来外交上ノ一参考ニ供フ

（傍点傍線とも田代）（田代 一八九四：二三〇—二三一）

以上は「八重山群島住民ノ言語及ヒ宗教」と題された論考の抜粋であるが、既に表題に「宗教」の語があるように、田代は笹森・加藤とは異なる認識から議論を起こしている。すなわち彼が問うのは現地の「宗教」が「日本固有神道ノ一派脈中」かそれとも儒教に由来するかであって、八重山に「宗教がある」ことは前提とされているのである。

こうした認識はとりあえず先駆的といえようが、いち早く彼がこのように主張した理由は純粋に学術的なものではなく、領土問題という政治事情に多くを負っていた。八重山は沖縄西端の群島で、地理的距離の上では実は那覇より

も遥かに台湾に近い。そしてちょうど田代が現地調査にあたった一八八〇年代の台湾近海には清仏戦争（一八八四〜一八八五）のためにフランス海軍が駐留していた。そのフランスが東アジア進出に向けた新たな拠点として領有を狙っていたのが、ここで論じられている八重山・宮古だったのである。時代的には一八七九（明治一二）年に完了した琉球処分から一〇年と隔てておらず、日本政府自体が一八八〇年の日清間領土交渉では清への宮古・八重山割譲を提案するなど、東アジアの国境線は流動的な状況にあった。このためフランスへの八重山割譲も決して空想ではなく、こうした領土をめぐる曖昧な状況への憤りから、田代が国へ訴えたことによって彼の現地調査は実現をみることになる（齋藤 二〇〇六：二八六―二八八）。右記の抜粋はその成果を報告したものであり、「将来外交上ノ一参考ニ供フ」という叙述は字義通り領有権争議に向けた政治効果をにらんでいた。

2　民俗信仰の利用価値

ただしここに展開された、「八重山には固有神道あり」とする田代の言論は、特に現地人の自己認識に関していえば、些か強引なものであったと言わざるをえない。何となれば、近代沖縄は琉球処分の後、日清両属体制を解体する中で深刻なアイデンティティ分裂を経験する。この分裂は日清戦争を契機に「日本人化」の方向へと収束するが、明治二〇年前後における現地住民のヤマトへの反発は今日の比ではなかった〔5〕。すなわち当時の八重山島民にしてみれば代々伝えてきた祭祀をわざわざ「日本固有神道ノ一派脈中」などと語られるべき筋合いはなく、そうした理解はあくまでヤマトからの調査者である田代の解釈に負うのである。

のみならず琉球の習俗を神道の一派とする説は、当時のアカデミズムにおいても主流ではなかった。たとえばこのころ東京帝大で言語学を講じていたバジル・ホール・チェンバレンは一八九三（明治二六）年に沖縄を訪ねた折の印象を「私のかって訪れた国で、琉球ほど宗教の実質的影響を示す事例に乏しい国は他にない。（中略）この目立って宗教に無関心であることは、一面には、従来、琉球において、道徳的にも政治的にも、日本本土以上に強い勢力を示してきた儒教にその因を求め得よう」と論じている（チェンバレン 一九七六〔一八九三〕：五七）。田代は八重山の儒教を「儀式上ノ形態ヲ装フニ止リ」と片づけたが、当時のアカデミズムの重鎮は逆に儒教の影響をこそ重視していたのである。

加えてこうした田代の神道論は神道界の反発の危険性をはらむものでもあった。何となれば久米邦武の「神道ハ祭天ノ古俗」論文が神道を貶めるものとして筆禍を蒙ったのは一八九二（明治二五）年であって、ここに挙げた田代論文のわずか二年前にすぎない。いわんや沖縄離島という辺境の民俗信仰を神道として規定することは、政治的には決して無難な主張ではなかったのである。にもかかわらず領土係争への危機感によって、田代はそうした強引さを押して南島文化に「固有神道」を認めようとしたのだが、ここで宗教概念は彼の論理において重要な役割を果たしている。それは正に現地人の自覚的な信仰の欠如ということに関わっている。

繰り返す通り、田代のテクストの目的は八重山領有の正当化にある。ただその時問題だったのは現地人の自覚に訴える限り、八重山民衆は主観的な判断としては日本への包摂を必ずしも是としなかったことである。このため田代は八重山を包摂するにあたり、自覚的な帰属意識ではなく、むしろ当事者には無自覚な領域をこそ論拠として主張を組み立てねばならなかった。そのために主に訴えられたのが言語や文化の形式的な同一性であったが、この時由来が忘失されつつ担われていた民俗信仰もまた、現地からの反論をねじ伏せうる好個の論拠だったのである。つまり端的にいえば田代は「能ク之ヲ尋繹スルトキハ寧ロ日本上古ノ祭神法尚依然トシテ此州南諸島ニ存在スルモノアル」とする解釈をもって現地の自己認識を塗りつぶし、ナショナルな包摂の論理に援用したのである。ここにおいて民俗信仰は初めて、ヤマトと南西諸島のエスニックな均質性を正当化する資源となる。

3　自覚なき信仰の帯域

このような新たな知のもつ植民地主義的な文脈を倫理的に非難することは本書の趣旨ではない。むしろここで注目したいのは、こうした民俗信仰の資源化はこれまで批判されてきたように、単にエスニックな均質さを正当化するばかりではなく、結果的に民俗信仰に対する新たな見方を開くものでもあった点である〔6〕。繰り返すように近代日本に輸入された「宗教」概念は西欧に由来し、このために自覚的な信仰＝ビリーフを根拠として定義されていた。だがこれに対して田代はそうした当事者の主体的信仰を問わず、現地で営まれる行動や儀礼に、調査者が「宗教」としての性質を認めることが出来るのならば、それは「宗教」と呼び得るという定義の筋道を採っている。

この時重要なのは、こうした大きな知のシフトが、実際的には民衆の祭祀の「読み方」をわずかに変更することだけをもって達成されていることである。たとえば田代は八重山の「神人」たる祖霊を祀るウタキ祭祀について、それが「吉凶禍福皆神人ノ所為ニ係ル故ニ之ヲ崇尊セサルヲ得ス」という全面的な神への畏れのために担われていると記している。このような神格に対する畏れとは、ちょうど笹森がトカラ列島に関して書いた「凡ソ人事ト自然トヲ問ハス自己ノ思念ヲ以テ随意ニ左右シ能ハサル事ハ総テ之ヲ神仏ニ祈願スル」という全面的な信仰態度や、あるいは加藤が「無意味に習慣に村民に崇信せられてある」と書いた様相とよく重なっている。ただし笹森や加藤がそうした態度にそれ以上の解釈を与えなかったのに対し、田代はそうした信仰に関して、人々が「便チ神ヲ以テ島政ノ基礎トナシ治家ノ要素ト為シ修身ノ指針ト為」すことで、それらに生活を規範づける働きを見出すのである。そしてこの解釈を経由することで初めて、八重山民衆のうちに「宗教」が働いていることを根拠とした「恰モ神教ノ下ニ生スル人民ト称シテ可ナランカ」という彼の主張が成り立つのである。

このように観察者の一方的な発見によって、そこに「宗教」を見出すことは、民俗信仰の対象化過程において極めて重要な契機であった。何故ならばこのことがその後、当事者の信仰の自覚や自己認識とは無関係に、観察者が彼らの信仰について語ることを可能としたためである。笹森や加藤が民俗信仰を「宗教」として認めず、ややもすれば侮蔑的に臨んだのに対して、田代のテクストには一見、現地の民衆に対するこれまでになく肯定的な記述が見出される。しかしながら既に述べたとおり、彼のテクストの背景にあるのは領土係争という政治的課題と、現地住民の日本への包摂という欲望である。南西諸島の民俗信仰は、いわばこうした政治的な文脈の下におかれることで初めて対象化されたのである。

四　宗教のインデックス

1　昇曙夢――祖先教、自然教及び拝人教是なり

前節でみたように田代のテクストを特徴づけていたのは、当事者の自覚によることなく現地社会・現地人のうちに宗教を見出す思考であった。ただしこうした思考は当然、何らかの「客観的」根拠に裏づけられるのでなければ独断の誹りを免れない。このとき田代が根拠としたのは、ウタキの祭祀が島政・治家・修身に資するものとして働いている、という認識であった。田代自身が記しているように「風俗ヲ教化スルノ素質」をもつことを宗教の要件とする思考は（儒学が典型であるように）宗教と倫理を区別しない近世日本の知を引き継いだ社会通念である（磯前 二〇〇三：三八―四四）。いわば田代は南島に宗教を見出すとき、そうした「修身の指針」としての性質をインデックスとしたのである。

これに対して明治三〇年代に入ると、それとは別の表徴をインデックスとしつつ、人々の無自覚な領域に宗教を発

見する知が現われる。それがすなわち宗教学である。加計呂麻島出身の文学者であり、太平洋戦争後に本格的な奄美通史である『大奄美史』を書くことになる文学者・昇曙夢《のぼりしょむ》（本名＝直隆、一八七八～一九五八）が、幼少時の生活体験をもとに「薩南大島の話」と題した論考を『東京人類学会雑誌』に寄せたのは、彼がまだ正教神学校の学生だった一九〇二（明治三五）年のことである。表題の通り奄美大島の文化を総体的に紹介したこのテクストは、現地の宗教に関して以下の抜粋の通り記述している。

宗教は大島に於て最も復雑《（ママ）》なる形式を現はせり然れども之を三種に帰するを得べし曰く祖先教、自然教及び拝人教是なり

第一祖先教、祖先崇拝は人間自然の性情として何れの民族にも存したるが如く大島にも存せり無論之は霊魂不滅の観念に基くものたるに相違なし家毎に神棚又は先祖棚の設けありて先祖の位牌を安置す、毎朝茲に香を焚き花を飾り、初物を献じて崇拝一方ならず別に盆祭及び柴指祭《シバサシ》（八月）等特種の祭ありて先祖の霊を祭る、

第二自然教、土民の思想に依れば山、海、水、火、風雨日月、星辰皆各々神を有せり中にも山神を「ウボツの神」と云ひ海神を「子リヤの神」と云ひ、日神を「ティダガナシ」と云ひ月神を「御月様ガナシ」と称す、其外昔二三十年前までは「ナマドンガナシ」とて牛の形を為せる角八個、足八個の神を信じたり是動物の勢力を現はしたるものにして拝動物教の一種なり今日は存せず次に凡て家内の安全を祈る所の氏神なるものあり之を「ヒニヤハムガナシ」又は「ウカマガナシ」と称す盖其神体として炉の一隅に少き竈《カマ》を添へ置くを以て斯く名づく、元来他国と異なりて偶像の存せざるは大島宗教の特点なれども独り「ウカマガナシ」に至りては例外なり

第三拝人教、人間崇拝は其起源稍々後世に属するものにして彼の平氏の三将資盛、行盛、有盛を初とし今井権現、蒲生権現の如き、又大島歴史上の英雄たる当済、当祥喜父子の如き、其他二三歴史上の人物（例へば酋長湯湾の

如き、実久三次郎の如し）は後に至りて神的崇拝を受け、之が為に特種の祭典執行せられたりき

（昇 一九〇二：三六四―三六五）

ここに挙げた昇のテクストを特徴づけるのは「〇〇教」の類型を設定することで対象化をはかる類型論のスタイルである。この時、彼の類型のインデックスとなるのは、人々が何らかの対象に向けて祭祀・儀礼を営んでいるということであり、その上で昇は、その対象の類別によって祖先教・自然教・拝人教といった民俗信仰の外縁を規定するのである。こうした類型論的把握は特に今日の学知との近しさにおいて画期的なものといえようが、その認識を成り立たせた背景として挙げられるのがすなわち宗教学であった。

既に多くの論考があるように宗教学の日本への輸入は、一八九八（明治三一）年の東京帝大における姉崎正治「宗教学講義」の設置と一九〇〇（明治三三）年の『宗教学概論』の刊行（姉崎 一九〇〇）がメルクマールとされる。そして山口輝臣によれば新しい宗教学の画期性とは、それが宗教の普遍性をかかげ、教団・教義等の外形を条件とせず、人間がひとしなみに具えた宗教性から定義した点にあった（山口 一九九九：一六八―一七六）。宗教が人間に普遍的であるならば、特定教団に属することなく営まれる祭祀・俗信も含めて等しく宗教性を具えたものとして見出されることになる。このとき宗教の多様性ということは、そうした普遍的なものとしての人と宗教との関わりが、いかなる事物＝対象を通じて構成されているのかの差異に過ぎない。学史研究においてしばしば言及されるように、姉崎正治が「民間信仰」の術語を初めて用いたのは一八九七（明治三〇）年の論考「中奥の民間信仰」でのことである（姉崎 一八九七）。このように宗教を人間普遍のものと見做し、教団・教義等の外形を基準とせずに、祭祀や儀礼を行っていることをもって捉える思考があらわれたことによって、民俗信仰は急速に学知の対象としての輪郭をはっきりさせていくことになる。

2 発見の代償

ところで資源化という視点から見た場合、このようなかたちでの民俗信仰の対象化は両義的な意味を持ったといえる。というのは、第一にそれをポジティヴに評価するとして、この民俗信仰の発見とは従来ならば排除されるのみであった「迷信」の帯域が、一定の価値を持つものとして発見された画期であったと考えられるからである。もちろんこの発見、あるいは評価はごく部分的なものにすぎず、非文明的なものとしての民俗信仰は依然、「啓蒙」に抵抗する「蒙昧」の地位に甘んじ続ける。その上で、田代の論考から一〇年を経て歩みを始めることになる日本民俗学にとっても、ここに現われた民俗信仰を対象化する思考が重要な前史であることは間違いない。

その一方でネガティヴな面として指摘せねばならないのは、それが民俗信仰の資源化の動きを加速し、全面化するものであった点である。そもそもここで引用した昇の論考の一つの特徴として挙げられるのは、これが現地出身者の手になる初めてのテクストだということである。

既に見てきた通りこの時期の民俗誌叙述にはその論旨の如何によらず、南島とヤマトの非対称な関係が強く影を落としている。翻って昇の類型論はその中で語られてきた者が、逆に語り返した最初のケースなのである。この時田代が八重山のウタキ祭祀を固有神道とすることで領土係争の目途へと資源化したのに対して、昇の類型論はそうした神道への付会を避けている点で、奄美のローカリティをヤマトに包摂する論理を回避したかにみえる。しかしながら実のところ昇のテクストが開いたのは、それ自体は確かに一つの消極的抵抗ではありえたにせよ、その信仰を「宗教」の閉域へと囲い込んでいく筋道であることには変わりがなかった。

近世以前の南西諸島における女性祭司ノロの村落祭祀やユタのシャマニズムが、民衆の生活世界において果たしていた役割が、その正確な実態に関しては諸説あるとしても、少なくとも「宗教」という枠に収まらないものであったことは間違いない。やや陳腐な言葉となるがウタキ祭祀や祖先祭祀、地域に点在する神々やシャマンの託宣が作りだしていたのは、一つの全体的世界像とでも言うべきものである。そして逆に言えば、民衆が伝承する前近代的な信仰の数々を近代国家である日本が恐れ、「迷信」と呼んで絶えず抑圧を加えたのは、それらが民衆にとっての絶対的なリアリティとして生きられ、時にはそれがもたらす確信によって反抗の精神的拠点となりかねないためであった。

だがここに「宗教」として見出された民俗信仰は、もはや近代国家という世界像の中で、個々人の好みにおいて営まれるそれに過ぎない。端的にいえば、いま新たに宗教として見出された民俗信仰は「安寧秩序ヲ妨ケス及臣民タルノ義務ニ背カサル限ニ於テ信教ノ自由ヲ有ス」とした大日本帝国憲法の論理のうちに取りこまれている。後田多敦が指摘しているように、琉球王国の国家祭祀制度は琉球処分の後、急速な解体を見、ノロ職に禄として与えられていた土地は、下げ渡しによって私有財産化されていく（後田多 二〇〇九）。奄美のノロの祭祀も神社へと置き換えられる中でその信仰は神社信仰へと付会され、近代国家の中で担われるに相応しいものに置き換えられていく（第三章を参照）。民衆世界に生きられてきた民俗信仰は、ここに「宗教」とされることで全体性を奪われ、世俗主義の近代国家日本の枠内で私的に営まれる信仰としての地位に押し込まれることになったのである［7］。

五　知の閉鎖

以上、四人の書き手が一九〇〇年前後に記した南島の民俗誌叙述を見てきた総括として、次を指摘しておきたい。第一には、明治二〇〜三〇年代が南西諸島の民俗信仰が対象化される時期的な画期と目されることである。もちろん本論が挙げたテクストで最も遅い加藤の『琉球の研究』（一九〇七）が依然、沖縄人を「無宗教」として書いているなど、ここでいう画期とは完全な断絶を意味するものではない。その上でこの時期に現われた新しい知としての普遍主義的な「宗教」概念は、その後、明治四〇年代から大正年間にかけて柳田国男が現われ、折口信夫や伊波普猷とともに民俗学の原型を作り出していく上で、その知の自明の前提となっていったのである。この点で一九〇〇年前後とは我々の懐く「宗教」イメージが生み出された画期をなす時期であると推定される。

一方、こうした知の定着は加藤『琉球の研究』の再刊というケースに具体的に見て取れる。一九〇七年に初刷された同書は私家版であったが故にその後長らく埋もれることになるが、柳田が弟子を育て、民俗学の研究者が増えてゆく中で再発見され、沖縄研究が隆盛を見せていた一九四一年には再刊されることになる。この再刊に早川孝太郎が寄せた次の序文は本書にとって興味深い。曰く早川は加藤の論述を「当時の沖縄史家に、有力な史眼を示した功績は蓋し覆い難きものがあろう」と賞賛しつつも、幾つかの「軽率」を論う。そしてその一つに挙げられるのが、加藤が「沖縄の宗教について巫蠱の迷信あるのみで無宗教の状と断じ」たことなのである（加藤 一九四一〔一九〇七〕：一三）。このように昭和期にはかつての「宗教」概念による民俗誌叙述は「軽率」と一蹴されるまでになり、今日まで続く日本民俗学の思考が定着している様子が見て取れる。

第二に指摘されるのはここに成った民俗信仰の対象化ということがやがて帯びた政治的効果である。初めて南西諸島の民俗信仰を「宗教」として見たのが、領土問題を念頭に置いた田代安定であったように、結局その発見は最初から政治的な文脈を負っていた。つまり民俗信仰もまた、ある種のナショナリズムの資源として発見されたのである。ただその上で本書が指摘しておきたいのは、その政治性ということは単にエスニックな統一にのみ関わるものではないということである。

本書の考えるそのより甚大な帰結とは、この「宗教」としての対象化が、それ以前においては「宗教」という言葉には納まらないような営みとしてあった祭祀を「宗教」として捕捉することであった、という点にある。すなわちこのことを以て、南島の伝統的な祭祀は「宗教」として、言わば私的信仰に等しいものに転じ、近代国家の政教分離原則の対象として把握されたのである。言い換えればかつて南島の人々にとって世界にも等しいものであり得たであろう祭祀は、このことをもって、ただの一「宗教」へと閉鎖された。そしてこうした知＝イメージの変化は、現地の文化とは隔たった場所で起きたにもかかわらず、現実の人々が生きる南島社会へと影響を及ぼしていくことになる。たとえば在来の村落祭祀が近代においてどのような変化を強いられたかという問題を、章を改めて見てゆこう。

［1］排除と包摂という語に関しては、小熊英二の用語法を踏まえている（小熊 一九九八）。

［2］島司職はトカラ列島の行政上の責任者であり、笹森自身がその施政に携わるものであったほか、この十島の調査録は『喜界島巡廻日誌』と別題して鹿児島県知事に提出されてもいる（笹森 一九六八〔一八九五〕：一一八）。

［3］奥付には、印刷所が魁成舎という佐世保の印刷所であったことが記されている。

［4］なおこの神社神道に関する記述は、一九四一年の再刊では削られている。その理由は推測するほかないが、恐らく昭和ファシズムおよび国家神道体制と無関係ではないだろう。

［5］笹森は『南嶋探験』に付録として収録した政策提言書である「南嶋事務私見」にて、「八重山西表嶋船浮港に定繋軍艦一艘を派遣する事」を主張している（笹森 一九八三〔一八九四〕：三〇四―三〇五）。これは本文中に述べた清仏戦争をめぐる情勢不安定を建前としていたが、同じ文中で彼は琉球処分以降の宮古・八重山の住民暴動に触れ、軍艦の派遣で民衆が「恭順以て我か命に従ん」であろうという統治上の意義を述べてもいる。

［6］たとえば村井紀の『南島イデオロギーの発生』は民俗学的な言説が、「日本人」のエスニックなユニティを正当化するものであったことを強調する（村井 二〇〇四〔一九九二〕）。

［7］琉球王国の祭祀が個人的な信仰へと変化していく過程については本書第六章で論じている。

第三章

奄美喜界島における「神々の明治維新」

一　問題

1　奄美の廃仏運動

「廃仏毀釈」すなわち幕末維新期の仏教に対する宗教弾圧は南西諸島・奄美でも苛烈を極めた。昇曙夢『大奄美史』には一八六九（明治二）年から一八七〇（明治三）年にかけ高千穂神社の社司・幸謙が巡回し、寺院を廃寺して神社へと改め、仏像仏具を破壊して神鏡を奉ずることを強制したとある（昇　一九七五〔一九四九〕：四九一）。史料『大島代官記』には明治二年付で次のように記されている（松下編　二〇〇六：一〇八）。

一、高千穂神社被召立、名瀬方ハ巳六月十九日御鎮座社守寄■（不明）八人被仰付、間切横目格幸謙祭文修行上国、社司ト被仰付午三月下島、仏道被廃候タメ同人事廻島イタシ候、観音寺巳十二月廃寺、法山和尚午夏大中様御位牌

ここで「上国」「下島」の語がそれぞれ指すのが近世以来の支配者である薩摩藩と、対する奄美群島であることは言うまでもない。薩摩藩の廃仏運動の矛先は一般民衆にも及び、幸謙は家々で祀られる位牌をも戒名を理由に破却したと言われている。廃仏に際して彼は奄美民衆に小冊子「神習草」を配り、「上古の善政」へと復するべく「国家の害」となる「仏法」を破却するものと運動の意義を説いている（河村 一九九九〔一九四二〕：二七七―二八二）。右の史料からも「御神社島中へモ午夏御建立相成候」という見通し、すなわち廃仏に続けて奄美各所に神社を建立する方針が定まっていたことが分かるが、ここに設置となる神社はやがて国家神道体制の一端となっていくのである。

以上の概要のみでも廃仏が及ぼした影響は明らかに大であったにもかかわらず、奄美の地域研究史上この主題を掘り下げた研究は限られている。史料的な制約を除けば、不振の理由を二つ挙げることができる。第一は「南島研究」という枠組みの問題である。奄美研究はしばしば「南西諸島」という単位で進められ、沖縄との歴史的関係や文化的等質性を前提とする傾向がある。しかしながら一八七九年まで仮にも琉球王国としての自治を保ちえた沖縄に対し、奄美は近世以来薩摩藩領であったという違いがあり、そもそも廃仏運動の有無自体がこの差異に由来している。つまり廃仏を論じるためにはあくまで奄美固有の歴史的背景を対象化する必要があるのだが、民俗学にはそのような構えが乏しかったために主題化がさまたげられたのである。

第二に、奄美における「仏教」そのもののプレゼンスの低さもそれを見過ごさせる原因になったといえる。江戸幕府は一六一三（慶長一八）年に寺請制度、すなわち檀那寺が檀家を控えて藩に保証する制度を開始している。この寺院を通じた管理体制が後まで仏教寺院と民衆の強い結びつきを日本社会に残したことは学史上の常識である（福田 二〇〇四：一二一―一二四）。しかしながら薩摩藩は寺請制度および宗旨人別帳を形式的に採用する一方、実際は異なるかたちで民衆を管理した（桃園 一九八三：五八―七〇）。それが村役人が名前と宗旨を記した木札を定期的に検めることで民衆を把握する、薩摩藩の「手札改め」制度である。このため奄美を含む薩摩藩領では寺檀関係が確立されることなく、近世においては基本的に島役人が勧請した寺院が少数あったに留まる［1］。そしてそれらについても役人との結びつきを求めた有力層を除けば民衆にどれほど浸透していたかには疑問がある。もちろん「仏教」といって寺院仏教のみを想定することが妥当かという問題もあるが、いずれにせよ奄美における仏教の存在感が薄いことには変わりなく、このことが廃仏を論ずるネックとなってきたのである［2］。

重ねて忘れてならないのは近世奄美で最も影響力を有した宗教文化とは仏教ではなく、ノロによる村落祭祀であったことである（昇 一九七五〔一九四九〕：四九〇）。神女ノロは南島の民俗文化を特徴づけるものとみなされ、柳田・折口以来、民俗学の研究対象として大きなウェイトが与えられてきた。民俗学において廃仏というトピックがそれらの前に霞んだことはやむをえなかったともいえる。

2 ノロと廃仏

右記の事情を踏まえたうえで、本章が見てゆくのは近代奄美において「ノロと廃仏運動はいかに関わったのか」という問題である。ノロの祭祀も廃仏の対象とされたことにはつとに指摘があり、前掲の昇もこのことを「従来島民の崇拝の対象であった神山はすべて開墾せしめ、巫覡はことごとく桎梏に乗せ、その祭礼に使用した衣類珠玉は総て破棄してこれを厳禁した」と記している（昇 一九七五〔一九四九〕：四九一）。そもそも廃仏とは「仏」の破壊にもまして、来たるべき国家神道に包含しえない宗教文化の抑圧という性格をもった運動であった。このため「記紀」に記されないような民間の神々とは破却されるべき迷信に他ならず、民衆を惑わし国家の発展を妨げるものとして扱われたのである。

こうした運動の性格は先にふれた幸謙の「国家の害」という主張にも見受けられるが、このために廃仏は宗教弾圧であると同時に民衆統制の一段階としての意義を持つものであり、このことを安丸良夫は「神々の明治維新」と呼んで近代民衆史上に位置づけている（安丸 一九七九）。これらの事情を前提とすればノロの祭祀が「廃仏」の対象となったことに不思議はない。とはいえ、その具体的な影響や変化はいかなるものだったのだろうか。大きな流れとして見れば近現代を通じ多くの集落でノロの祭祀が途絶えたのは事実であるが、明治以降にもしばしばノロの活動は続いており、集落によっては戦後の調査でも存在が確認されている（住谷・クライナー 一九七七）。実のところノロの経験した「神々の明治維新」の実態は未だ充分に明らかにされてはいないのである。

ところでこの問題に関わってくるのは廃仏の後に奄美に現われた「神社神道」の存在である。前掲史料の通り奄美の廃仏は神社建立をにらんだものであり、仏具の破壊の後には神鏡が奉じられたとされる。ところで仏寺が廃絶を強いられたとして、ノロの宗教もまた神社神道と無関係であったわけではなく、やはり相応の影響を蒙っている。ただしノロは仏寺とは異なり、後段に見るようにノロが神社祭祀に関与するなど、むしろ両者の積極的関係を示すケースが多々見受けられる。かような状況は「ノロと廃仏運動はいかに関わったのか」という問題を「混淆」や「対立」といった単純な関係性では整理しえない込み入ったものとしている。要するに廃仏によって抑圧された筈のノロの宗教は何故、いかにして再び神社神道に繋がっていくことになったのか、ということである。

以上の問題意識をまとめれば本章の課題とは、第一に研究史上、充分に明らかにされてきたとはいえない、ノロを含めた奄美の廃仏の実態を考えることにある。だが如上の複雑な関係性のために、その解明にはそこで働いた機制を理論的にも整理する必要があろう。従ってこれを第二の課題とし、実際の事例の報告に入りたい。

二　背景

1　フィールドの概況

本章で扱う喜界島は奄美群島の最北東に位置する一島嶼で、面積五六・八七平方キロメートル、最大標高海抜二二四メートルという平坦な島である。行政上は鹿児島県大島郡喜界町に相当する。主な産業は近世来のキビ栽培であり、島内の製糖工場で商品化されている。人口は二〇〇六（平成一八）年時点で八、五〇〇人程度であったが漸減傾向にある。なお史料『喜界島代官記』によれば近世を通じて喜界島の人口はおよそ一万人前後で推移していたと考えられる［3］。歴史的に奄美は中世以来ヤマト政権の南限であった（永山 一九九三）。「キカイジマ」の語も、もともと特定島嶼に比定されたものではなく、「日本の果て」を象徴的に示す想像的範疇であったとされる（柳原 二〇〇四、岩瀬・山下編 一九九〇）。その喜界島が琉球王国の成立に伴って武力侵攻を蒙り、勢力圏に組みこまれたのは一五世紀半ばのことであった。琉球文化の影響はこの時期に強まり、喜界島からも琉球王府が発行したノロの任命状が発見されている（高良 一九八七：二六三）［4］。以来喜界島は一六〇九年に薩摩藩が派兵し王府を服属させるまで琉球王国の一角を占め続けた。

近世初頭、薩摩藩は幕府の許可を得て琉球王国を侵略する。これに琉球が降伏したことで奄美群島は王国から薩摩へと割譲され、以降は藩の直接統治下に、ひいてはヤマトの版図におかれる。なお近世において奄美は流刑地として遇されたためにたびたび罪人を受けいれている。ただその罪人の中には政争に敗れた士族や修験のような宗教者など知識層も多く含まれており、彼らも奄美文化に一定の影響を及ぼしたものと考えられている［5］。

2 研究史――奄美における神社

神社神道とノロの宗教の関係につき研究史上の画期となるのは薗田稔の調査分析である。薗田は奄美に分布する神社の類型化作業を通じて、先行研究の同祖論的な予断を批判し、神社神道とノロの祭祀はあくまで区別して捉えるのが妥当と主張した（薗田 一九七七：一一三）。その上で薗田は奄美の神社が悉く近世以降の設置になることを指摘し、それらの由来伝承から四類型〈英雄祀霊〉〈貴種慰霊〉〈分霊勧請〉〈国家祭祀〉を導いている。ここから彼が明らかにしたのは、結局全ての類型において神社は薩摩藩の政治的意図から建立されている、という事実であった。歴史学者の松下志朗も指摘するように、近世奄美における寺・神社の建立とは在来の宗教文化へと介入し、民衆の統制を目論むものであったのである（松下 一九八三：六五）。

かような薗田の構図化は、ノロの宗教に「神道の原型」を探すが如き先行研究に対し、むしろノロの宗教と神社神道の「交渉」へと論点を移行させるものであった。つまり両者の弁別を前提に、奄美民衆の統制を狙う薩摩藩の目論見と、その際に生じた土着の宗教文化との緊張関係が主題化されていったのである。たとえば小林敏男は平家伝説を下敷きにした〈貴種慰霊〉型の神社伝承について、中世の伝説に基づきつつも神社の建立はあくまで近世であることに注目し、ヤマトと奄美の同祖性を装う薩摩藩の政治的意図を指摘している（小林 一九八二、一九八九）。伝承上の系譜認識は支配を正当化するイデオロギーとしてしばしば機能する（平川 一九九三）。この認識の下で、外来なる神社神道が奄美で展開するにあたって、ノロの宗教が具える様々な要素を付会し取り込んでいったとする交渉史的な理解論は、以降の研究の基調となったのである。

着眼点に違いこそあるものの薗田に続く調査・分析は概ね如上の図式の範囲で主張を繰り広げてきたといえる。たとえば徳富重成は徳之島の調査から、同島の溝川神社の祭文にノロの名前が奏上されていることを発見し、ノロの聖所と今日の神社の連続性を主張している（徳富 一九八二）。先田光演は沖永良部島の調査を基に、神社創建や破却仏像の再祭祀にユタが関与する例を挙げ、外来の神社神道が民俗宗教を媒介に民衆へと入りこんでいった可能性を論じている（先田 一九九三）。高達奈緒美は地理学的分析から奄美の神社がしばしばノロ・ユタの語る「聖地」に立地していることを見つけ、両者に何らかの関係を認めている（高達 一九八九）［6］。いずれにせよノロの宗教は神社神道と関係し、歴史的には概ね神道へと交替していったとする了解で共通している。

とはいえ事例の蓄積にもかかわらず、一連の研究史は薗田の構図を具体化しあるいは乗り越える成果には繋がってゆかなかった。これは何より実際にノロの宗教と神社神道の関係を明示するような史料が、口承も含めて見当たらないという事情によるものである。つまり、確かに祭日や地理等の要素からみればノロの宗教が神社神道の下地にあることは窺えるのだが、実際の神社伝承はほぼ全くノロについて触れておらず、その関係の実態を明らかにする決め手を欠いてきたのである。従って薗田以降の研究は両者の関係を示唆しながらもついに断定には至らず、今日まで結論を留保し続けることとなった。

3　喜界島における神社とノロ

本論が主に扱う喜界島には、奄美群島でも特に高い密度で神社が分布している。かつて現地出身の民俗学者・岩倉市郎は喜界島における神社と民衆の関係について「氏子に相当する言葉はないが、実際上部落民は総てその部落の神社の氏子に相当する」と述べている（岩倉 一九四三：三七）。すなわち奄美における神社祭祀はノロの宗教と同様、村落祭祀としての実態をもっているのである。また岩倉が一九三五年に行った調査によると「神官が一般部落の神社の祭りに参与し始めたのは明治中期のことで、それまではヌル（祝女）、ユタ（巫女）が祭式を行っていた例が多い」とあり、近代初頭までは神社神道にノロが関与していたことが確認出来る（岩倉 一九四三：三五）。

近世の喜界島においてノロが現地の宗教文化において強い影響力を有していたことは確かである。彼の調査当時、既に活発となっていた南島研究の状況もあって岩倉の調査サーベイ『喜界島生活誌調査要目』にも「乃呂」の項目が認められ、その存在に期待していたことが分かる［7］（岩倉 一九三五）。この調査の成果は一部しか公刊されていないが、岩倉の助手を務めた拵嘉一郎は、当時はまだノロの話も聞きとりえたと述べている（拵 一九七三）。しかしながら筆者自身の携わった二〇〇四年以降の調査では、既にノロを直接に知る事例は得難くなっていた。辛うじて残っているのは「ノロを輩出する家は名家である」という認識であるが、これも今日では概ね墓石に残る「野呂久米」の碑銘を根拠に、現地の人々が推測しているに過ぎない。

ここに見るように喜界島の事例も既往研究と同様、神社とノロの関係を示唆してこそいるものの、それを直接的・具体的に伝えているわけではない。ただこのことを史料的な制約と見做すのみならず、ここで注意を払ってみたいのは、神社の由来譚は「連続」を語っていないが、一方で「断絶」を語ってもいないという事実である。たとえばそこに断絶がある以上、「ノロの祭祀を廃した上で神社を建立した」という伝承があっても良さそうなものであるが、実際にはそのようなかたちにおいてさえノロとの関係は神社に伝承されていないのである。このように伝承上に一切の痕跡を残していないことは、そもそも近世奄美においてノロが有していた大きな存在感に照らした時、拭いがたい違和感がある［8］。ここから先回りしていえば、つまりその不自然な伝承のあり方自体を分析されるべき事例と見做すことが出来るのではないか、というのが本章の議論の基礎となる着想だということである。

三　事例

1 喜界島における神社祭祀

近代喜界島における神社祭祀のありようを、阿伝《あでん》集落の末吉神社の事例から眺めてみたい。阿伝は岩倉の出身集落であり、彼の尽力によって史料『喜界島阿伝村立帳』が残されている。この史料の一九二〇（大正九）年の項を見るに、その時点では神社祭祀に関して「氏神祭」と「字遊」の二つの表記が併存していたことが確認出来る［9］（アチックミューゼアム編 一九四〇：一三六）。この「氏神祭／字遊」は阿伝では旧暦九月八日に行われ、末吉神社の二つの例祭のうちの一つに相当する。今日でもこの行事は「氏神祭」と称されているが、人々のあいだでは「シマアソビ」あるいは「八月踊り」と呼ぶ方が一般的である。

阿伝の末吉神社に限らず、喜界島の全集落はこの日に前後してシマアソビを行っている。最近では休日の関係から土日に合わせて日程を定めるのが一般的となったが、かつては旧暦八月の満月を基準に、集落ごとに日をずらしながら挙行されてきた。全ての集落においてシマアソビは二日間に亘って行われる。時刻はまちまちであるものの、月が昇るほどの頃合いを目安に集落の人々は広場に集まってくる。最初に奉納相撲が戦われ、それが済むと八月踊りが踊られる。

ところでシマアソビにおける神社参拝の作法であるが、興味深いのは、当日直に神社にまで参拝する人間はごく限られていることである。一般的な組み合わせとしては区長と、トウドリといわれるシマアソビの仕切役が一～二名ほど、そして神職のみが神社まで参拝に上るべき者とされ、これは集落間の異同こそあれ五人を越える事例は見られない。またここでいう神職も神社に常駐するものではなく、島に数名いる有資格者に個別に依願して執り行なっている。

参拝は早朝に行われ、神社に到着すると神職は玉串を捧げ、祝詞を読みあげる。続けて神酒が捧げられ、列席者もこれを口にする。以上が祭式であり、作法そのものは神職によって主導されている。この少人数による参拝を除いて、シマアソビの日に集落の人間が神社を参拝することはない。ただシマアソビがこの神社に関わるものだということについては広く了解されている。たとえば相撲はあくまで「奉納相撲」と称され、試合にあたる者は事前に神社の方角へ頭を下げるという作法がある。

ノロの祭祀が秘儀的な性格をもっており、斎場も一般の村民からは隔絶されていたことは既に述べた通りである。状況証拠ではあるが、前述したような一般の村民が関与することのない作法になる「氏神祭」は、ノロの宗教の秘儀性と通じるものとして理解出来る。すなわちシマアソビ（字遊）・八月踊りという下敷きに、神社神道に基づく祭祀としての「氏神祭」を重ねて捉えられるのである。

2 保食神社の伝承

次に注目する保食《ほしょく》神社は喜界島に最も多く存在する神社であり、図②の通り島中の集落に分布している。ウケモチノカミを祀るとされ、作物の豊饒を司る神として理解されているが、ウケモチ神社と呼ばれることはない。ここで喜界島の保食神社を分析対象とするのは、同社がおしなべて幕末より近代以降、特に廃仏運動と関わって成立したものと伝承されているためである。たとえば島の郷土史家の手になる『坂嶺集落誌』は同集落の保食神社につき、次のように記している。

保食神社は、明治維新までは馬頭観音と称せられ、集落民守護の仏様として尊崇されていた。その由来については明らかではないが、琉球に仏教が伝来したのは、琉球史によると、英祖王の時代（一二六〇～一三〇〇）といわれるので、それ以後のことであろう。島に現存する諸神社よりは、古いと言わなければならない。（中略）坂嶺やその他の集落において、馬頭観音を拝んだのも、農耕に欠かせない馬が病気にならないように、祈ったのもわけのあることである。

さて、坂嶺の馬頭観音が何時頃から始まったかについては、何等の資料もなくて、それを解明することはできない。

馬頭観音は明治以後、保食神社に生れ代り、また各集落に保食神社があるところから見れば、建てられた時代も同じ時代ではなかったかと推し量られるのである。

明治維新の際行なわれた「廃仏毀釈」は慶応四（一八六八）年三月に発布された「神仏分離令」であったが、学派的、宗教的偏見から行き過ぎた結果となったという。

鹿児島県は特にその思想がはなはだしく、殆どすべての仏教的なものが破壊された。島においても、馬頭観音をはじめ、観世音菩薩（いわゆる観音様）、地蔵菩薩（お地蔵様）が海中に投ぜられた。坂嶺に保食神社が建立されたのは、それ以後のことである。（中略）保食神社の本社は、伊勢皇太神宮の外宮にまつる「豊受姫神」又は「とゆけのひめかみ」である。「トヨ」は美称「ウケ」は「ケ」に同じく食物の意である。保食神社が農業の神、穀物の神といわれるのは、その意によるものである。

（坂嶺集落誌編集推進委員会編　一九八八：四〇七）

ここにある保食神社の伝承は規範的なものであり、それを祀る集落にはほぼ共通したものが伝えられている。異同としては集落によって霊石信仰が伝承に加わることが挙げられる。つまり廃仏によって一度海に投じられた馬頭観音が後に海中に浮沈しているのを発見され、由あることとして密かに安置され直した、という由来譚が加わるのである。この「廃仏による破却から再祭祀へ」という伝承は昭和初頭の岩倉の調査時点で確立していたらしく、彼も次のように報告している。

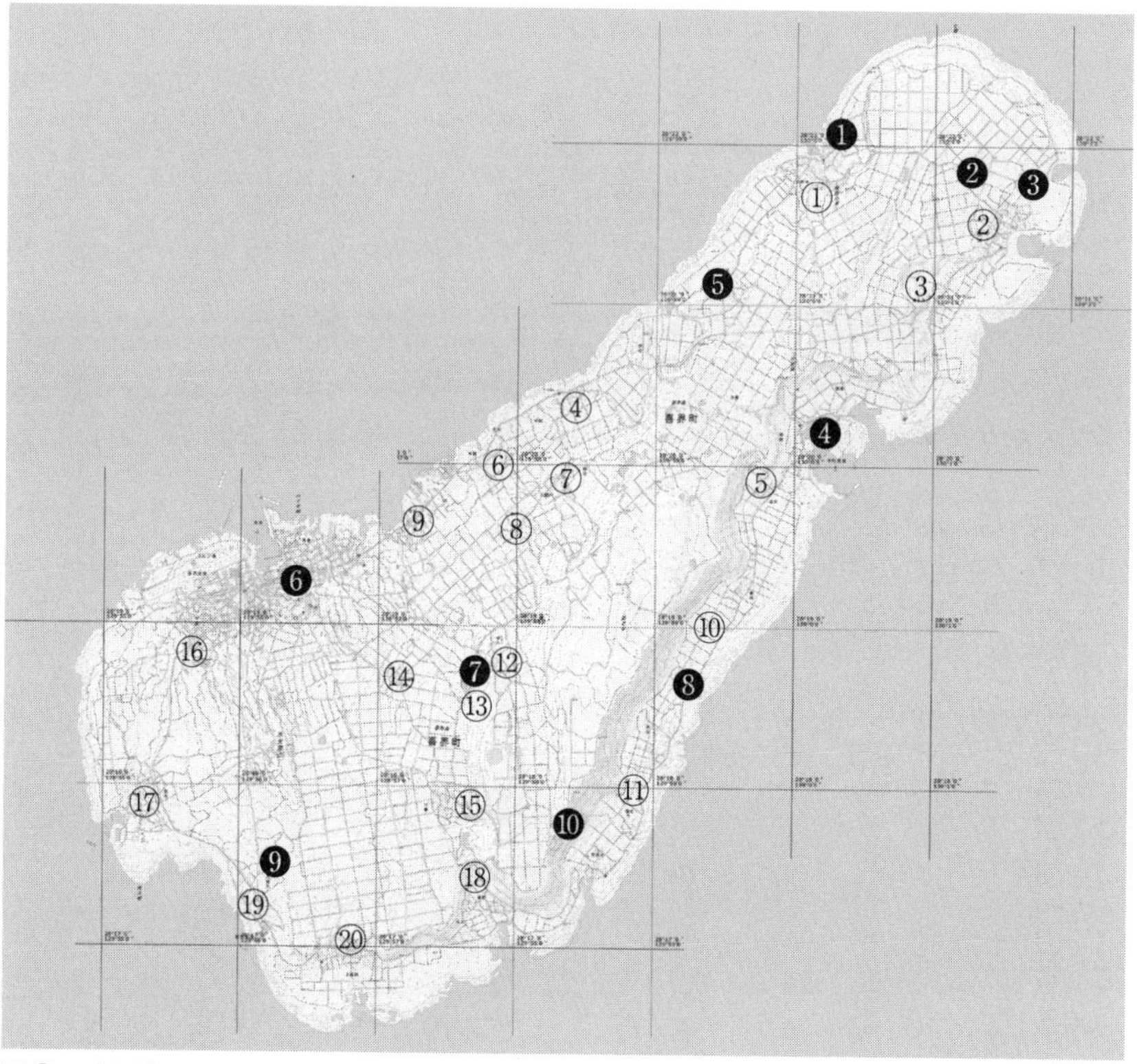

図② 喜界島における神社の分布図

外来系神社

❶八幡神社 ❷弁財天 ❸菅原神社 ❹権現社・高千穂神社 ❺厳島神社
❻高千穂神社 ❼八幡神社 ❽末吉神社 ❾花尾神社 ❿高尾神社

在来系神社

①馬頭神社 ②保食神社 ③保食神社 ④保食神社 ⑤保食神社 ⑥保食神社
⑦水神社 ⑧保食神社 ⑨保食神社 ⑩保食神社 ⑪天降神社 ⑫保食神社
⑬水神社 ⑭保食神社 ⑮保食神社 ⑯保食神社 ⑰保食神社 ⑱保食神社
⑲朝戸神社 ⑳保食神社

図③（左頁） 在来系神社の写真 ※⑯保食神社（中里）、⑲朝戸神社（佐手久）は写真なし

①馬頭神社（小野津）

②保食神社（志戸桶）

③保食神社（佐手久）

④保食神社（坂嶺）

⑤保食神社（白水）

⑥保食神社（中間）

⑦水神社（西目）

⑧保食神社（島中）

⑨保食神社（池治）

⑩保食神社（嘉鈍）

⑪天降神社（蒲生）

⑫保食神社（城久）

⑬水神社（山田）

⑭保食神社（羽里）

⑮保食神社（川嶺）

⑰保食神社（荒木）

⑱保食神社（浦原）

⑳保食神社（上嘉鉄）

馬頭観音及び地蔵菩薩を祀る祠は極めて多く、これも全く名ある役人の勧請にかかるもので、明治初年廃仏棄釈の厄に逢って、一時その御容態は悉く廃棄された。現在島に見られる観音様、地蔵様が殆ど自然石又はその台座のみとなっているのはその為と言われる。

廃仏棄釈の運動は一方で神社の建設を促し、明治三年早町と湾に高千穂神社が創設せられ、又従来の祭神不詳の祠が神社の名で呼ばれるようになったものもあり、一旦廃された観音地蔵祠も漸次保食神社、或は馬頭神社の名で復活したもの多く、現在では島内略全部落に神社が見られるようになっている。（岩倉　一九四三：三七）

岩倉が「自然石又は台座のみ」としたように保食神社の形態は、鳥居と石塔あるのみというケースが半数を越える。荒木集落や佐手久集落では社殿を構えているものの、これらは昭和以降に建設された近年のものである。図③に各集落に見出される保食神社の写真を示したが、概ねここにあるように鳥居の奥に、正面中央に穴を穿った石塔を据えるのみか、もしくは崖穴に同様の石塔を据えるに過ぎず、碑文等もない。そもそも喜界には「屋根をかけた社殿を設える」ということ自体を「神様を人間が足で踏みつけることになる」と忌避する考えが存在しており、そのような了解が現行の如き「神社」の様式をもたらしていると考えられる。

神社へと改めて以降の神鏡を除けば、石塔以外の祭祀対象を有する保食神社は僅か二例のみであり、一つは上嘉鉄《かみかてつ》集落に見られる神社社殿の隣に安置された馬頭観音像がそれである。この像は山川石（鹿児島本土産の石で、墓石などにもみられる黄褐色の石）で彫られた座像であるが、銘もなく作成年代も分からない。もう一つの例である志戸桶《しとおけ》集落の保食神社に安置された「馬頭観音」も仏像であるが、やはり作成年代は不明である。なお「馬頭観音」の字が彫られた石塔の類は、保食神社周辺のみならず島内に一切見当たらない。

喜界島の保食神社に確認される「馬頭観音」は、ヤマトで広く観察されるようなそれとは異質である。岩倉の「現在島に見られる観音様、地蔵様が殆ど自然石又はその台座のみとなっているのはその為」という説明もこの疑問を意識したものであろう。とはいえ前述の霊石伝承が神体の「帰還」を語っている以上、現行の信仰対象はあくまで近世来の神体を引き継いだもの、あるいは明治期の喜界島民にそのように了解されたものと見做すべきであり、据えられていたのは近世段階からあくまで自然石であったと考えるべきであろう。ここから見通されるのは、霊石を祭祀したノロの宗教との関わりである。

保食神社とノロの信仰の関係を示唆した事例を以下に挙げていくとすると、その第一には池治《いけじ》集落の保食神社が、初代神職を女性の「ユタ神」であったと記録していることが挙げられる。彼女が神職を務めたのは明治元年から二〇年までの間であり、二代目以降には男性の神職が就いたという（池治誌編纂部・編集委員会編 一九七八）。志戸桶集落では太平洋戦争の折に集落の保食神社で出征祈願を行っているが、それを実見した話者によれば、式を取り仕切ったのは「ユタ」と呼ばれる老婆であったという。渋谷研はかつてノロ・ユタというのが弁別的な区別に過ぎず、実態では重複と交渉が見られることを指摘している（渋谷 一九九二）。そもそも明治期中頃まで神社祭祀を司っていたのがノロやユタと呼ばれる人々であったことは岩倉の報告に見た通りであるが、かように伝統的な女性宗教職能者による神社祭祀は、場合によっては昭和以降も継続していたことが分かる（岩倉 一九四三：三五）。加えて先の高達の指摘にもあったように奄美では神社と伝統的な聖地が重なることが多いが、これは保食神社に関しても同様である。全ての保食神社は集落の中央の奥まった場所、もしくは逆に集落から極端に離れた場所に一社のみを設えるかたちで立地している。たとえば上嘉鉄集落の保食神社はかつて「カミミチ」と呼ばれていた道の終着点に建てられているが、これは海から訪れた神が祭場までに辿る道筋のことと伝えられている。

地理的な観点からすれば一集落内に二つ以上の保食神社をおく事例がないことも興味を引く点である。このことを踏まえ、仮に伝承を事実と考えるのであれば、喜界島の「馬頭観音」は村落祭祀の対象として信仰されていたことになる。更に疑問を連ねれば、保食神社に替わることなく馬頭観音として祭祀が続けられたケースがただの一例も存在しない、ということも挙げられる。保食神社が「馬頭神社」と過去に呼ばれていたとするケースはあるが、神社に改められることなく祭祀されている事例は存在しない。この疑問に関しては現在の調査による限り、「廃仏が徹底されたため」という説明が聞かれるものの、共に破却されたとされる「地蔵」が神社の伝承に一切取りこまれていないことも含め、違和感なしとはしえない。以上のように保食神社の伝承には「そのままの史実」を語ったものとして受け取るには疑わしい点が認められる。

実証的な結論は留保せざるを得ないものの、論理的な整合性で考える限り、前近代の喜界島において「馬頭観音」や「地蔵」が、ノロとは関連せず独立した村落祭祀の対象として盛んに信仰されていたというのは不自然と言わねばならない。あり得るとすればノロの祭祀対象が「馬頭観音」であった可能性であろう。あるいは近世薩摩藩の統制を逃れるため、祭祀対象を名前だけでも「馬頭観音」と改めた可能性も考えられるかもしれない。いずれにせよその経緯に関しては史料が得難いために実証的な解明は困難である。ただ一つ、近世末の数少ない史料として、佐手久《さでく》集落の保食神社で発見された石碑が挙げられる。そこには「近年有牛馬之憂矣、外無所祈鬼神、於于此郷中、及一同奉献立之焉、干時慶応二　寅五月吉日、一郷中」という文章のみがあり、「保食神社」「馬頭観音」の語が共にないためにいずれの信仰対象に付随していたのかは不明であるが、文意を取れば当時「牛馬の憂い」があったが郷内に鬼神に祈る場所がなかったため、慶応二年に一同で建立し奉ったということとなる。

貴重なのはこの碑文にある「一八六六（慶応二）年建立」の年号である。奄美における廃仏が一八六九（明治二）年以降であることを鑑みるに、この「牛馬の憂い」を祈願する斎場は、廃仏に遡ること三年前の時点で定められたことになる。このような事例は委細こそ不明瞭であれ、ともかくも幕末維新期における伝統的な村落祭祀の動揺を伝えている［10］。あるいはこの石碑が建てられた一八六六年に祀られたのが馬頭観音であったのだとすれば、ノロの宗教から馬頭観音の祭祀へ、そして僅か数年ののちに廃仏を蒙った末、保食神社として再祭祀された、という歴史的展開を描けるのかもしれない。いずれにしても史料的な裏付けは乏しく、これ以上に具体的な経緯を探ることは難しい。

3　小括

以上の事例により、不明点は多いながらも次のことは確認出来たものと考える。第一には喜界島の保食神社にはノロの宗教との関わりが認められることである。神社とノロのそのような関係性は先行研究が繰り返し指摘してきたことでもあり、本書としてもそれを追認するに過ぎない。ただここでの論点として特に注目を促したいのは、かような関係性にもかかわらず、前記のように「保食神社の来歴伝承はノロの宗教のことに触れていない」という事実である。

もちろんこの沈黙には一般論としても様々な見通しがつけられようから、それのみで解釈を与えることは難しい。しかしここに「馬頭観音」という前史の伝承を考え合わせると論点は絞られてくるだろう。本章は先ほど、奄美における神社の由来譚は「連続」を語っていないが、一方で「断絶」を語ってもいないと指摘したが、保食神社の伝承はまさにこの「断絶」への沈黙が認められるケースである。確かに馬頭観音とノロの関係性もまた明らかとしえず、たとえばノロが馬頭観音を祭祀していた可能性を含めて仮説は様々に打ち立てうる。しかしながらその関係はいずれにしても、保食神社が成立するにあたって「馬頭観音」という要素を肥大させ、かたや伝統的なノロを成立伝承から剝落させた理由たりうるとは思われない。言い換えれば、ノロへの弾圧がなぜ「馬頭観音」の破却というかたちでのみ語られるに至ったのかということである。この問いからの見通しとは、そのような近代奄美における伝承構築の機制を解明することによって、廃仏がノロの宗教文化に及ぼした影響を整理出来るのではないか、というものである。

四　分析

1　さかさまのブリコラージュ

「歴史的事実」と「民衆の認識」のズレを捉えるにあたって、しばしば手がかりとされてきた概念に、レヴィ＝ストロースが提起した「ブリコラージュ」がある。すなわち人間は何らかの経験に逢ったとき無媒介にそれを受け取ることはなく、あくまで自らの有する象徴体系をありあわせることによって理解する、というのがそれである。マーシャル・サーリンズの『歴史の島々』を最も劇的な分析として、民俗学にとってもこのブリコラージュ概念は馴染みのある視座であろう。ただし注意を払うべきなのは、ここでのブリコラージュは廃仏による「ノロの宗教の破却」という事実が「馬頭観音の破却」として表象されるという、いわばさかさまの関係だという点である。

そもそも素朴な見通しに立つのであれば、本来的に喜界島民が依拠すべき象徴体系とはノロの宗教のそれであった筈である。にもかかわらず実際の保食神社の伝承ではノロの宗教の語彙は用いられず、喜界島民はなぜか自らの信仰対象の破壊を、「馬頭観音」の語で伝承することを選んだのである。このことを考えるにあたり、最初に指摘できるのは近代日本における神社の位置づけである。言うまでもなく近代日本において神社とは国家の意思が強く反映され、その存在は国家のまなざしと深く相関していた（孝本　一九七三）。廃仏という「神々の明治維新」もかくある体制の構築へと通じていく運動であり、薗田の類型にもあるように明治以降に奄美に建設された神社には〈国家祭祀〉の意図が託されていた。そのような近代における神社の地位を踏まえれば、そもそも神社の来歴そのものが「国家」にとって許容可能なかたちでしか成り立ちえなかったことが指摘される。

ここでもう一つのファクターとなるのは、近代日本の「学知」の問題である。大きく近代日本の学知ということを眺めた時、「ノロの宗教」が日本の知識界に認知されるのは伊波普猷や柳田国男がそれらに言及し、学問的対象として確立した大正以降のことに過ぎない。前章に実際に見てきたように、歴史学、宗教学、神道学等々を含む近代日本の知にとって、長らく「ノロの宗教」とは、そもそもその存在さえ充分には知られていなかったのである。この事実を前提とする時、前述した「国家に許容可能」ということは単に「国家が民衆統制の観点から許容出来る」というだけでなく、そもそも国家が「知っている」という認知そのものを契機として含んでいる。つまり保食神社が構築される明治期において、日本国はノロの宗教を「知らず」、それ故にどれほど好意的に臨んだとしても来歴伝承の上にすくいあげようがなかったのである。

翻って「馬頭観音」とはヤマトに広く認められる宗教文化であり、近代日本の学知にも経験的に収まりうる対象であった。ジェームズ・ケテラーの指摘するように「仏教」の排斥は明治前半期にすでに挫折し、大局的にいえば以後はむしろ「日本」の伝統を代表するものとして認識されていく（ケテラー 二〇〇六〔一九九〇〕）。こうした事情を踏まえるとき、明治期に保食神社が置かれるにあたって国家の「知らない」ノロの存在の伝承が掻き消え、よく知るところの「馬頭観音」という言表が肥大されていったことは説明されえよう。すなわち「馬頭観音」というブリコラージュは、歴史的事実としてのノロの宗教の破却が、近代日本の不十分な学知から捉えられたことで生み出された伝承だということである。

2　カミの名前の不分明

ただし以上の分析は国家のまなざしの側から捉えたものであり、まだ主題の片面を説明したものでしかない。すなわち、なぜ喜界島民衆はそのような近代国家日本によるさかさまのブリコラージュを自らの信仰文化を語ったものとして引き受けたのか、というもう一つの面についても考える必要がある筈だ。

保食神社とノロの祭祀の関わりはもはや喜界島民自身さえ忘却し、伝承の上には一切残されていない。だが人々はなぜ、そのような神社伝承の構築に抵抗することがなかったのであろうか。この問いへは二つの視点からアプローチすることができる。第一には、伝統的な祭祀様式の影響である。先に見た神社祭祀のありようが正にそうであったように、喜界島の人々は今日でも数人の当番と神職を除いて祭祀に関与することはない。このような作法が秘儀性を帯びたノロの祭祀の伝統に通じるものであることは、既に述べた通りである。聖地であるノロの斎場とは一般的に、普通の人々にはみだりに近づくことが許されない場所であった。このことが意味するのは、すなわち民衆は集落のカミについて「自分たちを守護し豊穣をもたらす存在」としては了解していたものの、それ以上に踏み込んだ知識はほとんど持っていなかった、ということである。保食神社に限らず、今日の喜界島ではノロのカミの名前に関して一切の伝承が残されておらず、それどころか岩倉の時点での調査ですらそれを明らかにしえてはいない。このようなカミの名前の忘却とは、秘儀性が生み出す人とカミとの距離の遠さと無関係ではありえないであろう。

言い換えれば、奄美民衆にとって神社としての再祭祀とは、自分たちのカミの名が問われた初めての機会であった。そしてその歴史的時点において得られた「馬頭観音」という前史の表象は、史実としてどれほど妥当であったかはともかく、牛馬を守護し豊饒をもたらすカミとしての人々の経験的・感覚的な了解と期待に過不足なくあてはまるものであったのである。すなわち敬虔さによってもたらされたカミの存在にたいする民衆の距離が、保食神社の伝承を「馬頭観音」という由来へと収斂させることとなったのである。

3　破却と連続の正当化

加えて伝承の構築には更にもう一つの力学が関わったと考えられる。それは「祭祀の連続」と「廃仏による破壊」

の整合性という問題に関わる。ノロの祭祀は廃仏によって破壊されたにもかかわらず、祭日や祭式、立地など実態としては神社神道へ引き継がれた点が少なくない。それどころか繰り返し述べてきたように神社が敷かれる際にノロの祭祀の要素は基礎として働き、岩倉の述べる「実際上部落民は総てその部落の神社の氏子に相当する」状況もこのために成り立ちえている。志戸桶集落の出征祈願へのユタの関与を典型に、奄美の伝統的宗教文化はその具えた民衆への喚起力によって国家神道体制へと繋がっていったのである。

しかしながらこのようなノロの宗教と神社神道の装われた連続性は、かつての廃仏が聖地を暴力的に破壊した事実と矛盾する。そしてこの矛盾は民衆にも、また国家にとっても不都合なそれであった。何故なら民衆にしてみればノロの宗教の破却とは国家からの否定に他ならず、それでも信仰を継続するならば国家との敵対的な関係へと進まざるをえない。他方で国家もまた民衆の抵抗を望む筈もなく、むしろ国家に主体的に奉仕する国民であることを期待していた。

祭日や聖地などノロの要素を神社神道へと取り込むという事実上の連続性とは、両者の緊張関係の妥結として理解しえよう。ただしこの妥結にとって伝統的な宗教文化が「かつて国家の意図により暴力的に破壊された」事実だけは如何ともしがたい。言い換えれば国家と奄美地域の間で問題となったのは、この国家による暴力の経験をいかに忘却するかということであった。この「忘却」という規制の社会的効果については川田牧人の知識論が参考になる（川田 二〇〇三：五三―八七）。川田の指摘によれば、強固に過去を記憶することは民衆の間に差異や格差を次々ともたらし、社会的緊張を生み出す火種となりかねない。この時、それらを「忘却」することは、かような社会的緊張を回避する積極的な方法でありうるのである。

この「忘却」の効果とは本章の見る国家と奄美民衆の緊張関係にも当てはまる。国家と民衆の緊張を解くためには「ノロの祭祀の破却」はあたうかぎり忘れ去られるべきであった。だが他方で破壊の経験は神社の成立そのものに深く結びついており、出来事自体をまったく湮滅することは不可能でもあった。かように考えるとき、破壊されたのは、馬頭観音であったとする説明とは、正にその破却を忘れ去りつつ、矛盾を見事に繕った伝承だったことが分かる。既に述べたように保食神社の基層には明らかにノロの宗教があり、「馬頭観音」という要素はあくまで副次的なものに過ぎない。だが国家による暴力の対象を「馬頭観音」に収斂させてしまうことで廃仏の経験は「仏教」の排除という認識へと擬装されてゆき、伝統的な祭祀への攻撃はうやむやとなる。もちろん「暴力を蒙った」という事実は覆しえないものの、祭日や祭式といった民衆にとって譲りがたい要素はまるで国家に一度も否定されることがなかったかのように装われるのである。

かように「馬頭観音」を挟み込み、暴力の経験を全て負わせて語ることで、伝統的な村落祭祀そのものは神社神道へと繋がることが出来たのである。このとき保食神社の伝承とは、近代における破却と接合という矛盾する歴史的経緯を正当化したものとして理解される。そしてここに成り立った伝承は、民衆にとってのカミの名の不分明とも相まって、喜界島民の正史として確立していったのであろう。ただしこの道は、彼らの信仰が近代において命脈を保ちうる道であったのと同時に、その前近代における信仰のあり方を決定的に喪失する契機でもあった。神女によって挙行された祭祀は神社祭祀に切り詰められ、民衆の世界には鳥居と石塔だけが残された。この喪失の下で、ヤマトの人々によるテキストはこの頃、南島に生きていた彼らを「無宗教」だと繰り返し書き付け続けていたのである。

［1］この結果、明治に禁教が解かれるや布教を開始した浄土真宗は薩摩藩領内では爆発的に教勢を伸ばしている。固定された寺檀関係がなかったために布教の障害となるものが存在しなかったのである。しかしながら、奄美に関しては僧侶の派遣がずっと遅れ、また布教活動の規模も小さかったため、教勢の拡大は限定的なものであった。

［2］喜界島にも近世期には正江寺（昌興寺）と称する寺院があったことが、『喜界島代官記』一八三〇（文政一三）年付の記録から

分かる。これは一七〇三（元禄一六）年に建立されたといい、喜界島で唯一の仏教寺院であった。特筆すべきは今日において正江寺がどこに所在していたのかが分からなくなっていることである。現在島には浄土真宗の浄真寺が一宇のみ構えているが、これは明治後半に置かれたもので近世の正江寺とは関係がない。

[3]『喜界島代官記』は一八三〇（天保元）年時点の人口につき郷士格・遠島者を除く農民身分相当が九、一二三名と記録している。

[4]一五六九年付の「喜界の東間切の阿伝ノロ職」辞令書などの史料が発見されている。なお阿伝《あでん》集落は、本文で触れた岩倉市郎の出身地であり、調査地に相当する。

[5]たとえば『南島雑話』の著者として一般的には知られている名越佐源太もその一人である。また流人のなかに宗教職能者がふくまれていたことは『喜界島代官記』安永七年の記述に「流人共之内、兵カ兵カ《（ママ）》道山伏又は法者抔と名乗り、祈禱事等いたすの由相聞得、不届ニ付向後差止候」とあることから分かる（アチックミューゼアム編 一九三九：八六）。

[6]ただし高達は、近代に神社が設けられたことによって逆にそこが聖地とみなされた可能性をあげ、その先後関係は留保している。

[7]岩倉は「乃呂」と表記しているが、この宛字が何に準拠したものかは明らかにしていない。『喜界島生活誌調査要目』にはサーベイ本文が収録されているが、その様式は項目を一語で岩倉が提示し、島民が知っていることを自由に記入するという体裁をとっている。本章に関わるものをあげれば、大項目には「神」「乃呂」「巫女」「一般信仰」「妖怪変化」「占法」「呪法」が設定され、その下にさらに五〜一〇個ほどの小項目がもうけられている。ただこの小項目をみると「テンチヤ物語（巫女が神の来歴を語る）」が、大項目「神」と「巫女」の下に重複してあるほか、「巫女」の下に「乃呂ユタ」とあるなど煮詰められた調査票とはなっておらず、試行錯誤の痕跡が見受けられる。

[8]『喜界島代官記』には一七七八（安永七）年「藩庁より島中への布達」六十条余にノロへの規制が示されている。この布達はノロの神事について「春秋之祭」に制限するとともに、島の中心である湾集落での宗教活動を禁止している。松下志朗によればノロの神事は当初は黙認状態にあったものの一七世紀後半よりキビ栽培の経済的意義が高まったことで民衆統制が強化されていき、その結果規制の対象となったという（松下 一九八三：六三）。

[9]奄美では字のことをシマと呼ぶことが多く、この「字遊」もシマアソビに通じる表現と考えられる。

[10]『明治維新神仏分離史料』に収録されている薩摩藩士、市来四郎（一八二九〜一九〇三）からの聞き取り記録によると、廃仏は一八六五（慶応元）年には藩に建案されていた。だが薩摩藩自体が維新期の政治的混乱に深く関わったために頓挫し、実施は

遅れて一八六九（明治二）年のこととなった（辻・村上・鷲尾編 一九八四）。

第四章

民俗信仰論の生成

民俗学史における画期としての民間巫女研究

一　巫女研究と南西諸島

1　「沖縄の発見」をめぐる民俗学史像

日本民俗学史の多くは学の確立期を一九二〇年代後半から一九三〇年代半ば、元号では昭和初期に求めている。たとえば現時点で最新の学史である福田アジオ『日本の民俗学』もその一つである。ここで福田がメルクマールにしているのは日本民俗学の方法と対象の確立、ならびに研究者集団の組織化がこの時期であることである（福田 二〇〇九：一〇二―一〇七）。一九二〇年代後半より柳田国男は「青年と学問」（一九二五）や「Ethnologyとは何か」（一九二六）等々、後に『民間伝承論』に集成される論考を相次いで発表し、周圏論と重出立証法の基本的な考え方を説いてゆく（柳田 一九七〇（一九三五））。またその一方で一九二五（大正一四）年には学術誌である『民族』を、更に一九二八（昭和三）年には『旅と伝説』を刊行し、研究者同士の情報交換と成果発表の場を整える。こうした段階を踏むことで民俗学は方法・対象といった学問的枠組みを整えると共に、調査に携わる民俗学者を組織し、研究事業を具体化していくのである。更に一九三〇年代に入ると民俗学は自身を民族学＝エスノロジーと区別する方針を打ち出し、日本民俗学会の前身となる民間伝承の会を置いて組織的枠組みを基礎づけ、学問としてのアイデンティティを強めていく（伊藤 一九七五：二八―四四）。このように方法や対象の確立という理論的側面、並びに学術誌の刊行や民間伝承の会の設置といった組織的側面が共に充実していく時期であることによって、一九三〇年前後は日本民俗学の確立期と目されるのである。

翻ってこのことを踏まえた標準的な学史認識の中で、一九二〇年代以前の試みはしばしば「前史」という言葉で括られてきた（坂本 一九九〇）。たとえば前章で触れた笹森ら明治大正期の研究者達も、学史の上ではこの「前史」の研究者に位置づけられる（野口 一九七五）。また柳田個人に即して述べるにしても『遠野物語』『後狩詞記』あるいは『郷土研究』誌上に筆名で掲載した一連の論考などは、当人がまだ民俗学という学問名称を選んでいないこともあり、前史の、あるいは民俗学黎明期の試みとして理解されることが多い［1］。

このとき前史から日本民俗学確立に至るターニングポイントとされるのが、いわゆる「沖縄の発見」という出来事である。ただ最初に言ってしまえばこの「沖縄の発見」ということが何を意味するのかは実は決して明白ではない。すなわち柳田自身が一九三五年の『郷土生活の研究法』の中で、沖縄を見出したことが民俗学の確立にとって画期的な意味をもった、という趣旨を記しているため、とりあえずこのことが彼の民俗学構想や方法論と深く関わることは間違いないものと目され続けてきた、というのが実態である（柳田 一九七〇〔一九三五〕：三一六―三一八）。従ってこの「沖縄の発見」とはこれからみてゆくように、近年まで議論の的であったわけだが、ここに重なってくるのが柳田の個人史である。

伝記の上で柳田は一九一九（大正八）年に官職から身を引き、翌年からは東京朝日新聞社の嘱託として日本各地を旅行する生活を始める。この中で実現したのが後に『海南小記』の旅として知られることになる沖縄旅行である。この生涯に最初で最後の沖縄経験となった旅で、柳田は伊波普猷ら沖縄知識人と初めて直接出会うと共に、南島各地の民俗文化を実見することになる。その旅程は一九二〇(大正九)年の年末に東京を発して、翌年一月五日に那覇に上陸した後、宮古・奄美を巡って二月一五日に鹿児島着、三月一日に帰京するまでの約二ヶ月間というものであった。そして柳田が、国際連盟の委任統治委員への就任を乞う電報を受け取ったのはこの帰路でのことである[2]。柳田はこれを受諾してその年の五月には日本を離れることになるが、その際職務の傍らでヨーロッパ民俗学の一端に触れるとともに、それと表裏をなす西欧/非西欧の非対称な関係性を身をもって知ることになる(小熊 一九九五:二一一—二二〇)。その後、柳田は就任三年目の一九二三(大正一二)年九月に関東大震災の報を聞くや焦燥に駆られ、月末には当時滞在していたロンドンを発ち、アメリカを経由して一一月には帰国している[3]。そして年末に委員を辞任して以後は日本民俗学の構築に心血を注ぐことになり、ここから柳田の個人史は、昭和初頭における確立という前述の学史像に繋がっていくのである。いずれにせよここにみたように『海南小記』の旅は、官界から民俗学の父へという柳田のライフヒストリー上の転機に重なっており、この点でも彼の沖縄経験は民俗学の確立過程における何らかの強い影響を予感させる。

だが何故「沖縄の発見」が民俗学成立のターニングポイントなのか。近年までの民俗学史はこのことを重出立証法への影響関係から説明してきた(福田 二〇〇七〔一九九二〕:七四—八一)。重出立証法とは端的に言えば、文化の地理的な分布を歴史的な前後関係の反映として扱うアイディアを指している。『郷土生活の研究法』の中で柳田は、特に言語に関して沖縄(および南西諸島各地)には古代・中世日本の古語に似たものが用いられていると書いている(柳田 一九七〇〔一九三五〕:三一六—三一八)。こうした古い日本文化の残る土地としての南西諸島観は、チェンバレンの言語学も示唆しているほか、前章でみた田代安定にも八重山のウタキ祭祀=神道の古態とする理解があったように、柳田の独創ではない。ただ柳田はこうした発見をただの知識に留めず、ヨーロッパ民俗学の理論を踏まえて、遠隔地における古態の残存ということを文化変容の法則性として敷衍しようとした。すなわち言語のみならず、信仰（神社や女性祭司、祭祀様式や神人関係など）から家族制度、土地制度、芸能等々にも同様の法則性が現われる蓋然性を理論として着想したのである。そしてこうした法則性を証拠づけるインデックスとして、分布に見出される遠方の一致、つまり地理的に離れた場所に類似の語彙や民俗文化が分布することの兆候性を見出すのである。この論理こそが一九三〇年前後に確立する民俗学の方法論、すなわち文化の周圏的分布という仮説と、その分析枠組みとしての重出立証法に他ならない。以上のような思考が最初期の民俗学の理論的枠組みであったとすれば、柳田は「文化の古態を残す土地」としての沖縄を発見したことを通じて、周圏論モデルの基礎理論に至ったのだと考えられるのである。こうした学史像は柳田説への賛否に関わらず、近年まで標準的な日本民俗学史として流通してきた。

翻って、このような柳田の読解を正面から疑問視する議論が現われたのは近年のことである。その批判の核心となったのは、如上の学史が柳田をして「日本文化の古態の探求を主目的とする人物」だという前提に立ってきたことであろう[4]。この視点を批判する立場からの学史の再構築において、決定的な批判となったのは、岩本通弥の論文「戦後日本民俗学の認識論的変質と日本文化論」である（岩本 二〇〇六）。この論考で岩本は、葬墓制に関する柳田のテクスト群に沿ってその叙述を読み込み、柳田の論理を支えているのはあくまでも文化変容を法則的に捉えようとする構えに過ぎないとする。そして柳田における「沖縄の発見」とは、ただ文化変容法則の解明において有用な事例が期待されるフィールドの発見を指すものにすぎず、あたかも柳田が「沖縄には古い日本文化が残っている」と単純に考えていたかのように読むのは、戦後に生み出された誤読だと主張したのである（岩本 二〇〇六：三九―四〇）。こうした学史の批判的再構築を沖縄民俗研究の文脈に引き取った赤嶺政信は、そこから柳田の沖縄叙述を更に総体的に再検討することで、岩本の読解をほぼ全面的に追認している（赤嶺 二〇〇八）。こうした岩本・赤嶺の主張の妥当性は、たとえば柳田自身が「日本の古語に似たものが残っている」と認識していた言語についてさえ、共通語の普及の問題に即して『海南小記』で動態的に対象化していること一つとっても充分に説得的といえる（柳田 一九六八〔一九二五〕：二六八）。また周圏論を説いたとされる『郷土生活の研究法』に並行する事業として、島嶼社会の解明を目的に、比嘉春潮ら沖縄出身の研究者にヤマトの離島部調査にあたらせることで類似・差異の析出を試みさせた研究誌『嶋』（一九三三～一九三四）［5］の刊行があることなどに照らしても、従来の学史に一種の誤読があったとする彼らの主張は認めうる。

以上のような方向性での学史の読み直しは日も浅く、規範的学史となるにはしばらくの時間と、更なる練り直しを要するものと思われる。ただいずれにせよ従来の標準的な学史像の妥当性が揺らいだことは間違いなく、たとえば依然として周圏論への繋がりから「沖縄の発見」を位置づけ続けている福田にしても、岩本の批判以降、柳田が日本文化の古態を同時代の沖縄に発見したとする理解は保留しており、新たに柳田晩年の『海上の道』の論旨に基づいた記述に置き換えている（福田 二〇〇九：九一―九三）。民俗学史の再構築は今後も継続されることになろう。

2 生成する民俗信仰論――巫女という主題と南西諸島

以上のような近年の学史をめぐる研究動向を踏まえつつ、なお本章が問題としたいのは、その問い方が、「既に完成したもの」としての柳田の構想について問われている点である。つまり彼らが問題にしているのは柳田が構想していた民俗学理論に関して、その正確な理解がいずこにあるのかという点である。しかしながらこうした完成した理論の存在を最初に措定した上でその内実を問うていくような学史の捉え方は、近代という時代を特徴づける知の流動性や状況性に十分に配慮しているようには思われない。

ここで本章が想定しているのは民俗信仰論が生み出される過程とはいかなるものであったか、という問いである。

そもそも日本民俗学史は、長らく民俗信仰研究という枠組みをあまりにも自明視してきた。すなわち現実のフィールド、現実に生きる人々のうちに「民俗信仰」と名指しうるような「信仰」が「存在」し、それを何らかの手続きに従って「対象化」し得、さらにその分析から何らかの知見を取り出してくることが出来る、という知のあり方を自明視してきた。しかしながらこうした枠組みとは自明の所与ではなく、近代史上に一定の社会的背景の下で構築されてきた知に過ぎない。もちろん「近代に作られた学知」という自覚がないわけではない民俗学は、それ故にこうした歴史的構築性を全く慮外にしてきたわけでもなく、国民国家の均質性や「創られた伝統」の問題からこのことを考えてきた。だがこうした批判的考察は再び、完成したものとしての民俗学の「偏り」をえぐりだすところに行き着いてしまう[6]。結果、批判は本来の目的とは反対に、これまで自明視されてきたとされる知の存在を強化してしまうのである。

強調しておきたいが「信仰」とは、そこに先験的に存在するような所与ではない。つまり、研究者が人間の内面を一定の枠組みのもとで捉えることで初めて浮かび上がるのが信仰という対象である。このため、本書の見通しではその研究枠組みとしての民俗信仰論は、最初から首尾一貫した構想として現われることは出来ない。そもそも既に第二章でみたように、「民俗信仰を研究対象として取り上げて考察を加える」という態度そのものが明治三〇年代以降の発生という時代性を負っているのである。言い換えれば最初期の民俗信仰論とは、何かの事象に関して議論を起こすこと自体が同時に、対象としての民俗信仰に外縁を与え、その捉え方としての方法を作り出していくような運動として営まれていたと考えなくてはならない。だとすれば民俗信仰論を学史として捉えることとは、完成された理論の目論見なり妥当性を正確に評価することではなく、フィールドの事例と研究者の目論見の相互関係の中で生成されつつある知の論理や性格を捉えていくことにこそかかってくる筈である。つまり民俗信仰論とはどのような目論見のもとで、何を考える中で生まれてきた知であるのか、ということがそれ自体の生成過程の中に問われねばならないのである。そしてこのとき前述した「沖縄の発見」とは、民俗信仰研究が焦点を結ぶ過程に他ならなかったと本書は見るのである[7]。

従来の学史が柳田の信仰研究について叙述する時、しばしば注目してきたのは対象となる信仰文化についての時期的な違いである。すなわち柳田は昭和以降になると「日本の祭」「妹の力」などの著作で信仰を論じ、さらに戦後には『先祖の話』などでこの蓄積を体系化してゆくとともに、自らの試みを「新国学」と称するようになる。こうした論考で扱われるのは祖霊祭祀と稲霊信仰の複合した固有信仰であり、具体的には主に稲作農家をモデルにイエを母体として営まれる先祖祭祀が考察の対象となる。一方、これに対して「前史」の柳田が論じたのは民間巫女や宗教職能者、山人や漂泊民が担う信仰であった。中でもその代表的な論考とされるのは、柳田が一九一三(大正二)年から翌年にかけ、『郷土研究』誌に川村杳樹の筆名で連載した「巫女考」である(柳田 一九六九〔一九一三〜一九一四〕)。「巫女考」は表題の通り民間巫女の信仰を論じた考察であり、異民族や非常民への関心が織り込まれていることを含め、前史の柳田を特徴づける信仰論として知られている(赤坂 一九九四、谷川 二〇〇一)。このように日本民俗学は、柳田が扱う民俗信仰のジャンルが時期的な変化を示すことに注目し、その時期区分を記すことをもって学史叙述としてきたのである。

だがこのことは、言い換えれば既往の学史が、そもそも民俗信仰が柳田に研究対象として発見され、画定されてくる過程については無知であり続けてきたことを意味している。つまり「巫女考」のような問いがいかにして生成され、新たな知として生まれてきたのかということは、これまで考えられたことがないのである。翻ってこの問いを考えようというとき、「沖縄の発見」は俄然重要な意味を帯びて浮かび上がってくる。

そもそも最初の民俗信仰論である「巫女考」を同時代の沖縄と結びつけて捉えた研究は管見では見当たらない。これはある意味、当然のこととも言える。何故なら「巫女考」は『海南小記』の旅以前に書かれているため、柳田は未だ現地を実見しておらず、このため沖縄への言及も文献に依拠した僅か三ヶ所にすぎない。その一つ目は論の冒頭部分で「神社巫女」と「歩き巫女」の関連性を論じた箇所であり、ここで柳田は「琉球で此類の婦人をユタと云ふのも、自分はイチ又はイタコと関係のある語と信じて居る」として、沖縄のユタを民間巫女のカテゴリーに含める見解を示している（柳田 一九六九〔一九一三〜一九一四〕：一二五）。二つ目は沖縄の祭祀で用いられる幣束が「ウンモウシ」と呼ばれることを根拠に、祭祀と託宣の繋がりを論じた箇所である。ここで柳田は「沖縄の神道が世人の想像する程内地と縁遠くは無いことは改めて言はうと思ふ」とし、沖縄の祭祀をヤマトの神道との近似性から捉えている（柳田 一九六九〔一九一三〜一九一四〕：一三八）。三つ目は民間巫女が託宣の折に手にするのがしばしば榊に通じる小枝であることを指摘した部分で、「沖縄では所々の拝林《をがみはやし》に出で遊びたまふ神の持物は御萱とある」（ルビ柳田）と述べている（柳田 一九六九〔一九一三〜一九一四〕：一四八）。ここではその出典に『琉球神道記』（一六〇五）が挙げられており、「巫女考」の文献依存が改めて確認される。以上のように「巫女考」における沖縄への言及はあくまでも触れられる程度に留まっており、従来の学史叙述の上では結びつけられて理解されてはこなかったのである。

　しかしながらここで柳田に試みられた民間巫女研究は三ヶ所のみの言及という見た目よりもはるかに深く、近代沖縄というコンテクストに根ざしている。そのように言いうる第一の根拠は、当時の南西諸島における巫女信仰のアクチュアリティである。第二章に見てきたように、明治期の南島の現地調査は、それをどう評価したかはともかく、民衆の間に篤い巫女への信仰があることを繰り返し指摘してきた。そしてその信仰はケースによっては村落祭祀や集団的な宗教運動として担われ、後に伊波普猷に即してみるように、沖縄では社会問題になるまでの喚起力と社会性を有していたのである。もちろんこうした現地の状況の全てを「巫女考」の頃の柳田が知りえたわけではない。しかしながら、今名前を挙げた伊波普猷に加え、同じく沖縄出身の法学者である佐喜眞興英の存在を考えあわせれば事情は変わってくる。このことが本章の具体的に検証してゆく問題であるわけだが、柳田の「巫女考」が民俗信仰論を生成しつつあったとき、伊波普猷や佐喜眞興英の巫女研究は時代の上でそれに並行していたのである。

たとえば、伊波普猷が琉球王国の歴史・社会に関する自らの研究をまとめた『古琉球』を柳田に献本したのは一九一二（明治四五）年のことである（伊波 二〇〇〇〔一九一一〕）。同書では既に聞得大君を頂点とする神女組織の考察が、ユタの信仰とともに論及されており、献本を受けた柳田はその価値を高く評価している。このとき研究の更なる推進を求められた伊波は、その他にも柳田に論考を送り続けては意見を求め、その中には『沖縄毎日新聞』への寄稿「古琉球の祭政一致（を論じて経世家の宗教に対する態度に及ぶ）」（一九一二年三月）の切り抜きなども含まれている（伊波 二〇〇〇〔一九一三〕：二〇七）。この切り抜きにせよ『古琉球』にせよ、その論旨において民間巫女に割かれたウェイトは少なくないが、特に強調するべきはこれらが柳田の「巫女考」に先行している点であろう。伊波は柳田の『海南小記』の旅の折に初めて直接に対面し、この時に『おもろさうし』の校訂事業を求められたことが彼のその後を方向づけたことはよく知られているが、既に交流の始まりから柳田と伊波の問いは重なりあっていたのである。

もう一人の沖縄出身の研究者である佐喜眞興英が巫女論『女人政治考』を公にしたのは、没後の一九二六（大正一五）年六月のことである。ただ病身の中で五稿までを重ねたために公刊が遅くなったものの、第一稿はすでに一九二〇（大正九）年には仕上がっていたとされ、柳田の「巫女考」からのタイムラグは一〇年とない（松本・瀧川 一九二六）。柳田が佐喜眞を知るのは『海南小記』の旅の途上（一九二一年一月五日）で出会った中学校校長（清水駿太郎）の言によってであり、その後両名は佐喜眞の法学の師であった穂積陳重の紹介で引き合わせられることになる（柳田 二〇〇九：五四）。佐喜眞は一九二五（大正一四）年に早世するが、残された『女人政治考』の刊行を支援し、手ずから序文を寄せたのも柳田であった。このように柳田を周辺の人々と共に捉えた時、そもそも巫女研究という方向性そのものが、その始まりから南島への関心を織り込んでいたことが見えてくる。

こうした事情を踏まえて本章が基本的な着想とするのは、いわゆる前史において民俗信仰研究がいかに生成してきたかという問題を、沖縄というフィールドとの関係からみてゆくことである。そしてこのことは更に民俗信仰論そのものの捉え直しということにも繋がっている。というのも一般的な民俗学史は、この民間巫女への関心は昭和の民俗学の成立とともに、柳田に「放棄」されたものとして書いてきたからである。

3　変節の機微

柳田は民俗学を体系化する中で、最初期に懐いていた民間巫女や山人、漂泊民といった人々への関心を捨てていった、というのは今日の民俗学史の定説となっている。この先駆的な批判は、たとえば柳田の被差別部落への関心の欠落を批判した有泉貞夫「柳田國男考」などに認められる（有泉 一九七三〔一九七二〕）。すなわち有泉によれば最初期の柳田には「「イタカ」及び「サンカ」」（柳田 一九六八〔一九一一〜一九一二〕）のようなテクストにおいて被差別民への関心が認められるが、昭和以降にはイエと先祖祭祀を中心とした信仰論に引きこもり、社会的地位の低さから安定的な系譜関係を築きえなかった底辺の民衆を視野の外にしてしまった、という。こうした指摘は有泉以降、谷川健一や赤坂憲雄らの漂泊民や山人の研究に引き継がれていくことになる。その一方で柳田没後に日本民俗学にシャマニズム研究を再導入した桜井徳太郎はその述懐の中で、かつて柳田に巫者研究の可否を問うた際に反対されたと述べ、戦後の柳田に後進に対する一種の抑圧があったことを証言している（桜井 二〇〇二：四〇—四一）。

このように柳田の変節を論った指摘は多々あるものの、その理由となると実ははっきりした答は出されていない。たとえば上記の桜井は、シャマニズム研究は必然的に文献研究に陥りがちであることから、逆に弟子たちが現地調査を疎かにすることを危惧したのではないかとの解釈を述べているものの、これはあくまでも桜井の忖度を越えるものではない。一方、近年の潮流である国民国家論はこの変節を、単一民族論的な政治的バイアスの発露として注目し、政治的文脈に引きつけることで説明を試みている。たとえば小熊英二は柳田の国連委任統治委員時代におけるヨーロッパ経験が、白人の中に柳田をおいたことで「日本人」ということを強く意識させ、そのことが帰国後の記述をナシヨナルなものにしたのではないかと想像している（小熊 一九九五：二一一―二二〇）。同様に村井紀は、少なからず攻撃的な筆致にて、柳田の変節は植民地主義的な欲望の状況的変化に従ったものと見做して論じ、異民族に対する同化主義的な目論見をもった山人論から、そうした異民族の痕跡も消し去った単一民族主義的な固有信仰論へと移行したもの、として学史像を描いている（村井 二〇〇四〔一九九二〕：一五七―一五八）。これらの指摘は柳田に「変節」があったことを前提に、それに対して加えた蓋然的推理としてはそれなりに説得的ながら、そもそも有泉らの見出してきた「変節」という理解を無批判に継承した面が否めない。しかしながらこうした変節なるものの指摘は、どのような人や文化を対象としているかということの差異をインデックスとしており、そこにいかなる思考の上での変化があったのかは実は全く問われていない。

これに対し本章は民俗信仰を対象化する論理の問題として考えるため、変節という学史像を採らず、問いの変化を民俗信仰論の問いが生成する運動の中で辿った帰結として捉える。すなわち民俗信仰論のトピックが民間巫女から常民へと移ったのだとしても、それはイデオロギーの影響を含めた何らかの変節に尽きるものではなく、それはあくまでも表面的な移行にすぎない。そうではなく、信仰というものを捉える論理が展開し、その結果として対象の把握に変節と呼びうるような変化が生じたのだと考えるのである。

二　柳田国男の巫女研究

1　「巫女考」の問い

柳田は官界に身を置いていた頃から既に『後狩詞記』（一九〇九）、『石神問答』『遠野物語』（一九一〇）といった著作によって民間伝承研究に手を染めていた。ただ、たとえば『遠野物語』の初刷が三五〇部（うち柳田の買取りが二〇〇部）に過ぎないという事実が伝えているように、これらは私的な、もしくはごく少数の同志による試みを出るものではなかった。これに対して柳田が一九一三（大正二）年に高木敏雄とともに創刊した『郷土研究』は読者からの投稿を前提に、双方向的に情報を集積するメディアたることを念頭に置いたプロジェクトであった〔8〕。このため『郷土研究』は民俗学が学問の体裁を整えていく上で過渡的な媒体と目されている。

この雑誌に関して特筆されるべきは、ここで言われる「郷土」が、今日の語感から想起される地方社会の意味ではなく、むしろ「日本」「日本人」といったネイションのニュアンスで用いられている点である（福田 二〇〇九：七四―七五）。これは郷土研究という方向性自体が、新渡戸稲造の私宅でかねてより開かれていた若手官僚や知識人の研究会に由来することを反映したものである。なお『郷土研究』誌の組織的母体も、新渡戸の研究会の一員であった柳田が流れを引き継いで私宅で始めた郷土研究会、そしてそれを前身にした郷土会にあった。こうした事情のため組織的基盤は脆弱であり『郷土研究』の編集は最初期のみ高木との共同体制で、翌年に高木が離脱して以降は柳田単独となっている〔9〕。その後同誌は通巻で四巻一二号を刊行するが、柳田の下野に際して身辺整理旁々に一九一七（大正六）年に廃刊となり、結局その大半の実務は柳田が単独で担う結果になった。

ところで繰り返しとなるが、この『郷土研究』の学史上の画期性はその内容にも増して、メディアとして柳田らの問題意識を社会に流通させる一方、読者を同人として調査者・研究者に組織していった遂行性に求められる（菊地 二〇〇二）。事実、主に一九二〇年代に編まれた『炉辺叢書』の著者には『郷土研究』への寄稿者の名前が多く見られるように、この時柳田に原稿を寄せた同人たちは確立期の日本民俗学における第一世代の研究者となっていったのである（松本 一九九四）。またそれと同時に『郷土研究』誌は、日本各地に読者を得たことによってそうした読者からの寄稿を通じて、実際の民俗文化を収集することを可能にするものでもあった。こうした情報の集積拠点としての性格は一九二八（昭和三）年に発刊される『旅と伝説』誌に一層色濃く見受けられるが、雑誌というメディアは情報交換の場として多地域間における民俗分布の異同から議論を起こす重出立証法の基礎となったのである。ただその一方、こうした民俗学前史における遂行的役割はともかくとして、その誌面を内容から見ていくとすると、『郷土研究』は前述したナショナルで実学的な理念のベクトルと、かたや実際に掲載された後の民俗学に通じるような文化史・文化論的なベクトルの間で大きな懸隔があることは否めない（山下 一九七八：一三五―一三六）。実際にこの方針と内実をめぐるギャップは後に南方熊楠によっても批判されることとなり、『郷土研究』が廃刊に至る一因となっていくのである。

『郷土研究』という雑誌の概要は以上に見た通りであるが、本節で見てゆく「巫女考」は、同誌に創刊号から連載された巫女の日本文化史である。その大きな特徴としては、多くの文献史料から議論を起こしていること［10］、並びに後の「常民」中心の姿勢とは異なり、漂泊民や被差別民といった人々について多くの言及があることが指摘されている。端的に整理すれば「巫女考」の骨子は次のようなものである。①日本のミコには神社に所属し、特定神格に仕える神社巫女と、民間にあって各地を漂泊し、死霊・生霊を降ろした歩き巫女の二種類が存在する。これらは現代（＝大正時代）では区別されているが、その起源は一であり、またその本質的な機能は託宣にある。②ミコの古態は漂泊する歩き巫女であり、その起源は（異民族の可能性も含めて）不明ながら、おそらく古代史にまで遡る。箱を背負い木の枝を携えた彼ら巫女たちは、漂泊の過程で定住民と交渉し、各地に小社小祠を残した。また更に交渉が進んだ場合は自らも定住化し、託宣の宗教的技能をもってしばしば現地の神に奉仕する巫女となった。③定住した場合、託宣は血統で継承される技術となり、これが神社巫女の起源となった。一方で漂泊を続けた者も多くあり、彼らが今日の歩き巫女に連なる存在と推測される。

以上、概要をみるのみでも壮大な構想といえようが、小熊英二の指摘によればこうした議論の下敷きになっているのは当時膾炙していた日本民族形成論、すなわちいわゆる「山人」「漂泊民」「被差別部落民」等々を異民族に由来するものと見做し、その平地民への混淆をもって日本人の自画像とする理解であって、必ずしも柳田の独創が先走った論ではなかった（小熊 一九九五：二〇七）。ただそのことを踏まえても「巫女考」が民間巫女研究という前例のないパイオニア的試みであったことは間違いなく、先行研究にはせいぜい、その数年前に卑弥呼をシャマンとして論じた白鳥庫吉の邪馬台国論が挙げうるに過ぎない（堀 一九九三〔一九七五〕：三二九―三三〇）。本章で強調してきたように「巫女考」は民俗信仰研究の端緒なのである。

このように「巫女考」は、かつてない民俗信仰研究という試みの端緒となったために、学史研究においてはその内容にも増して、ここで起きた柳田の「変節」の意味を巡ってその位置づけが問われてきた。というのも確かに柳田は「巫女考」以前にも『遠野物語』等々を書いてはいたものの身上は未だ官界にあり、学問の上でも農政学に基づいた「最新産業組合通解」（一九〇二）、「時代ト農政」（一九一〇）等の実際的論考でキャリアを積み重ねていた［11］。こうしたそれまでの学問的経歴と並べたとき、「巫女考」の問題意識には明らかな飛躍がある。先にも触れたように柳田はこの連載の七年後、一九一九（大正八）年に野に下り、一九二〇年代後半からは日本民俗学の確立に向かうことになる。このとき「巫女考」は柳田のライフヒストリーにおける変節を特徴づけるテクストとしても位置づけられるのであり、学史研究において問われたのはそのことだったのである。

2　連続と断絶――学史における「巫女考」

民俗学者は「巫女考」に見られる変節について、柳田の個人的資質に還元するというある意味で素朴ともいえる説明をしばしば与えてきた。すなわち柳田は個人的資質の上で、幼少期から信仰文化に強い関心を懐いており、ここでの民俗信仰研究への移行も、ただそうした資質が表面化したに過ぎない、ということである［12］。特に柳田は戦後の固有信仰論において日本人の信仰を問うことに圧倒的な情熱を注ぎ、信仰研究を民俗学の枢要な課題として価値づけてきた。このように信仰研究に拘り続けた人物という柳田像から見る限り、農政学から巫女研究への移行ということも、柳田の資質に則った必然的な展開として理解される。このため民俗学の枠内で「巫女考」の位置づけが問われる場合、民俗信仰への問いがここに生成したことそれ自体は特に画期的とは目されなかった。むしろ前述のように、民俗学における「巫女考」の評価の如何ということはそれが山人や漂泊民、被差別民などといった、後の固有信仰論では姿を消すトピックを含んでいた点について問われたのである（赤坂 一九九四、谷川 一九七五、二〇〇一）。これに加えて『郷土生活の研究法』『民間伝承論』以降の柳田が弟子のシャマニズム研究を抑制したことや、文献史料の利用を戒めた事情に照らして、逆にそうした手法の顕著な「巫女考」の過渡性を指摘するあたりで、凡その位置づけをめぐる議論は尽きてきたのである［13］（佐藤 二〇〇七）。

翻って民俗学者以上にこの変節に注目してきたのが社会思想研究である。柳田を近代思想史の文脈から問う言論は主に六〇年代以降、吉本隆明や花田清輝らを先駆けとして現われてくるが、その中で柳田は伝統と近代の緊張関係と格闘したユニークな思想家として対象化されることになる。この時柳田の農政学から民俗信仰論へという変節がもつ思想上の意味が問われたのは当然のことであった。たとえば藤井隆至はこの変節を位置づけるにあたって連続説・断絶説という対称軸を設定し、ここでの変節が思想上の断絶であるのか、それとも連続性をもった移行であったのかということを問題にしている（藤井 一九九五）。ここでいう断絶説とはたとえば山下紘一郎がかつて下した評価が典型的であるが、これは柳田が実際的な農政学から信仰世界の研究に向かったことを、一種の逃避ないしは心理的退行と見做す立場を指している（山下 一九七八）。つまり伝記的にもこの時期の柳田は貴族院書記官長という立場にあって周囲との軋轢を抱えていたことから、そうした行き詰まりの中に実学や現実政治への倦怠感が生まれ［14］、そうした心理が「巫女考」のような作品に結実していったと理解するのである。以上のような断絶説の理解は感傷的のきらいはあるものの、前述したような柳田の個人的資質に絡める民俗学者の解釈には親和的な理解だったということが出来よう。

他方で藤井隆至も支持する連続説とは、農政学から民俗学への移行を柳田の社会思想の必然的展開と見做す立場を指している。この立場には藤井のほかにも橋川文三、川田稔、佐藤光らの研究者が挙げられる（橋川 一九七七〔一九六八〕、川田 一九九二、佐藤 二〇〇四）。この連続説の力点は論者によっても異なってくるが、共通した基調となるのは時期を問わず柳田の学問に、民衆の幸福の実現という一貫した目的意識を見出す点である。すなわち連続説は、農政学であれ民俗学であれ、郷土に生きる民衆の力を涵養し、すくい上げることを大目的に据え、その実現のための方法に学問を位置づける点で、柳田の思想は常に一貫していると考えるのである。その上で連続説は柳田が、農政学から後の固有信仰論に至るまで一貫して国家の不死性＝永遠性を説いていることに注目し、その思想にエドマンド・バークやカール・マンハイムの保守主義に通じる論理を見出している（佐藤 二〇〇四：九九―一一五）。たとえば一九〇二（明治三五）年から翌年にかけて専修大学で行った講義録である「農業政策学」で柳田は「国家ハ現在生活スル国民ノミヲ以テ構成ストハ云ヒ難シ死シ去リタル我々ノ祖先モ国民ナリ其希望モ容レサルヘカラス又国家ハ永遠ノモノナレハ将来生レ出ツヘキ我々ノ子孫モ国民ナリ其利益モ保護セサルヘカラス」と述べている（柳田 一九七〇〔一九〇二～一九〇三〕：二九四―二九五）。このように、有限な個々人を越えた永遠なる国家というヴィジョンは、後の固有信仰論が説くイエの永続の理想とも相同であり、このようにみれば農政学と民俗信仰研究はシームレスに繋がっていることが分かる。そしてこうした大きな枠組みのもとに、民俗信仰は民衆の価値観・感性の表現態として、人々の倫理や幸福に対する考え方を反映したものとして見出されたと理解されるわけである（川田 一九九二：五二）。このことを踏まえて連続説は柳田の変節を、それまでのトップダウンな行政の学問から、民衆の価値観をすくいあげることによってボトムアップな社会改良を目指す社会思想へと、発展論的に把握するのである[15]。こうした社会思想研究者による理解は十分に説得的といえ、基本的に支持出来る。事実、後にみるように柳田自身も南方熊楠との論争で、「巫女考」は決して好事家趣味ではないと反論しており、掲載誌が『郷土研究』だったことと合わせて、その見通しが何らかの実際的な問題意識に裏づけられていたと考えるのは自然である。

しかしながら他方で、既往の社会思想研究の指摘が十分に説明し得ていないように思われるのは、ここで問われたのが結局のところ巫女の託宣の信仰であったことである。確かに農政学や、あるいは後の固有信仰論から考察する限り、柳田の学問を一つの保守主義思想として理解することは妥当であろう。だがここで何故巫女であったのか、巫女でなければならなかったのか、この点に不透明さが残るのである。もちろんこのような疑問はある意味、些末なことでしかないように見えるかもしれない。現に柳田は日本民俗学の確立過程でも、散発的ながらオナリ神信仰や人柱信仰を事例に巫女を論じ続け、一九四〇（昭和一五）年に『妹の力』の一著をまとめる。ただ強いていえばその際の論点は前述した「巫女考」の整理の③に関して、つまり「歩き巫女が定住化し固有信仰の担い手となっていった」という見通しに集中している。端的に言えば民間巫女研究は昭和以降、固有信仰論に吸収されていくのである。こうした流れを踏まえるに、柳田生涯の問いが結局は固有信仰論にあり、巫女研究はそのための助走に過ぎないと見ることも可能であろう。事実、桜井徳太郎や堀一郎といった柳田に近しい人々も、そうした一貫性のもとで柳田の信仰論をみてきたといえる。

だがここで本書が注意を促したいのは、少なくとも民俗信仰論の最初の時点においては巫女を通じてのみ問いうる問題があったのではないか、ということである。このことは柳田の「巫女考」を読み込む限りでは浮かび上がってこない。だがここで前述したように、当時の柳田に伊波普猷と佐喜眞興英という同志があったことを踏まえると事情は変わってくる。すなわち結論を先取りすれば、佐喜眞興英の『女人政治考』が正にその書名にかかげる主題である「政治」こそ問題だったのではないかと本書は考えるのだ。何となれば節を改めて見てゆくように、伊波や佐喜眞が琉球王国の事例から論じているのはともに政治的統治であり、祭司王による民衆統合であり、民衆意識が表象される力学だからである。これまでの柳田研究は、「巫女考」にこの「政治」というテーマを見出すことはなかった。だが既に社会思想研究に即してみたように、柳田の農政学と民俗学は断絶なく繋がっているのであり、更にそこで構想されていたのは、民衆の伝統に根ざした政治体を理想とする保守主義思想であった。それに加えて後ほど伊波普猷に即して見てゆくように、柳田・伊波・佐喜眞が巫女を論じた時期とは、普通選挙の実現をめぐって社会運動と論争が繰り広げられた大正デモクラシーの時代に他ならない。この並行は偶然ではありえないだろう。

議論が先走ってしまったが、本書の考えでは民俗学における民俗信仰の対象化とは、大正デモクラシー運動を通じて民衆が国民＝国家の主権者として現われたことと表裏の関係にある。何となれば国民とは自らの意思をもって代表を選任し、選挙手続きによって社会的合意を形成し、かつしばしばプロパガンダに流される「普通の人々」に他ならない。室井康成が強調しているように柳田の構想には明らかに、こうした普通の人々を「よき選挙民」に育てあげようという「公民の民俗学」の思想がある（室井 二〇一〇、大塚 二〇〇七）。川田稔が指摘したように、民俗信仰論のテーマは民衆に潜勢する価値観や倫理を汲み上げることにあったが、この時巫女研究とは心意の表現に関する論理、すなわち巫女によって民衆意識が表現され、一つの合意として現われる仕組みを問うものといえる（川田 一九九二）。そして周知のようにこうした巫女の託宣と統治をめぐる問いは、あくまで最初期の一過性の問題に過ぎず、その後急速に民俗学から消えてゆくのである。このように民俗学前史における巫女研究の出現の論理をみてゆくとき、実は民俗信仰研究そのものに、民主主義的統治を巡る困難な問題が影を落としていることが浮かび上がってくるのである。

こうした問題は後ほど改めて柳田に立ち戻って論じることとして、次節以降、伊波普猷と佐喜眞興英の理論に関して見てゆきたい。

三　伊波普猷——託宣と啓蒙

1　法廷に立つユタと「ユタの歴史的研究」

沖縄学の父として知られる伊波普猷の民間巫女＝ユタの研究は、時期の上で柳田の「巫女考」に先行している。ただその問いとは彼個人の学術的関心であるにもまして、そもそも伊波が沖縄在住の啓蒙家として、言わば社会問題としてのユタに向き合っていたことを背景にしている。まずは当時の伊波普猷の立場に触れておくべきだろう。彼は一九〇六（明治三九）年、東京帝大で言語学を修了し、そのまま帰郷してからは沖縄県立図書館の嘱託館長を勤める傍らで、明治末から大正期には独自に沖縄文化の研究に携わっていた。代表作として知られる著書『古琉球』を完成させるのは一九一一（明治四四）年の年末のことである。同書に収められた数多くの論考では、伊波の専門である言語学的研究を一つの柱に、口承文芸や歴史学、考古学、形質人類学などの知見も取り入れつつ、沖縄文化の起源や特徴が総合的に考察されている（伊波 二〇〇〇〔一九一一〕）。というより『古琉球』という著作を特徴づけるのはこの総合性であり、沖縄をめぐる多様なトピックが広く浅く問われ、その主張や結論に関しても学術研究と社会批評・啓発の併存が認められるのである。こうした伊波の姿勢を鹿野政直は「民間学」と呼び、近代にあらわれた学知のあり方の一つとして位置づけているが、当時の伊波にとって学術と啓蒙は一体であり、沖縄を知ることと民衆を啓発することは不可分な実践として認識されていた（鹿野 一九八三）。実際、『古琉球』所収のテクストの一部は社会運動家としての伊波の講演録から成っており、「琉球人種論」「琉球史の趨勢」といった論題を、彼は沖縄民衆を啓発するためにしたためたのである。なお本書が第六章で見ていくような、伊波のキリスト教への傾倒や、社会運動（廃娼運動、禁酒運動など）への顕著な貢献が見られるのもこの明治末から大正期にかけてのことであった。

ところで柳田との関係であるが、両者が初めて顔を合わせたのは、本書が再三言及してきた『海南小記』の旅（一九二一〔大正一〇〕年）の際のことである。もっとも両名の交流はそれ以前より既に篤く、伊波が一九一二（明治四五）年に三部の『古琉球』を柳田に寄贈したことがきっかけとなっている。この『古琉球』を高く評価した柳田は激励の書状を返し、またその後の交流の中で伊波に「ユタが絶滅せぬ前に分かるだけユタの事を研究してくれ」との注文を出している（伊波 二〇〇〇〔一九一三〕：二〇八）。伊波はこうした期待に応えて民間巫女の研究に携わり、たとえばその後、『民族』に一九二七（昭和二）年に掲載された論考「をなり神」は柳田の「妹の力」の中で絶賛されている。一方、伊波の人生の上でも、来琉した柳田に『おもろさうし』校訂事業を託されたことは、彼が社会活動から身を引き、学問に注力する契機となった点で大きなターニングポイントであった。

さて本節が主に見てゆく「ユタの歴史的研究」は学術論文として書かれたものではなく、一九一三（大正二）年、伊波が一般大衆に向けてユタの歴史を語った際の講演録である。時期の上では『古琉球』の二年半後ということになる。ただこの講演の背景にはその年の年初に起きたユタによる騒擾事件があり、壇上の伊波に求められたのはその事件の解説であって、単純な学術講演会というわけではなかった。ここでの講演は直後から『琉球新報』に分割連載されるが、その際の文体も口語体を採っている。このように「ユタの歴史的研究」は社会問題への提言という文脈をもった論考であるが、学問的立場からユタに分析を加えたものとしては学史上、最も早いものであることは間違いない。

ところで騒擾事件と書いたが、この事件はむしろこの伊波の講演の存在のためにかねてより研究者には知られており、大橋英寿や塩月亮子が民間巫女に対する近代史上の弾圧の一幕として言及している他、川村邦光は事件の経緯も含めて考察の対象に取り上げている（大橋 一九九八、塩月・渋谷 一九九九、川村 二〇〇七）。この事件に関しては川村論文にも経緯が記されているが、ここでは改めてこのユタの騒擾事件というのがいかなるものであったのかを見ておきたい。端的にはこの事件とは一九一三（大正二）年の初春、ユタ数名が社会不安に呼応して神罰だと触れ回り、民衆を煽り立てつつ行政を批判した騒ぎを指している。ユタの騒ぎそのものは破壊活動を伴わない局所的なものであったが、「龍神が住処を荒らされたために怒っている」と集団で役場に乗りこみ、那覇市中の開発中止を訴えるなどの行動をとったために警察的対応を招くこととなった。一方でこの騒ぎは琉球新報・沖縄毎日新聞のメディア両社が競ってスキャンダルにし、ユタの吊るし上げに狂奔したために一般民衆の耳目を集め、当時の沖縄の社会問題として広く知られたのである〔16〕。その結果ユタらは捕縛されることになり、後ほど見るように裁判を戦って破れていく。伊波の講演会が開かれたのは、これが決着して間もなくのことであった。

一連の事件の引き金となったのは一九一三（大正二）年二月一一日、強風の夜に起きた那覇市内の大火であった。死者こそなかったものの全焼のみでも四一九戸に及ぶ被害が出ており、これはおよそ市域全体の約三パーセントに相当する〔17〕。ただこの大火がその後の騒擾事件へと繋がっていった背景には、さらに以前より蔓延していた社会不安があった。その一つは一月二〇日における那覇警察署、および倹徳館（当時の沖縄県会議事堂）への放火事件である。犯人は若い男性であったが、取り調べの結果、その動機は政治的確信犯ではなく精神を病んでの犯行と判断されている。これに続けて一月二三日には硫黄城《いおうぐすく》の崩落事件が起きる。硫黄城は琉球王国が清国への輸出品であった硫黄を貯蔵した洞穴であったが、崩落によって三名が生き埋めとなり、うち一名は即死している。二月一一日の大火とは、日程の上ではこれらに続けて起きた事件であった。更に大状況のうえでは、日露戦争後の慢性的疲弊が沖縄社会にものし掛かっていたうえ、前年七月の明治天皇崩御の記憶も新しい一方、大正天皇は事件の時点ではまだ即位していない。具体的にはどのようなニュアンスであったかは定かではないものの、ユタたちが皇室の事情にまで言及して社会不安を煽ったことは、二月二六日の『琉球新報』第三面に「恐れ多くも明治天皇の崩御にまで関係させて御託を並べるさうだが実に言語道断の限り」と非難する記述があることから見て取れる。騒擾事件が起きたのはこうした王権の空白期間のことであった。

事件の中心となったユタは名前を山川カマト（当時二〇歳）といい、その宗教体験は次のように記録されている〔18〕。いわく赤装束の「龍宮の神」と白装束の「火の神」が初めて彼女の枕元に立ったのは、大火の三日前のことであった。神々はそこで彼女に向かって、近年の開発が棲家たる祠や池を破壊し、祭祀を廃してしまったことに憤り、故に人々を懲らしめようと一連の事件を起こしたのだと語る。この語りかけは当初こそ、神からユタへの語りかけの形をとったが、火災が起きてから後は憑依形式へと進み、神自らが彼女の口を通じて語るようになる。この神の語りはたちまち反響を呼んで、その噂は大火後の那覇に広まっていった。臨時の斎場と化した山川カマトの自宅には人々が詰めかけ、神降った彼女は信奉者に「宛然神代の儀式の如く」手厚く遇されたという。こうした反響を受けて山川は、ほかに仲地カマト、粟国ウタという名のユタとともに活動を広げてゆき、神々の主張を人々へと語り続けた。『沖縄毎日新聞』は神々の主張を次のように書き取っている。

那覇区には十二カ所廃祀がある。まず泉崎には城獄地蔵堂ハンケの祠等で東には硫黄城薬師堂等其他七カ所ある。孰れも近来廃祀となつて祭を断ちたので憤懣一方ならず是非これ等の忘恩の人間共は懲らしめてやらねばならぬと一度ならず二度三度も其の験を見せたのが硫黄城の石坑壊事件、警察部の火事、今度の東の大火等であるがまだまだ感覚の鈍い人間共は乃公の意を悟らず何等謝罪報恩の事に及ばなんだのは怪しからん仕儀じやに依つてこゝにこの心の正しい娘の体を借り其の口をして汝ら愚なる者共に云い渡すことになつた。城獄の如きは何のざまだ樹木を切払つて赤禿となして霊地を荒らし所謂有志なる者が学校なぞ建て腐つたりしたではないか。ざまあ見ろ其の学校が役に立つたか、忽ちにして潰れてしまつた。地蔵も近来祭が疎くなつて当字民の敬神の念の乏しさを表はしている、ハンケの御獄は満草蓁々犬の糞累々たり実に怪しからぬ話だ。宜しく復旧して祭祀を復興すべし。然らざるに於ては泉崎に神触の祟りあらん。城獄もアレではいけない。樹をはやし旧面目に復せざるべからず。宜しいか硫黄城なんかもひどいぞ。道路開通なんかと生意気な企てしやがつて石穴を掘り散らし神霊の眼をくり抜くやうな所為ではないか。これも元のまゝに直すべし。其他の廃祀も復興せなければならぬ。其儀なきに於ては西東泉崎にまたまた火災の憂いあらん。次に東の市場の中央に二十年前までは池があつたがそれを埋めたのがそもそもの間違いだ。見ろ過日の火事でヤレ水の手が不便だの消防がいけないだの騒ぎ立つた処で始まらない。水の神には疾うに見放されていることを知らぬか。身から出た銹だ、馬鹿の知恵は後からと云いながら可笑しい。これも宜しく神命を畏みて以上のやうな池を掘つておくべし。しかして水の神に謝まらなければならぬ。
西東の人よ能く能く之を弁えよ

ユタに害意ある新聞社側の記述であるうえ、那覇の現地語で語っていた筈であるから、ここでの主張は悪辣な口調も含めて割り引いて考える必要がある。ただそれでも山川カマトの口を借りた神霊が学校建築や道路整備、池沼の埋立てといった那覇の近代化への叛意を並べていることは覆うべくもない。そしてかように開発に憤る神々の批判の矛先が、やがて行政に向かったことは自然な成り行きだった。火災から一週間と経っていない二月一七日、山川たちは連れだって区役所に現われ、上記の神の要求を是非とも通すべく「区長の御力にてよしなに謀ひ給はざれば那覇の一大事とならん」[19]と訴えている。役所側はこの訴えを冷笑的にあしらうも、ここでの騒ぎが重く見られたことが警察を動かすことになる。この日の午後に警察に呼び出された彼女たちは訊問を受け、今度は警官に対して前述の如き託宣を繰り返す。ただ警察にしてもユタたちの勢いを当初は持て余したようで、この日は注意を与えるのみにて帰宅させている。

一方でユタと行政の衝突に色めき立ったのは新聞社であった。その見出しは翌日以降「聞いて呆れる夢物語」[20]、「恥べき蛮的迷信」[21]等々と大々的に連ねられ、ユタを非難する舌鋒はひたすら過激化していく。他方のユタたちも活動を自粛しなかったことから、ついに三名が警察犯処罰令[22]によって逮捕され、二五日間の拘留を命じられたのは二月一九日のことであった。

だがここでユタたちは警察の処断に対し意外な反抗にでる。すなわち山川と共に謀ったユタ・仲地カマトを先頭に、正式な裁判に訴え出たのである。このことを『琉球新報』は「モグリ代言人の入知恵」〔23〕と悪し様に罵っているが、実際、彼女たちが何故裁判に訴えようとしたのかははっきりしていない。ただ少なくとも、当事者として自らの主張の正当性に確信があったからこそ、彼女たちが訴訟を選んだのは確かだろう。いずれにせよユタたちが抵抗を示したために、事件はさらに耳目を集めることとなり、開廷以降、今度は裁判所に傍聴希望者が詰めかける事態となる。

新聞に連載された傍聴記をみる限り、裁判は概ねユタの信徒に対する詐欺意思の有無を争点に進んでいる。つまりここで問われているのは、祭祀にあたってやりとりされた金銭取引の妥当性であり、逆に世間を騒がせたことや、まして彼女らがかざした反開発の主張などには触れられることのないまま裁判は進行していったのである。ところで記事によれば、この裁判は「通弁」を介して進行されたという。裁判が必然的に日本語＝ヤマトグチで行われたのに対し、ユタたちが扱いうるのは現地語＝ウチナーグチであった。このため時にやりとりは「此の問答は通弁が要領を得ざりし為、従て問と答えは当を失したり」〔24〕という事態にまで陥っている。こうした舞台で裁判は粛々と進行していったが、あくまでも彼女たちの実際の行為を注視し、法的合理性の枠内で責失をはかる司法に対して、宗教的確信に支えられた神霊の主張はどこまでもすれ違っていくことになる。新聞記事は彼女たちがやがて答弁に詰まり、涙ながらに害意のなかったことを訴え始めるさまを侮蔑的に描いているが、神託をかざして金銭を受けとってきたのが事実である以上、ユタたちにはその他の反論はなしえなかったであろう。判決は有罪であった。

川村邦光も言う通り、閉廷後もしばらく新聞各社はこの「ユタ裁判」の話題をひっぱりつづけ、それどころかこの件を越えて、ユタという存在そのものを指弾するキャンペーンに向かっていくことになる（川村 二〇〇七）。すなわち社説や読者投稿の欄を用いて、ユタという迷信に惑わされることの後進性や社会的な害毒を延々と説いたのである。そのかたわらで沖縄芸能界の反応は素早く、結審から一ヶ月を待たずして、那覇市内の劇場ではこの裁判を基にした演劇が上演され始める。この事件を含めて近代史上に現われるユタへの弾圧は、しばしば「ユタ征伐」と呼ばれているが、こうして一連の事件は征伐の物語として編集され、一個の「舞台の上の権力」として、近代国家の正しさを繰り返し再演していったのである。

2　世謡する主体

この一連の事件に対する伊波のコメントが講演録「ユタの歴史的研究」であるが、その主張はユタへの擁護と批判の半ばするものといえる。その構成であるが、まず伊波は事件について直接論じる方向には向かわない。そうではなく彼の講演は、表題にある通り、ユタの信仰の起源と歴史的展開を述べ、末尾に評論と今後の展望を付け加えるかたちで展開する。その内容は次のように要約できる。①琉球王国は宗教的権威に根拠づけられた祭政一致の国家として成立した。これは性的資質の差異にもとづく「男性＝政治」と「女性＝宗教」の分担によって構成されていた。他方でこの構造は民間でも共有されており、特に女性の宗教性への信仰は民衆レベルではユタの信仰として担われた。②薩摩藩の侵攻以降、主に武力が王権を裏づけるようになったことで宗教的権威の必要性が低下し、さらに清から儒教が導入されたことによって、宗教そのものが政治から排除される傾向が生じた。このため女性＝宗教は国家体制と溝を深めていく一方、民衆のユタ信仰も迷信として抑圧される思潮が興った。③度重なる規制にもかかわらずユタは滅びず、今日までも命脈を保っている。これは人間存在が本質的に宗教を必要とするためであり、このことは歴史が証明している。従ってただ否定するばかりではなく、抜本的な対策としては宗教の必要性を見据えた上での宗教政策をとるのでなくてはならない。

以上が伊波の主張の大要であるが、ここでの見解の骨子となる歴史像は、既にこれ以前に伊波が『古琉球』によって示していたものであり、ここで初めて公にされた考えではない。こうした歴史像の提示が一面で擁護だというのは、彼の主張がともかくもユタの信仰が存在することの「現実性」を強調するものであるためである。すなわち彼は講演をまず、ヘーゲルを引用し「「一切の現実なる者は悉く理に合せり」と申した通り、世の中に存在している事物には存在しているだけの理由がある」と述べるところから論を始めるのである（伊波 二〇〇〇〔一九一三〕：一九七）。つまりユタは何らかの「理」に根ざして現代の沖縄にあるのであって、その理なるものを解明することなくユタを批判しても問題の解決には繋がらない、というのが伊波の立場なのである。もちろん、こうした立場性とは社会問題としてのユタの活動を即座に肯定するものではない。だがその一方で「迷信」としてひたすら抑圧するだけの態度とも異なるものである。

ところで本書にとって興味深いのは、伊波がここで「宗教のない国民」はありえないとし、宗教とは「その心の深きところにおいて」人類普遍のものだと規定している点である。こうした宗教概念が現われてくる近代史過程は既に本書第二章で言及したとおりであるが、伊波普猷は一九一三（大正二）年において、改めて人間の普遍的資質として宗教を位置づける。これは彼が講演の冒頭で言及したヘーゲルのテーゼに通じる、宗教を「現実的なもの」として理解する立場だということが出来る。そしてこうした宗教観に基づいて、そこから「今度那覇の火災によって暴露されたところの沖縄婦人の迷信は、やがて人間に宗教心の存在することを証明するものであります」と語るのである（伊波 二〇〇〇〔一九一三〕：二三二）。

このように語る伊波がここで考えているのは、宗教的な欲求が現実的なものである以上、迷信に代わるべき信仰を婦人達に与え、それを満たすのでなければユタ問題の解決には繋がらない、ということである。このように伊波の主張における、人間に普遍的な宗教性を認めそれを満たすべき新たな信仰を与えることで迷信を排していく方向性とは、現実的な提言であるとともに論理としても筋が通っている。ただ本書の考えでは、ここでの伊波の主張はこれに留まるものではない。何となればこれだけのことを述べるだけならば、ユタの文化の歴史的遡行は必要ないからである。

実際、伊波の議論は上記のように「沖縄婦人に新たな信仰を与える」という指針を説いたあと、唐突にスピリチュアリズムや心霊研究の話に繋がってゆき、そのあとおもむろに講演が閉じられる展開をとる。彼がそこで語るのは、ユタが示すような心理学的現象が欧米にもみられ、かつ近年ではそれらが学術研究の対象として再評価されている、という事情である。こうした動向を紹介するにあたって伊波は、ルボンやロンブローゾ、ベルグソンといった人物を挙げ、「読心術であるとか透視すなわち千里眼とか降神術とか幽霊研究」などが心霊研究として西欧では真面目に考察されていることを強調するのである（伊波 二〇〇〇〔一九一三〕：一三三―一三五）。ここで伊波が紹介しているのは、今日の我々が近代スピリチュアリズムとして知るところの思潮であるが、これを彼は「物質万能主義の反動として起った新たなる霊の自覚」だとして肯定的に評価している。

こうした心霊研究への言及がただの最新思想の紹介だったならば、その位置づけはさほど難しくはない。だが驚くべきことに伊波はここで突然に「私は近来本県においてもこの霊の自覚が始まっているように思います。那覇の大火後は特にそういう感じがします」と口走る（伊波 二〇〇〇〔一九一三〕：一三五）。そして「この現象を教育家や宗教家は見逃してはならない」とし、そのまま講演を終えてしまうのである。

繰り返しとなるが、論旨の完結性においてユタ騒擾事件に対する伊波のコメントは「沖縄女性に新たな信仰を与える」という指針を示したことで十分に尽くされている。蛇足といえば言い過ぎだろうが、ここでの彼の議論にとって前振りもなく論及される近代スピリチュアリズムとの同時代性や、今まさに沖縄に「霊の自覚」が始まっているといった主張はいかにも唐突である。たとえばこのテクストの読解にあたった川村邦光も、この点に関しては当時の伊波のキリスト教への傾倒に言及し「その延長線上で」、民衆の「憑依信仰・シャーマニズムからスピリチュアリズムへと転回することを期待していたようである」と歯切れ悪い解釈を述べるに留まっている（川村 二〇〇七：六五）。

だが何故伊波は、同時代の沖縄に「霊の自覚」を感じ取ったのだろうか。このとき伊波が「那覇の大火後は特にそういう感じがします」と記していることから、彼にそうした印象を与えたのは正にこのユタ騒擾事件とその周辺でしかありえない。しかし沖縄の新聞各社が口汚く卑しめたユタたちの行動に伊波は何を見て取ったのだろうか。この問題を汲み取る上で、伊波が騒擾事件にコメントするにあたって歴史的遡行という方法を選び、ユタの存在の起源を問うていることに注目したい。伊波は歴史的遡行によってユタの起源を追求し、その文脈において神女の宗教的権威が古琉球の統治を支えたことを論じている。そしてその議論から伊波が神女の役割として強調するのは、その神託の機能である。すなわち伊波はこの神託が古琉球では「世謡《ユーウテー》」と知られていたとし、たとえば国王の選任が神女の世謡によって行われていたことを、史料を挙げつつ説いている（伊波 二〇〇〇〔一九一三〕：二一二―二一四）。つまりこのように王権の承認を宗教的権威がおこなう関係にあることによって伊波は、古琉球における祭政一致、あるいは宗教的権威の優越を説いたのである。

この世謡を伊波は次のように、すなわち「その社会の公然の秘密――雲のごとく煙のごとくたなびける社会情緒――を民衆が意識せざるに先だちあるいは意識していても発表し切れない時に、見識なり勇気ある人がこれを看破し表明することであります。もっと手短にいえば時代精神を具体化することであります」と規定している（伊波 二〇〇〇〔一九一三〕：二一三）。いわばこうした、民衆に潜勢する意識を言語に実質化し、あるいは相応しい王を選任する声をあげることを通じて民意を具体化することこそが、彼の理解する、神女の世謡の役割だったのである。そして伊波はこうした世謡を「選挙」になぞらえて説き、「今から見るとほとんど信ずることも出来ないほど妙なもの」であるかもしれないが、こうした世謡によって古琉球の政治体制が成り立った、という歴史の現実を述べるのである。

こうした伊波の巫女に対する考え方、特に「社会の先覚者」として「時代精神を具体化」する「見識なり勇気ある人」としての像を踏まえる時、ようやく何故彼がこの講演を「霊の自覚」の予感をもって閉じたのかが見えてくる。何となればここで大火に「何か」を感じとった沖縄民衆とともに、ユタたちが起こした騒擾事件とは一面において正に「世謡」に他ならなかった。既に述べたように日露戦争後の慢性的不況は紛れもなく、天皇の座は空白であり、神経を病んだ青年が議場に放火し、旧琉球王国の施設は崩落を起こし、その中で大火が町を焼いたのである。結局ユタたちが人心を摑みえたのは、そこにあった「雲のごとく煙のごとくたなびける社会情緒」に宗教運動の形式を与え得たからこそであった。しかもここでユタたちが為したこととは、それだけではない。

先ほど長文で引用したように巫者を襲った神々が語ったのは、開発と近代化への不満であった。実際に槍玉に挙げられたのは学校建設や道路整備といった事業であり、それらが森を切り池を埋めたことに関して、神々は人間への怒りを表明する。これに動かされて、ユタたちは役場にまで談判に赴いて政策の修正を訴え、警察に捕えられると今度は法廷で争う姿勢まで見せたのである。既に見た通り、近代的な法制度はこうした一連のユタの行動を冷笑的にあしらい、結局は挫折させていくのだが、両者に圧倒的に非対称な力関係がある以上、そうした帰結は本質的ではない。要するにここにおけるユタの行動には、たとえそれが宗教的信念に基づくものであったのであれ、自分の意見をもち、現実の政治過程に参画していく意思を持ったいわゆる近代的主体との親和性、ないしは萌芽が見出されるのである。もちろんこうしたユタの行動をそのまま、近代市民の政治参加として理解するとしたらそれは飛躍であろう。しかしながら開発人類学が指摘しているように、近代的な開発事業は科学という抽象的な合理性を絶対視するために、時として現地のコンテクストにそぐわない不合理な開発を強行することがある（Scott 1998）。言い換えれば近代化は常に合理的に進行するわけではなく、個別地域レベルではむしろ現地人のやり方、考え方のほうが合理的であることは珍しくないのである。こうしたローカルな合理性、あるいは現地のコンテクストに基づいた市民運動といった考え方は、かえって今日でこそアクチュアルだといって良い。

このことを踏まえるに、騒擾事件のユタたちは那覇の大火に際して消火用水が不足したことを論い、開発が池を埋め立てたからだと批判していることは注目されよう。その主張が果たしてどの程度合理的であったかは今となっては分からないとはいえ、現地人のコンテクストから行政の失策を衝いたものとして理解することは読み込みすぎではない筈である。伊波はユタたちに、来るべき近代的市民の萌芽を見たのである。

3　啓蒙と巫女

伊波普猷がこの時期、社会運動に携わる啓蒙家であったことは本節の冒頭に述べたとおりである。本書の考えでは、こうした社会運動家としての伊波がユタ騒擾事件にみたのは、一面では沖縄の後進性であるとともに、他方では蒙昧な女性達に潜勢するポテンシャルであった。歴史家としての彼にとって、古琉球の女性達が王国の統治に深く関与していたことは明らかであり、確かに近世以降は統治から排除されていったとはいえ、その力はユタとユタを支持する民衆のかたちで、沖縄社会の中に深く根を張っていたのである。

こうした沖縄民衆を啓蒙するにあたって、伊波が基本的な指針としたのは、何らかの宗教や思想に触れることを通じて潜勢力を現実化していく方向性であった。このことは女性たちに宗教を与えることで迷信を乗り越えようとした前述の彼の提言に繋がってくるが、伊波は民衆に潜勢する宗教心をそのままにするのではなく、たとえば仏教やキリスト教、陽明学や自然主義といった新思想に触れることで開花させていく可能性を考えていたのである（伊波 一九九八〔一九〇九〕：三〇〇）。こうしたいわば資質と触媒の関係とは、当時の優生学思想のスキームである「混血をつうじた種の強靱化」のモデルをメタファとするものであるが、伊波は沖縄人の高い資質を信頼し、それを正しく媒介することさえ出来れば潜勢する力を開花させられると説き続けたのである。従って伊波において啓蒙とは一つの考え方を押しつけることではなく、蒙昧な民衆のうちにある力を公の場へと繋げること、つまり民衆が自らの意見をもって主体的に社会改革に参与していく、その筋道をつけることに他ならなかった。

こうした考え方はその同時代における大正デモクラシー運動、すなわち一般民衆の有権者としての政治参加を要求した運動と響き合っている。以上のような、沖縄民衆の啓蒙の具体的現場に立つ伊波が、学問に支えられつつ至った思想と、柳田の「巫女考」の文脈に関しては改めて後述する。ここではさしあたり、「巫女考」の書かれる一九一三（大正二）年の前後に、巫女の研究ということがすぐれて実際的な社会思想でありうる文脈が存在していたことを指摘するに留めたい。むしろここで強調しておきたいのは、大正初頭にあらわれた巫女の、わけても「託宣」に割いた問題意識はここに一時的なものに留まり、この後急速に柳田と伊波から薄れていくという事実である。

これまで見てきたように伊波の議論は世謡を軸に展開されており、ここで託宣の技能は巫女を理解する上で本質的なものとして扱われている。しかしながらこの後、伊波普猷が書くことになる「をなり神」ではこの託宣の問題は後景化し、論点は女性の「霊力」の問題に移っている。こうした軸足の移動がより顕著なのは柳田国男であり、「巫女考」でははっきりと言及されていた託宣の能力がその後、続編として書きつがれた「妹の力」収録の論考では曖昧になり、むしろ神に奉仕する者としての女性の力や、さらには主婦の先祖祭祀への関与といったトピックへと論点がずれていくのである。こうした「託宣」から「霊力」への力点の移行は何を意味するものであろうか。

四　佐喜眞興英――統治を可能にする力

1　『女人政治考』の問い

このことを考える上で、本節でみる佐喜眞興英（一八九三～一九二五）の『女人政治考』は特徴的なテクストといえる（佐喜眞 一九二六）。佐喜眞は沖縄・宜野湾出身の法学者で、東京帝国大学で穂積陳重に師事してドイツ法学を学んだ後、裁判官として務めるかたわらで民俗文化に関する事例報告と理論的分析の論文を執筆した研究者である［25］。

彼が当初、研究成果を寄稿していたのは喜田貞吉を主筆とする『民族と歴史』誌（一九一九〜一九二三）であり、同誌には「琉球の左を尊ぶ風習について」（一九二〇）、「琉球の珍書「時双紙」」（一九二二）などの論考を掲載している。当時の佐喜眞はまだ二〇代ながら才気煥発であり、葬墓制の日琉比較や、沖縄における部落差別の消長といったテーマに次々に見解を述べ、喜田を含む論敵にも怯まずに紙上論争を挑むなど、早くからその頭角を現わしていた。一方で柳田が佐喜眞を知ったのは彼の『海南小記』の旅の際であることから、それ以前の事業に属する『郷土研究』に佐喜眞の寄稿はない。ただ『炉辺叢書』には宜野湾周辺の口頭伝承を採録した『南島説話』（一九二二）と、同じく宜野湾・新城村の社会伝承を記録した『シマの話』（一九二五）の二著が佐喜眞の手になるものとして収録されている。

国連委員を辞した柳田は一九二五（大正一四）年に、岡正雄とともに学術誌『民族』を創刊する。この『民族』は学史の上で民族学・民俗学が分かれる前の雑誌であり、事例報告と理論的分析の両面にわたって論考が採録されている。沖縄関係のものとしては先ほど触れた伊波普猷の「をなり神」が有名である他、比嘉春潮や宮良當壮、ニコライ・ネフスキーらの寄稿者の名前が見える。ここに『女人政治考』のエッセンスというべき佐喜眞の論考「古琉球の女人政治」が掲載されたのは一九二六（大正一五）年のことである。ただしこのとき既に佐喜眞は亡く、その翌々号に掲載された松本芳夫（古代史）と瀧川政次郎（法学）連名の解題論文「佐喜眞興英氏の「女人政治考」を読む」は著者への追悼を兼ねたものであった（松本・瀧川 一九二六）。柳田が手ずから序文を寄せた『女人政治考』が岡書院から刊行されるのは、この年の六月のことである。まだ三〇代前半での病没であり、柳田は佐喜眞を後々まで惜しんでいる。

『女人政治考』を特徴づけるのは理論への強い志向性である。すなわち同書は沖縄の事例を扱ってはいるものの、沖縄文化の分析自体はあくまで副次的な主題にすぎず、主たる目的は霊的な力に基づいた政治的統治の仕組みの解明に据えられている。つまり佐喜眞の言に従えば、『女人政治考』の目的は人類社会の最も原初的な統治体制として想像されるところの「女治」、すなわち「女性の magico-religious の能力に基く、女性政治」の存在を証明するところにある〈佐喜眞 一九二六：三〉。このため同書は「人類原始規範の研究」という大きな副題を掲げており、日本文化に留まらない人類文化の普遍的法則性をにらんだ、スケールの大きな議論を展開することになる。

ただしこうした理論、特に女性の霊的統治という考え方は佐喜眞の独創ではなく、当時極めて大きな影響力のあったバッハオーフェンやモーガンの女系社会論から得られている。よく知られているように柳田が西欧からの理論の輸入に否定的であったことから、このように理論を強く志向した研究は、日本民俗学史にほとんど類例がない。逆にいえば佐喜眞のこうした研究が容れられた背景には、一九二〇年代における民俗学と民族学の未分化という状況性が挙げられる[26]。本章の冒頭でも触れたように、一九三〇年代に入ると民俗学は民族学と決別する姿勢を強め、岡正雄らは柳田の下から去っていくことになる。佐喜眞が生きたのはその前の時期に相当し、『女人政治考』の理論志向性はこうした学史上の時代性を負ったものと言えよう。

さて、佐喜眞が当時最先端の民族学理論に従いつつ、世界各地の民族誌とともに参照するのが、日本古代王権と琉球王国の事例である[27]。特に佐喜眞は琉球王国の統治体制をまさにこの女治の典型例と目して、次のように記述している。

> 古琉球に於て女君が主権の基調をなし霊法の淵源となり、其の下に女治官があつて霊法を執行し、違反者あれば自ら先頭に立つて之に懲罰を加へた。男性の王官吏があつて国政に与ることはあれども、女君女治官は是等に対して古に遡れば遡る程優秀な地位を占めて居た。而して女治権の基く所は徹頭徹尾彼女等の magico-religious の思想であつた。
>
> 〈佐喜眞 一九二六：六二〉

先ほど伊波もそのことを論じていたように、琉球王国は聞得大君を頂点とする女性神役の組織を政治体制に組みこんだ祭政一致体制を採っており、職分の上で「男性＝世俗的統治」と「女性＝宗教的統治」を分担する二重構造をなしていた（後田多 二〇〇九）。佐喜眞がここで問題とするのはその統治権力の理論、そして起源である。既に右の引用文に見えるように佐喜眞はこうした権力の二重構造に関して、女性霊力への信仰を人類普遍かつ原初的な観念とみなす立場によって、女性による宗教的統治が歴史上、先行したものと想像する。そしてこうした歴史像のもと、佐喜眞は同時代の民俗信仰や特に宗教的禁忌、歴史史料の記述等々を縦横に引用しつつ、女性霊力の観念がいかに権力として機能し、民衆支配を正当化し、かつその力が女性の間で継承されてきたのかといった問題を検証していくのである。更にそこから得られた知見は日本古代史の、卑弥呼による邪馬台国の統治へと敷衍される。またそこから再び沖縄に折り返すことで、佐喜眞の「女治」の普遍性という仮説の妥当性が確かめられていく展開をとるのである。

2 「力」の発見

こうした佐喜眞の議論を今日の視点から位置づけるとすれば、近代民族学の学説を古代日本と琉球王国に適用したもの、ということになるだろう。しかしながら本書がこれまでに見てきたことに照らすと、ここには幾つかの重要な問題が見出されてくる。まず第一に、これまでにも繰り返し述べてきたように、「宗教」という概念は明治三〇年代を画期として、人類が普遍的に具えた宗教性や宗教的心性を指すものへと語のイメージを変えたということがある。そして南西諸島の民俗信仰はこうした知の変容の中で対象化されてきたものであることも、既に述べた通りである。このとき佐喜眞の『女人政治考』における叙述もまた magico-religious という表現に典型的であるように、宗教を人類に普遍的なものとして捉える点で、新たな宗教概念に負っている。その上で佐喜眞の議論を特徴づけるのは、彼が宗教を、民衆を統治する政治的権力と結びつけて記述する点である。というより同書は magico-religious な女性霊力を、政治権力の原初的形態として見出している。いわば『女人政治考』において宗教とは政治権力とほぼ同義なのである。

こうした政治権力と宗教の結びつきという見識は、今日の政治人類学や民族学の理論に照らせば珍しいものではない。また大正時代という文脈に置いたとしても、一見すると伊波普猷の説いた古琉球の政治体制に関する歴史像と大差ないように見える。しかしながら佐喜眞と伊波を大きく区別するのは、佐喜眞が「託宣」を主としてではなく、あくまでも副次的なトピックとして位置づけている点である。先ほど見たように伊波普猷の巫女論は、託宣の機能に力点を置いており、巫女の世謡が政治を方向づけることをもって宗教と政治を結びつけていた。一方で佐喜眞の議論が向かうのはこうした託宣の機能的理解ではなく、託宣を可能にする背景としての宗教的観念、いわば「力」の問題なのである。

そもそも巫女の託宣が人々を従わせる力をもつのは何故であるのか、という問題に関して、先般引用したテクストの段階では伊波は、歴史の中の琉球王国の文化が「ただそういうものであった」ことを述べているに過ぎない。だがこれに対して佐喜眞は、この巫女の力がいかに発生し、維持・継承されるのかという問いに向かったのである。この点で佐喜眞の議論は伊波のそれより根本的な志向性を持つものであった。本書の理解では、こうした巫女の力の問題を佐喜眞は三つの論理的な積み上げから論じている。第一に、①古代において女系＝母系の血統的系譜関係が出現したことと、それに基づいて蓋然的に現われる女性による支配の発生ということである。佐喜眞は女治ということを、たとえば託宣を通じた一時的な民衆扇動の問題としてではなく、権力者と民衆の間の継続的な支配関係として理解する。というより王権なるものが本来的にそうした継続性を前提にする以上、女性の権力が問われる場合においても、それは超世代的な継承秩序のなかで正当化されるのでなくてはならない。このとき佐喜眞は主にバッハオーフェンやモーガンの「母系出自親族の歴史的先行」という仮説に従い、女性の系譜的連続性に基づいた社会が最初に現われたものと見做す。そしてこうした女系社会の下で、身体能力的にしばしば劣位にある女性たちの統治を正当化する思想として、女性の霊力という観念が現われると見るのである。②その次に起こる事態とはそうした霊力を太陽や月、火や水といった自然のシンボルと結びつけ、神話化することである。こうした神話化の手続きは琉球の場合、『おもろさうし』にまとめられる種々の「おもろ」に具体的に現われることになるが、こうした段階を踏むことで王権は象徴的に正当化され裏づけられると同時に、霊力の観念そのものが抽象から具体に肉付けされていくことになる。そして③こうして具体化された霊力＝宗教的権力は「前時代の心理」に従って、霊力を発現し管理するルールとしての儀礼とタブーの体系を組織していくことになる。この中で組織化された儀式やタブーは、国家儀礼や祭司王の果たすべき作法となり、王権を正当化する国家祭祀に成長していくのである。

　以上、佐喜眞の議論は多くのトピックと海外の民族誌を含むものであり、ここでの整理はあくまでもその宗教的王権論のアウトラインに過ぎない。また彼の議論が学術的に妥当なものであるかということも、ここではひとまず保留する[28]。とにかくここで注目したいのは、佐喜眞の『女人政治考』が巫女研究を霊力の正当化とその保持の問題へとずらしたという事実である。本章がこれまで見てきた二つのテクストにおいて、霊力の問題への言及はごく限定的なものであった。たとえば「巫女考」は、歩き巫女が民衆に対する信仰を集めていることを述べるにしても、それが人々に信仰を喚起せしめる力に関しては一切考察を与えていない。また、この時点の柳田にはまだ女性によって継承される文化という考えが欠如していたためであろうが[29]、巫女の力は世襲による系譜的継承が不可能なものとして論じられているのである（柳田 一九六九〔一九一三～一九一四〕：三〇〇）。一方、伊波のテクストを見ても、『古琉球』にはその全体を通じて霊力の解明なり、それを正当化する観念の解明にあたった記述はない。前掲の「ユタの歴史的研究」も講演の冒頭近くで「女子は一種不思議な力を有《も》っているものと考えられ、女子は予言する力を有っていて神によって一種不思議な力を与えられているという考えを有っておりました」（ルビ伊波）というトートロジーのような曖味な定義を示すのみで、そのまま託宣に関する議論に進んでしまっているのである（伊波 二〇〇〇〔一九一三〕：二〇二）。

一般に佐喜眞の『女人政治考』の学史上の画期性はほとんど認知されていない。というより沖縄研究の文脈では半ば忘れられた著作の地位に甘んじているというべきだろう。しかしながら上記のような事情によって同書は、日本民俗学史の上で、巫女の信仰の研究を託宣から霊力の問題へと移したターニングポイントとして位置づけることが出来る。そして実際に、たとえばその後の柳田の巫女論が「妹の力」と題され、霊力を含めた文字通り女性の「力」を問うた論集となったことや、同じく伊波の「をなり神」〔30〕が女性霊力の体現をしたオナリ神信仰の議論をしているように、巫女研究はここで転機を迎えるのである。

もちろんこうした佐喜眞の画期性とは正確にいえば彼個人というより、佐喜眞がその議論において大いに依拠したフレイザー学説の影響から理解されるべきであろう。すなわち王の力の維持・管理と継承や、そのための儀礼・タブーといった問題意識は、既にフレイザーの『金枝篇』がことごとく説いたものなのである。ただいずれにせよここでは本書の趣旨に従い、そうした学史上のプライオリティをめぐる事情よりも、こうした研究の蓄積がいかなる帰結をもたらしたのかということを考えてゆきたい。

3　常民と規範

佐喜眞の『女人政治考』の刊行は一九二六（大正一五）年のことであり、柳田の「巫女考」の連載と伊波の講演が共に一九一三（大正二）年であったことを鑑みるに、その研究史は大正時代を間に挟みつつ、日本民俗学の確立が果たされる昭和初頭に先行したということができる。そしてこの一連の巫女研究の連なりの帰結としてここに生成された民俗信仰研究には、以下の特徴が指摘される。

第一には佐喜眞あるいはフレイザーを経たことで、民俗信仰研究のウェイトが特殊な人々の心理現象から普通の人々の文化へと移った、ということである。柳田や伊波が民間巫女の研究に着手した時、民俗信仰の領域は、それ自体は人間に普遍的な宗教性に根ざすものとして捉えられつつも、依然それはあくまでも「宗教」として、非日常的で特異な営みとして対象化された。だからこそ信仰研究は託宣する巫女の研究から始まることとなったのであり、イタコへの信仰や地域共同体へと漂泊してくる民間巫女といったトピックが論じられていたのである。だがこれに対して佐喜眞の枠組みは、そうした巫女の信仰が託宣や祭祀のかたちで現われるような限定された場面ではなく、祭祀が人々に説得的なものとして受けとられる論理や背景を問題にするものであった。このときその論理や背景にあたるのが、つまりは巫女の力＝霊力という要素である。この霊力への問いは、託宣という一回的な出来事を見ることによっては論じえず、より広い文化の文脈に置くことでのみ解明しうる。すなわちここにおいて民俗信仰研究の問いは、霊力の継承を正当化する系譜的な論理や、象徴と物語による説明の付与といった、むしろ巫女を崇拝する人々の日常に属する文化の領域を問題にするに至ったのである。

このことをもって昭和初期に像を結ぶ民俗学の民俗信仰論は、巫女の託宣のような特異な営みから初めて離脱し、むしろ普通の人々の日常的な営みに注目する方向に向かう。この移行が表面上では、従来の学史認識が反復してきた「研究対象が特殊民から常民に移った」という変節を描いたのである。だがこの変節なるものの本質とは、本書の考えでは、あくまでも民俗信仰論の思考が深化した結果、「信仰」を把捉する枠組みが変化したことの帰結である。

その際、こうした普通の人々の文化へと議論のウェイトを移行させるブリッジとなったのが「政治」という視点であった。何となれば、明治三〇年代以前の宗教概念はキリスト教を範とし、自覚的な信仰と、教義・教団という明確な外形において、それが宗教たることを定義していた。しかしながらこうした根拠をもたない民俗信仰は、それのみによって客観的に取り出すことは難しい。このとき民間巫女とは特定の宗教者に還元しうることによって対象化できる存在であったために早くから研究の対象となったが、逆にいえばその枠を出ることは難しくもあった。

だがそれに対して「政治」という視点を持ち込み、人間の共同体の秩序に関わるものとして対象化するのであれば、そうした特定宗教者に還元せずとも「宗教的なるもの」を浮かび上がらせることができる。それが本書が先ほどから言及してきた、力をめぐる象徴や物語であり、力の系譜的な継承の論理といった領域である。そうした力は共同体の運営＝政治を支える論理である一方、普段は表面化せずに一種の価値観や常識として、人々の日常世界の中に織り込まれて潜勢し続ける。このためそれらの存在は研究者にとって一目瞭然というわけではないが、実際にイエやムラがそこに存在し人々が共同生活を営んでいるという事実を出発点にする限り、そこに何らかの秩序をもたらす「力」が存在することは疑いなく、故にその析出を目指す過程で民俗信仰の存在が仮定され、対象化されていくことになる。いわば政治という視点を持ちこむことで、何らかの秩序化の力がそこにあることが見出され、その力としての民俗信仰が民俗学者の目に見えるようになってくるのである。

ただし特に第二章にみた田代安定の叙述に見出されるように、宗教の社会規範性という考え方そのものは既に明治三〇年以前から存在していたことも事実である。つまり宗教が一個の規範として人々に働きかけ、社会秩序を維持する力として捉える考え方自体はさほど画期的なものではないのである。その上で注意する必要があるのは、たとえば田代の言説が依拠するその論理とは、近世以来の教養に属する儒教道徳に由来する宗教観であり、このために前近代的な性質を持っている点である。

この前近代性ということは、その論理がスケールによる変質を伴わないことに端的に見出される。というのも、本書第二章の引用部において田代は、八重山の民俗信仰を擁護するにあたり「神ヲ以テ島政ノ基礎トナシ治家ノ要素ト為シ修身ノ指針ト為ス」と述べていた（田代 一八九四：二三〇―二三二）。ここで注目する必要があるのは、「島政」「治家」「修身」というそれぞれはスケールの異なる規範が、一律の基準として理解されていることである。すなわち田代は、八重山の民俗信仰を個人のスケールでも島のスケールでも等しく規範として働くものとして擁護しているのである。これが意味するのは、田代が語る宗教概念には「部分における規範性」と「全体における規範性」の一致が含意されているということである。つまりちょうど儒教がそうであるように、ここで前提に置かれているのは、社会秩序を勤勉・礼節などの個々人の道徳的ふるまいの総和として理解する宗教観である。だが佐喜眞の議論が見出すのはこうした論理ではない。

『女人政治考』が見出したのは、女性の霊力への信仰という原始的な観念が、琉球王国の統治という全体的秩序を可能にしたという考え方であった。ただしここでいう女性霊力とはそれ自体、つまりそれを信仰する個々人のスケールでは、特に社会秩序を志向するようなものではない。個々の古琉球の民衆が依拠するレベルにおける女性霊力とは、あくまでも一種の「迷信」に過ぎず、それ自体は不合理で無益な信念に他ならないのである。しかしながらこの霊力への信仰によって人々が巫女の託宣に従い、その指し示す通りに行動するとき、その結果として社会は全体としてまとまり、秩序だったものとして現われることになる。すなわち個々の不合理が、全体では合理的な結果を導くのである。こうした宗教と社会の間に一種の背理の関係を持つという点で、ここでの佐喜眞の議論は明治三〇年代以前の宗教観より大きく隔たっている。

こうした部分的な不合理が全体における合理的な結果を生じる例として、『女人政治考』には久高島の「イザイ法」の叙述がある。佐喜眞の知識ではイザイ法とは女性の「不貞を判ずる方法」であり、疑わしい者に神橋を渡す試練を課すことによって、不貞を犯した者は神に殺されてしまう、とする宗教的観念に照らした判定法である。佐喜眞はこれについて「今日理智化された吾々の頭では如何にも不完全な裁判で常に厚顔者は勝利を得るだらうと予想するけれども、信神の厚い久高島では神罰を恐るゝこと甚だしい為め、此の神判法は布目よりも細い法網を有する文明国の裁判よりもはるかに優れた正確さを保ちつつあるとのことである」とし、個別的に不合理な信仰が存在することが、かえって社会秩序の維持を可能にすることを示唆するのである（佐喜眞 一九二六：六〇）。このような不合理なものの合理への転化という理解は、佐喜眞自身も引用する当時の民族学、わけてもフレイザーの影響が顕著である。たとえばフレイザーは一九〇九（明治四二）年にイギリスで初版が出版され、後に『サイキス・タスク』の邦題で訳される著作で次のように述べる。

私がこれから取扱ふ諸制度は、みな現在の文化的社会にまで残存し、確かに実質的・根本的な理論によつて擁護せられてはゐるけれども、蛮人の間ではもとよりのこと、既に野蛮の域を脱した諸民族の間に於てすら、今日我々が遠慮なく迷信であるとか背理であるとか酷評する俗信によつて、その権威の大部分を保つてゐたことは明らかである。

（フレイザー　一九三九〔一九二〇〕：一二）

このように一見不合理な迷信や背理こそが、むしろ社会制度の維持を可能にするという着想は、ほぼ時代を同じくするフランス社会学や機能主義人類学の重要なモチーフである。その意味で佐喜眞の議論は、当時世界的に最先端であった人類学理論の枠組みを沖縄に適用した分析であったのである。そしてこうした民俗信仰の捉え方は、一九三〇年前後に日本民俗学が確立するに及んで、固有信仰論へと流れ込んでいくことになる。

五　帰結――民俗信仰論の生成と陥穽

1　ルーラル・エコノミー論争

本章を閉じるにあたり、柳田国男と南方熊楠の間で争われた、いわゆるルーラル・エコノミー論争に触れておくことは有益だろう。この論争とは両者が『郷土研究』の編集方針を巡って誌上で争った一件を指し、二人が決別した契機として学史上に知られている。周知のように南方は柳田の最初期の同志であり、一九一〇（明治四三）年に知己を得た後、神社合祀政策への抗議では協調するとともに、柳田はフレイザーの著作を教示されるなど大きな影響を受けている（佐伯 一九八八）。この論争における南方側の論点は多岐にわたるが、その骨子は原稿採否や紙面配分などにおいて『郷土研究』誌に特権的に関わる柳田に編集意図を問い質すことであった。ここで南方からはたとえば「猥褻」なトピックの看過が批判されるとともに、雑誌のキーワードに「ルーラル・エコノミー」を据えているにもかかわらず「地方経済」「地方慣行」に関する論考を欠くことへの苦言が呈される。その際、特に具体的な批判の対象として「巫女考」が挙げられ、南方は「要はこれが郷土研究なのか」と柳田に問いかけるのである。これに対して柳田はルーラル・エコノミーという言葉は「農村生活誌」を意図していたのだと述べ、彼の見解としてはむしろ「巫女考」こそが郷土研究なのであると応答している。これが強弁ならざる柳田の本意だっただろうことは、批判の下でも「巫女考」の続編である「毛坊主考」の連載をやめていないことからも察せられる。

二人の論争は伝記的にも興味をひくトピックであることから、すでに多くの評論をみることができる。たとえば両者の学問的資質の差異を論争の原因とした米山俊直の見解は規範的なものといえようし、同様に宮田登は「南方の国際的視座」と「柳田の国内主義的姿勢」の差異からこれを説明しようとしている（米山 一九九五、宮田 一九七五）。一方で特にこの論争の中で柳田が初めて「農村生活誌」という言葉を口にすることに注目し、柳田が南方との議論を戦わせる過程で民俗学構想を固めていったとする赤坂憲雄の仮説は、一つの学史像として興味深くはあるものの、論拠に乏しいことは否めない（赤坂 二〇〇二）。いずれにせよ彼らの分析に概ね共通するのは資質・姿勢という根本的差異に衝突の原因を求める傾向であり、これは両者の見解が並行線を辿ったことを反映している。

ところで本書はこれまで見てきたとおり「巫女考」を大正デモクラシー運動に並行する思想とみなし、後の「よき選挙民」を作り出す学問運動としての民俗学の前史に位置づける見解をとる。そしてこのような見方をとる時、実学的な指針を掲げた筈の『郷土研究』に「巫女考」を連載したことの、柳田自身における思想的な整合性を認めうることは既に述べてきた通りである。更に言えばこうしたデモクラシー運動に併走するものとしての巫女論の構想とは、同時代に沖縄社会のユタ問題に向き合っていた伊波普猷の存在があったことを踏まえたとき、決して夢想的なものでもなかった。ただ一つだけ、このように構想された問題意識は基本的に純粋に学問を志す南方熊楠には届くものではなかったのである。

この点に関係して、中沢新一が両者の思考のズレについて述べた整理は示唆的である。すなわち中沢は両者の対立を、柳田の「文学」と南方の「科学」という指向性の違いに基づくものとして整理し、柳田の文学的な民俗学を規定しているのはロマン主義の思考であり、そこに南方は違和感をもっていたと分析する。というのも中沢の表現によれば「ロマン派は、現実的なものはすべて理性的である、と考えることによって、「理性」の概念を拡大しようとした」といい、この立場性によってロマン派は「どんなにささいな常民の現実にも、何がしかの意味がある、と言って拾い上げようとした」とその枠組みを把握する（中沢 二〇〇六〔一九九二〕：二一二—二一三）。民俗を思考の対象としてすくい上げる構えとは民俗学の前提であり、この点までは柳田と南方に見解の相違はない。ただ中沢によれば柳田には上記のようなロマン主義的な傾向があり、ありとあらゆる断片を有意味なものとして見ようとし、人々の生活の中にある事象をことごとく有機的全体のうちに位置づけずにはいられなかったとする。そしてそうした思考様式を南方は「科学」ではなく「文学」であると理解していたため、柳田に反発したというのである。

こうした理解はこれまで民俗信仰論の生成過程を追ってきた本書にとって興味深いものを持っている。というのもこのロマン主義的な傾向の限界ということとは、柳田の民俗信仰論が出発点とするとともに、やがて行き当たることになる壁を予見するものであるからである。そもそもここに中沢がロマン派のスローガンとして挙げた「現実的なものは理性的である」というヘーゲルのテーゼを、本書はすでに伊波普猷の講演において見ている。すなわち伊波は、そうした現実性においてユタを捉え、その枠組みから巫女の託宣の存在することの意味を汲み上げようとしたのである。この点で中沢のいうロマン主義は、伊波の沖縄民衆に対する啓蒙の構想において大きな意味を持つものであった。だがこうして「意味あるもの」として信仰を発見していったことは、それが後に社会秩序に結びつけられていったとき致命的な帰結を迎えることになる。それはすなわち全面的な政治化ということである。

2　国家の秩序と「宗教」

第二章の末尾でみたように、民俗信仰は明治三〇年代を画期に「宗教」としての性質を認められ始め、さしあたり信教の自由の範囲において、個々人の裁量において担うことが可能なものとなった。本書はこのことを一面では、それまでの「迷信」としての排斥の終わりを意味するものとして評価するかたわら、他方で民俗信仰の全体性を損なうことでもあったとした。これは宗教学のいう世俗化の過程の一幕ということも出来ようが、いずれにせよこうした私的な「宗教」へのイメージの変化を受け入れることで、民俗信仰は世俗国家としての近代日本のうちに命脈を保ちえたのである。

ただしこうして確保された民俗信仰の地位は、それは「宗教」であるが「宗教」でない、とする曖昧さをはらんでいた。基本的に明確な教義や教団を持たず、ビリーフ、すなわち自覚的な信仰を要求しない民俗信仰は、宗教的なものであるにしても、キリスト教のような宗教とは異なっている。こうした曖昧さは、序章でも言及した阿満利麿の「日本人が信仰するのは自然宗教なのだ」といったいわゆる「無宗教」の日本人の議論の前提でもある(阿満　一九九六)。特にこうした曖昧さは、特定教団に属することの忌避感情と、生まれながらに担う「自然な」信仰の妥当性を正当化するものであった。だがこうした民俗信仰は、それゆえにその定義の上で外縁をもたない。このことが意味するのは、すなわちその論理の上で、生活世界のありとあらゆる要素が「宗教」的なものと見做され、把握される可能性が排除出来ないということである。特にロマン派の思考には本質的にそうした意味の肥大に向かうベクトルが含まれていた。こうしてこの後、教団・教義、自覚的信仰をもたない「無宗教」の人々の生活のうちに、宗教の存在が次々と見出されてくることになる。いわば無宗教という表象のうちに、宗教という中身が充塡されるのである。

　前述した「政治」ということが挟まってくるのはこの文脈である。というのも、このように外縁を持たない民俗信仰はそれ自体で対象化することが出来ず、社会が存在しそこに秩序があることから逆照射されることによってのみ、その存在を浮かび上がらせることができる。その一方で新たに発生した「宗教」イメージは、たとえ自覚的な宗教心がなくとも、我々自身は生まれつき「宗教」を有する、とする。

　これらの論理がやがて行き当たるのは、「宗教」と国家体制の拭いがたい結託である。何となれば日本人の「宗教心」は、このような「宗教」イメージにおいていつしか、国家体制という秩序ある全体との相関の下で見出されるものに転じているからだ。つまり我々はその心の内に生まれつき「宗教」を持っている。そしてその宗教心は、場合によっては不合理で、民俗信仰のような迷信じみたかたちをとることもある。しかし柳田がまさにそれらをすくい上げたように、それらは価値があるのだ。何故ならそれらの信仰は、我々自身の社会を作り出す力として、たとえそれ自体は馬鹿馬鹿しいものに見えたとしても、究極的には秩序を生産しているからだ。だがこの論理は、民俗信仰の価値を「迷信」として貶めることをしない代わりに、人々の信仰が秩序に奉仕するものであることを期待する。あるいはそのような秩序へと奉仕し、国家体制にいつかは貢献するものとしての期待の下で、人々の「宗教」は見出される。この点において、「宗教」は「政治」の一部となる。

　さて、柳田の民俗信仰論は、一九三〇年に前後する「民俗学の確立」を経て、固有信仰論に向かう。柳田の学問の政治性は繰り返し批判されてきたところであるが、本書の考えでは固有信仰論の政治性とはそれが常民中心であるとか、単一民族主義的であるとか、そうした事情には還元し得ない。そうではなく固有信仰論が政治的であるというのは、今述べた通り、それが究極的には国家に行き着く秩序との相関において「宗教」を見出す思考であることによる。そして本書の考えでは、ここに像を結んだ新たな思考こそ、今日に至る「宗教」イメージの原点に他ならない。

　時代の上では一九三〇年代に成立するこの「宗教」イメージが、はっきりとその本質を現すのは、「無宗教」という表象との関わりにおいてである。今日の我々は「無宗教」と自称することにあまり違和感を持つことはない。これは我々の「宗教」イメージが、大正期においてキリスト教を範とするようなイメージから離れ、誰でも生まれつきに有する人間的資質であるようなそれへと変化したためである。このような「宗教」イメージは、阿満の言葉では「自然宗教」と呼ばれるものに近しいが、本書が強調したいのは、そうした移行においてこれらを確証する契機となったのは、現実の社会の秩序であり、もっと言えば国家の秩序であったことである。こうした「宗教」イメージの成立は恐らく、時代の上で重なりあっている昭和ファシズムと密接に結びついている。のみならずそれは、多くの研究者が懐いてきた見通しとは異なり、太平洋戦争の敗戦によって――すなわち国家神道体制の解体によっては断絶しない。何故ならこの新たな「宗教」イメージは常に社会秩序と共にある。人間の社会がある限りにおいて、我々には生まれながらに「宗教」が具わっているのである。これまで見てきたように、神道という宗教にとって最も周縁である南島においてこそ、新たな「宗教」イメージは社会秩序と結びついたものとして見出される。国家神道とは恐らく、こうしたより広範な「宗教」イメージが実質化される最大の契機であったに過ぎない。

　同時に、大正末期において形成されたこの「宗教」イメージは、一九三〇年代から今日にまで続く我々の新たな実践の形式を編成する。それは一言で言えば「宗教」の拒絶という実践である。結局、国家や社会の秩序が存在する限りにおいて「無宗教」なる我々は、最早何らかの宗教教団に依拠するまでもなく、「宗教」を有しているものとしてイメージされる。翻って、そのように生まれつき「宗教」を持つ我々は、今更それに重ねて「宗教」を持つ必要がない。むしろそれを押しつける存在は危険でさえある。次章に見る奄美カトリック史には、このイメージの転換、ひいては実践の転換が鮮やかに見出される。

［1］後藤総一郎はまさに『柳田学前史』と題した論集を編纂し、一九三〇年代以前に柳田と学問的交流のあった山中共古や南方熊楠、伊能嘉矩、伊波普猷といった人々について論述している（後藤編 二〇〇〇）。ただし民俗学というくくりではなく柳田国男個人を対象とした思想史的研究に限っては、柳田の生涯における思想的主題の一貫性に注目する立場性によって、こうした時期区分に必ずしも依拠しない傾向があることを付記しておく。

［2］これらの記述は酒井卯作の編纂による柳田の旅行中の手帳『南島旅行見聞記』の記録に従った（柳田 二〇〇九）。なお柳田は一九二一年一二月には一度帰国しており、翌年五月に再度渡欧するまでの間にも、国内各地に講演旅行を行うほか、上田万年や白鳥庫吉、折口信夫、新村出、金田一京助らと南島談話会を始めている。

［3］この時期、前章でも言及したバジル・ホール・チェンバレンがちょうどジュネーヴに居住しており、柳田も面会を希望していたが、ついにかなわなかったことを彼は『海南小記』の序文にしたためている（柳田 一九六八［一九二五］b：二一九―二二二）。ちなみに『海南小記』に収録されたテクストが東京朝日新聞に連載されたのは沖縄から帰京して後、ジュネーヴ行きと重なる一九二一（大正一〇）年三月から五月にかけてのことである。なお佐喜眞道夫（興英の孫）が興英夫人の証言をもとに作成した年譜によれば、柳田はジュネーヴに行くにあたって佐喜眞興英に同行を打診したが、すでに病身にあった佐喜眞は体調不安を理由として誘いを固辞したという（佐喜眞 一九八二：五三三）。ちなみに柳田の委任統治委員在職の折、国際連盟の事務総長を勤めていたのは郷土研究会で親交のあった新渡戸稲造であった。

［4］たとえばこうした柳田理解は福田アジオのほか、桜井徳太郎などにも見受けられる（桜井 一九七七：一九一）。

［5］『嶋』は柳田国男と比嘉春潮の共同編集誌で二年間の間に全九号を刊行している。母体となったのは比嘉の他、伊波普猷や宮良當壮、島袋源七らをメンバーとする南島談話会であり、『旅と伝説』誌の一部を間借りするかたちで掲載されていた『南島談話』（一九三二～一九三三。計六号まで発行）を新たに独立創刊したのがこの『嶋』である。このため執筆陣は南島談話会に属していた沖縄・奄美の研究者が中心であったが、そこで扱われる対象地域は南西諸島から新たに日本各地の島嶼へと拡大され

ている。

［6］実例は無数に挙げうるだろうが、典型的なのは小熊英二の「単一民族神話」研究であろう（小熊 一九九五）。小熊は日本における言説としての単一民族神話の構築過程を追跡し、歴史的文脈の中に位置づけるが、その批判的な試みそのものが「単一民族神話」なるものが日本人のあいだに膾炙しているという前提に決定的に依存している。

［7］堀一郎が述懐しているように、姉崎正治は「民間信仰」という言葉こそ日本で初めて用いたものの、その実際の研究に自らはほとんど携わらず、民俗信仰研究の実質化は弟子の宇野円空や原田敏明、古野清人らの宗教民族学に預けるかたちとなった。ただ彼ら姉崎の弟子たちがまとまった研究を公にし始めるのは昭和以降、「民俗学」と「民族学」が分かれてからのことであり、このため宗教民族学と柳田の学問は並行関係を歩むこととなった。その一方で姉崎自身は柳田の学問には深い関心と評価を寄せていたといい、私的な交流もあったと堀は述べている（堀 一九九三〔一九七五〕：三三二）。

［8］坂本要は明治大正期に刊行された民俗学・風俗学関係の雑誌として三七誌を数え上げているが、その大半は三年に満たずに廃刊となっている（坂本 一九九〇：五六五）。うち『郷土研究』に先行する代表的な雑誌としては、前章でもみた『東京人類学会雑誌』および、一般読者を念頭に日本各地の風俗習慣を絵入りで紹介した商業誌『風俗画報』（一八八九〔明治二二〕年発刊）が特筆される。『風俗画報』は民俗への関心という点では『郷土研究』や後の日本民俗学に先行したといえるが、知的背景としては江戸教養の流れを引き継ぐものであり、理論・方法という学問的枠組みを志向するものでもなかった。しかしながらこうした風俗学の方向性においても、一九一六（大正五）年には江馬務の風俗研究会が『風俗研究』を創刊するなどの組織化の動きがあらわれることを付記しておく。

［9］この高木の離脱は、高木が『郷土研究』に学術誌としての高い水準と理論性を求めたのに対し、柳田は地方郷土史家への発信ということを重視するという編集方針の違いによる軋轢の結果であった（鶴見 二〇〇四：三六）。鶴見太郎も指摘しているように、こうした柳田の求める雑誌の目的としての、地方からの情報を蓄積する媒体性へのこだわりは、その後岡正雄とともに創刊した『民族』でも再燃し、民俗学と民族学の決裂、あるいは事例の集積と理論化作業の分業を促していくことになる。

［10］この文字史料の利用ということは「前史」の時期の柳田の特徴としてしばしば言及されるが、他方でこの時期であっても柳田がいわゆる東西文献、つまり漢籍や西欧の理論書を引証しないこともまた特徴とすべきであろう。農政学を講じるうえでは柳田は欧米の学者を多々引用してきたことに照らせば、ここでの柳田の作法は意識的な自己抑制とみるべきである。

［11］新渡戸の郷土研究会といい、当時の若手官僚らが地方社会に大きな関心を寄せていたという事情に関しては橋川文三にすぐれ

た指摘がある（橋川 二〇〇七〔一九八四〕：一二〇―一五七）。橋川によれば、日露戦争（一九〇四〜一九〇五）において兵士と血税を供給して国政を強力に支え、逆にいま疲弊しきってあった地方の村落社会の存在は、すでに明治維新を過去のものとして近代日本を担っていた若手官僚達の目に、自分たちが働くべき行政の新たな沃野として映っていた。ただこうした「郷土」への関心は一方で柳田らによるボトムアップな政治の可能性への問いに繋がった反面、他方では地方社会の改造と収奪の強化を導いてもいった。その中で強行されたのが生活の合理化を強制し、多くの民俗を廃止させた地方改良運動であり、その一環である神社合併事業であった。柳田が南方熊楠とともに神社合併事業に抵抗したことは周知の通りであり、こうした柳田の地方への同情が、民俗信仰を正当化することの必要性を意識させ、このことが「巫女考」執筆の動機となったものと考えることもできなくはない。しかしながら神社合祀反対運動で共闘した南方こそが、『郷土研究』における「巫女考」の連載を「気楽」と批判した人物であったことを踏まえれば、この反対運動を直接に民俗信仰論のルーツと見做すことには疑問が残る。

［12］こうした資質に関しては、たとえば柳田が『山の人生』の中で神隠しの事例を論じるにあたって、自身が四歳の頃に自宅からいつの間にか失踪した体験があることなどの記述が傍証とされる（柳田 一九六八〔一九二五〕a：八〇―八二）。また桜井徳太郎は柳田の学問を論じるにあたり、しばしば柳田の家庭環境や幼児体験からの影響ということに言及している（桜井 一九七七：一九一―二四三）。

［13］このほか「巫女考」に関わる近年の学史の特異な読み直しとして姜竣の論考が挙げられる（姜 二〇〇九）。同論考で姜は柳田の歩き巫女の位置づけに、閉鎖的な共同体を越えて「交換」に与るエージェンシーとしての性質を読み込み、柄谷行人のアソシエーション論に通じる模索として柳田の議論を位置づけている。このように歩き巫女を「共同体をまたいで移動する人々」と読み替えて文化の普及と変容に結びつける議論は船曳建夫にもみられる（船曳編著 二〇〇〇：四四―四五）。こうした読みは斬新ながら解釈の先行は否めず、有効な議論として打ち立ててゆくことは未だ今後に課題を残している。

［14］山下も後年の論考では、農政学から民俗学への移行を内在的深化による必然的帰結とみる見方を支持しており、今日の社会思想研究の文脈では「断絶説」を採る研究者はほとんどいない状況にある（山下 一九八二）。

［15］後藤総一郎は官界からの下野という柳田の現実政治における挫折を、むしろ「自ら積極的に挫折した」と評価し、「その挫折を原点として、本来彼が抱きつづけてきた下からの政治を起そうと志した」（傍点後藤）として後の民俗学への展開を筋道づけている（後藤 一九七二：四三）。

［16］明治二〇年代に生まれ、後に沖縄キリスト教会の牧師となった比嘉盛久の著作には、騒擾事件の二年後の記述として、ユタが

巡査を恐れる様子が窺える（比嘉　一九七二：六八—七三）。そこで書かれているエピソードとは九歳の少年の児童巫（巫小《ユタグヮー》）に手相を見せたときの話であるが、ここでユタは、本当は教師である比嘉を「巡査だ」とさかんに疑って近づくことを嫌がり、親がなだめてもいうことをきかない。この抵抗を比嘉は、自分がクリスチャンだから悪霊が嫌がっているのだと解釈する一方、当のユタに「あなたはこれまでどおり天の神様にお祈りなされば、それで結構でございます」とキリスト教信仰を言い当てられ、その不思議な力に思いを致している。

[17] 一九一四（大正三）年時点の統計で、那覇市内の総戸数が一一、四〇五戸であることから算出した。

[18] 以下の記述および引用は、二月一七日『沖縄毎日新聞』朝刊第三面「神霊処女に憑きて託宣す湧田の奇聞」の見出し記事内の記述に従っている。

[19] 二月一八日『琉球新報』朝刊第三面「神の御宣託を区役所に伝う」の見出し記事内の記述より。

[20] 二月一八日『沖縄毎日新聞』朝刊第三面。

[21] 二月一九日『琉球新報』朝刊第三面。

[22] 罪状としては以下の条目に抵触したものと思われる（文部省宗教局　一九一六：三三五）。

警察犯処罰令第二条　左ノ各号ノ一ニ該当スル者ハ三十日未満ノ拘留又ハ二十円未満ノ科料に処ス（中略）

十七　妄リニ吉凶禍福ヲ説キ又ハ祈禱、符呪等ヲ為シ若ハ守札類ヲ授与シテ人ヲ惑ハシタル者

十八　病者ニ対シ禁厭、祈禱、符呪等ヲ為シ又ハ神符、神水等ヲ与ヘ医療ヲ妨ケタル者

[23] 二月二〇日『琉球新報』朝刊第三面「仲地カマド正式裁判を仰ぐ」の小見出しより。

[24] 二月二八日『琉球新報』朝刊第三面「ユタの公判」の見出し記事内の記述より。

[25] フレイザーやモーガンのように黎明期の民族学者には法学出身者が珍しくなく、財産相続の論理や婚姻規則、親族範疇、罪罰規定といった研究テーマは法学における慣習法研究の延長線上に生まれたものであった。こうした一九世紀民族学の枠組みは、その後のデュルケム、モースのフランス社会学、およびフィールドワークにもとづいた近代人類学の出現によって社会人類学に置き換えられていくが、たとえばマリノフスキーのトロブリアンド諸島への到着は一九一四（大正三）年のことであり、それがヨーロッパで方法的に咀嚼され、日本に入ってくるのは早くとも昭和以降である。佐喜眞の師である穂積陳重にも公的制裁をめぐる慣習法を論じた著作『復讐と法律』があるように、佐喜眞が『女人政治考』で展開する王権論はその学問的背景の上で、こうした法学的研究の文脈にもとづいたものだったといえる（穂積　一九八二〔一九三一〕）。

［26］なお「巫女考」の続編とされる「妹の力」に収録された論考は、その約半分が『民族』に一九二七（昭和二）年のうちに初出している。これらを列挙すれば「松王健児の物語」（一月）、「人柱と松浦佐用媛」（三月）、「若宮部と雷神（「雷神信仰の変遷」と改題）」（五月）、「日置部考（「日を招く話」と改題）」（七月）が相当する。これらは日本の民俗信仰に対する女性の関与の特権性を論じたものである反面、託宣の機能はたとえば「家の盛衰を占う」といった水準でのみ扱われており、政治の問題は避けられている。

［27］佐喜眞が参照する民族誌はほぼ全世界にわたっているが、バッハオーフェンやモーガンの影響力のため、特に理論的に重要な箇所では古代ギリシャと北米インディアンの事例によく言及している。またフレイザーの『トーテミズムと外婚制（Totemism and exogamy）』も繰り返し参照されている。

［28］たとえば歴史学者の高良倉吉は佐喜眞、伊波の両名によって展開されたこの宗教的権威の優越という仮説を、実際の神女はあくまで組織化された役人としての地位を持つにすぎず、王府による任命のもとで国王を翼賛するのみだとして斥けている（高良 二〇一二〔一九八〇〕：二五二―二六〇）。

［29］福田アジオは柳田の女性論を検証する中で、一九二〇年代の「巫女考」の時期の論考には主婦の問題がまったく欠けているとしている（福田 二〇〇七〔一九九二〕：一九三―一九四）。一方で柳田は一九三〇年代以降は「妹の力」にくわえて、「聟入考」などの論考で日本人の親族関係における女性の地位の問題を対象化するようになっていく。ただ福田が批判するように、こうした女性の宗教的な役割と、イエを単位とする固有信仰の関係が明晰に捉えられた論考は柳田にはない。

［30］初出は一九二七年一月の『民族』誌であった。

第五章

「無宗教」の人々　奄美カトリックの受容と弾圧をめぐる言葉

一　問題

1　「宗教」イメージの変容と近代奄美史

本書はこれまでの議論を通じて、「宗教」のイメージが変化してきた過程を軸に、南島の民俗信仰研究史を追ってきた。その大要は次のようにまとめることができる。一つは第二章で見たように、およそ明治三〇年前後を画期として「宗教」という言葉は、輸入時におけるような所謂成立宗教を範としたそれから、人間に普遍的に具わった宗教性とその発露を意味する言葉へと変わった、ということである。その一つのきっかけは宗教学の日本への輸入であるが、この結果「宗教」という言葉は民俗信仰の帯域をも取り込み始める。南西諸島の民俗信仰が「宗教」の語で記述されるようになるのは、こうした知の領域の変容を受けてのことである。そしてこうした学知の変容は、やがて明治末から大正期における日本民俗学の端緒となる一方、この民俗信仰の対象化の副次的帰結として、民俗信仰を「宗教」という閉域に押し込み、かつての全体性を奪っていく契機ともなったことは既に述べたところである。

また前章ではこうして対象化され始めた民俗信仰が、更に学問的研究の対象として具体化されてくる過程を見てきた。ここで本書が見てきたのは、民俗信仰研究が民間巫女の研究を端緒としていることから議論を起こし、それが特殊な宗教者たちから普通の人々の宗教心の領域を対象化し始めるようになる論理上の過程であった。この結果、本書は大正時代から日本民俗学が確立する昭和初頭にこうした知の成立のタイミングを確認するとともに、それがある種の「宗教」の政治化の動きであったことまでを確認した。つまり特に大正後期以降において、人間に生まれつき具わったものとしての「宗教」が、社会（＝国家）の秩序に関わり、その個々の振る舞いにおいてはどれほど不合理に見えるとしても、その総和としては秩序の保持に奉仕するものとしてイメージされるようになっていったのである。

さて、以上の分析は民俗学史の遡行に基づいたものであったが、本章が試みるのはこうした知の変容が同時代の現実社会と結んだ関係であり、これらの「宗教」イメージの変化がいかに現実社会に影響を及ぼしていったのかということの析出である。すなわち本章が次章と合わせて見ていくのは、こうした知、あるいは言葉のイメージの変化が、現実の人々の実践をいかに変えたのかという問題である。これを探る上で、奄美大島における近代カトリック史は、残酷なまでに鮮やかにその実態を浮かび上がらせてくれる。

2　奄美カトリックの受容と弾圧

近代奄美におけるカトリックの受容史は、受容から弾圧に至るドラスティックな変容を描いた。奄美大島のカトリック宣教は明治二〇年代半ばに初めて着手されて以来、大正時代までを一つの目処に、その間に目覚ましい教勢拡大を続けた。こうしたスムーズなカトリックの受容は日本国内に類例がなく、結果的に奄美大島は日本において、キリシタンの伝統のある長崎に次ぐ信者人口を擁している。特に明治期における大島北部での教勢拡大は凄まじく、ピークを迎えつつあった一九二三（大正一二）年には四、〇〇〇人を越える信徒を獲得していた［図④］［1］。ここでいう信徒とは教団の信徒名簿に名前が記載された人々を指し、受洗者を中心に教会と密な関係にあった層に相当する。この数字だけならば都市部（東京・大阪など）の教勢に見劣りする感もあろうが、奄美大島は離島地域であり、また当時の奄美大島北部の人口比でいえば、総人口の約一三パーセントにも及んでいる。これがおよそ宣教開始から四半世紀で達成された数字であるのだから、その際立った勢いは疑うべくもない。

加えて奄美大島北部は山と海が入り組んだその地形のために村落ごとの独立性が高く、逆にいえば相互に没交渉となる傾向が強かった［図⑤］。このため上記の信徒人口は村落によって著しい偏りをもって分布しており、特にキリスト教受容が顕著であった村落では、一時は集落人口の半数近くが信徒となったケースもある。また後述するように、カトリックはしばしば村の指導層に歓迎されて受容されたことから、その存在感や影響力は人口が示す数字以上であったと考えられる。

だがこうした順調な受容史の展開にもかかわらず、奄美大島ではその後、大正末より昭和初頭にかけて大規模なカトリック排斥運動が沸騰する。この宗教弾圧の苛烈さもまた、近代日本史上に際立っていた。外国人神父らは大島から追われ、信徒らは公の場での棄教宣言が求められるなど、奄美大島に敷かれた弾圧は同時に日本の他地域に例のないそれであったのである。以降、一九四〇（昭和一五）年に全教会地の没収・破壊が行われたのを象徴的な事件として、奄美カトリックは戦後まで完全に中絶することになる。

その弾圧を見ていく上で看過されるべきではないのは、この一連の排撃が単に政治家や軍人らによって強権的に進められるばかりではなかった、という事実である。宮下正昭や小坂井澄らのジャーナリストが明らかにしているように、排撃は民衆自らの手によって進められた面が少なくなく、日常的な信徒への差別や嫌がらせに手を染めたのは正に普通の奄美民衆自身であった（小坂井　一九八四、宮下　一九九九）。もちろんそれが権力者に扇動されたものであったこ

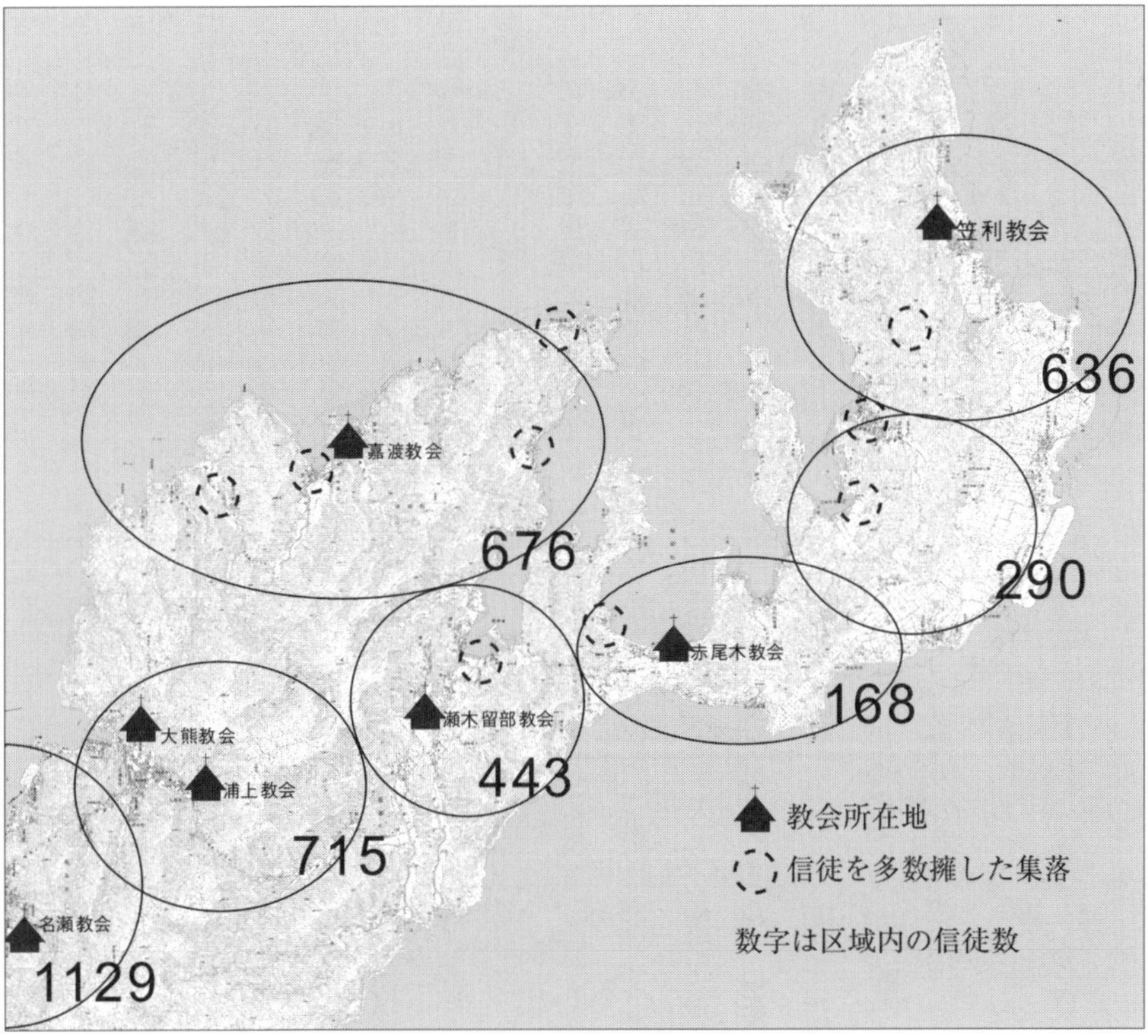

図④　奄美大島北部におけるカトリックの教勢（1923年）

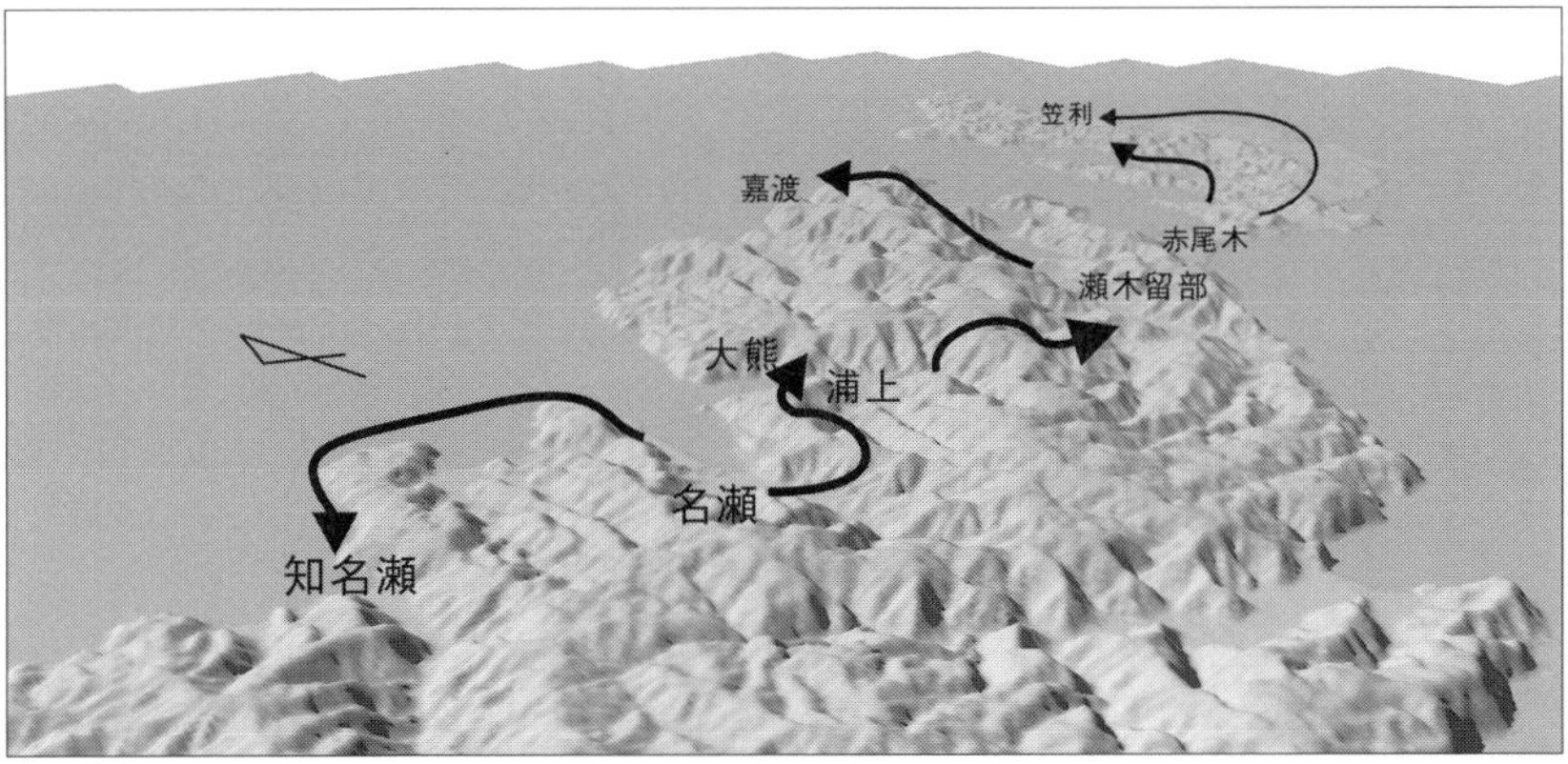

図⑤　カトリックの展開の空間的イメージ

とは否めないとしても、民衆が自ら加わることがなければこうまで徹底したカトリック弾圧は現実化し得なかったであろう。このように教勢拡大と弾圧の両面で、奄美カトリックは日本宗教史上、際立って極端な事例の一つである。

こうした受容史を導いた背景として、まず受容面に注目すれば、既にたびたび言及してきたところの奄美の文化的背景が挙げられる。奄美大島の近世における支配者は薩摩藩であったが、同藩は寺請制度を形式的にしか採用せず、代官が直接に民衆を管理するかたちをとった。このため日本に広く見られる寺檀関係が確立しなかった上、更に維新期に寺院そのものが廃仏で破壊されたことから、民衆は仏教への帰属関係を欠いたまま近代に突入したのである（桃園 一九八三）。一方で近代以降、為政者は民衆教化を目的として神社の導入を試み、奄美民衆の神道への囲い込みをはかったが、神道家人脈及び財政的基盤が脆弱であったために受容ははかばかしくはなかった。薗田稔は戦後の現地調査に基づき、奄美において神道は「外来宗教」の地位に留まるものと結論づけている（薗田 一九八二）。この状況は今日にまで尾をひいており、仏教寺院や神道神社への檀家・氏子としての帰属意識は本土と比べて非常に弱い。

一方で民俗学が多くの成果を上げてきたように、奄美において「宗教」の需要を満たしていたのは親族集団を母体に担われる先祖祭祀と、ノロによる村落祭祀、そしてユタのシャマニズムである。ノロに関していえば総じて衰退の一途を辿っているものの、今日の神社はその多くがかつてのノロの斎場に立てられており、幕末維新期の廃仏毀釈以降、神社に取って代られたものと考えられる（第三章）。一方で先祖祭祀に関していえば、今日では葬儀などの死者祭祀については神職や僧侶を招くものの、盆行事や現地で「先祖祭」と称される集落を挙げての墓所での共食といった儀礼には宗教者の関与はない。端的に言って奄美の宗教生活は今でも民俗信仰を中心に構成されているのである。

以上のような状況が近代史上にしばしば、学知において「無宗教」と表現されていたことは既に第二章において論じた。このことに加えて改めて注意を促しておきたいのは、当時の奄美が置かれていた地政学的な境涯である。「南島」として日本国の外縁に配された奄美大島は、近代日本にとっての辺境として、中央からまなざされる関係にあった。そしてこの中心と周縁の間にある力関係はそのまま優劣に置きかえられ、文化的差異はそのまま資質・能力の差異として読み替えられたのである。このとき奄美を特徴づける「無宗教」とは単にその文化の特徴を指すものとしてのみならず、社会的な能力としての「公共心」や「道徳」の欠如を意味するものとして語られた。この文脈の中で、南島に生きる人々が「無宗教」であるということは、辺境たる奄美の社会的後進性の重大な一因として見出されていくことになる。そしてこの「無宗教」と奄美地域の「後進性」との結びつきは、後ほど見てゆくように為政者に宗教政策への注力を動機づけていくのである。

その一方、奄美民衆自身にしても、近代化の窮乏の下で何らかの精神的支柱を求めていた。たとえば宗教学者の安齋伸は、現地信徒の聞き取りから次のように論じている（安齋 一九八四：二九―三〇）。曰く近代奄美は伝統社会・宗教の解体と経済的窮乏に瀕しており、民衆はこの状況から抜けだすため「清新な社会理念」「確固たる宗教体系」「経済的な支援者」を渇望していた。この時カトリックは民衆からのそうした期待にこたえる存在であったため、急速に受入れられたのである、と。以上の理解は安齋の分析というより、現地信徒による自己認識を彼が書き取ったものであるため、当事者のリアリティを反映したものといって良い。

また奄美大島出身のプロテスタント神学者である木ノ脇悦郎は、受容と弾圧のそれぞれの局面に関して、アイデンティティの危機という視点から説明している（木ノ脇 一九九六）。すなわち木ノ脇は、そもそも近代化が進行する中において奄美の民俗信仰は「明確な教理体系」を持たないために「理念的なアイデンティティーの確立という点では何らの役割も果たしえなかった」のではなかったか、と言う。だからこそ木ノ脇によれば奄美民衆はカトリックの説く確固たる世界観に惹かれ、キリスト教を受容していった、というのである。ただその上でやがて国民統合が進行してくると、奄美民衆の同一化の対象としては、キリスト教よりも国家がよりふさわしい存在として浮上してくることになる。結果「自らを中央に従わせ、異質なカトリックを排撃の的にすることで観念的に日本人としてのアイデンティティーを保とうとした」のが奄美カトリックの弾圧だったのではないか、というのが彼の解釈である。

以上の分析において、安齋は「当事者の見解の整理」を、また木ノ脇は「現地出身者であるが故の実感」を論拠としており、奄美民衆のリアリティの一端を捉えた立論であることは間違いない。とはいえ受容から弾圧へのドラスティックな変節に関する説明には明らかに不満が残る。すなわち木ノ脇の論に即して言えば、一時はアイデンティティの拠り所となったほどのものが、なぜ真逆の弾圧の対象にまで転化したのかということである。カトリックは奄美社会において、歓迎から排除へと完全に正反対の地位に転落したのだ。

これに対して本書はこの問題を、「宗教」イメージの変容が近代奄美に反映された過程として捉えることで説明出来ると考える。というのもカトリックが奄美宣教を始めた明治二〇年代（一八九〇年前後）において日本に流通していたのは、宗教＝成立宗教とする知であり、このイメージに即することで南西諸島の人々は「無宗教」と語られた。そしてこの「無宗教」のイメージは否定的なものとして人々にプレッシャーをかけるものであり、このことが奄美においてカトリックを受容させる大きな要因となっていたのである。しかしながらこれまで見てきたように、明治三〇年代という転機を経て大正期になると、「宗教」という言葉は成立宗教にもまして、人間が普遍的に備えた資質としてイメージされることになる。同時にこうしたイメージは大正デモクラシーを背景に、人々を民主主義の主体として捉えていく思考と絡み合い、社会秩序との関わりの下で「宗教」はイメージされ、了解されていくことになる。

こうした宗教観とはちょうど今日言われる日本人の「無宗教」——つまり特定の成立宗教に属することには拒否感情を持ちつつ、宗教的な営みには好意的な印象を持つような「宗教」観の原型でもある（阿満 一九九六、石井 一九九七）。何故ならこうした、人間が生まれながらに具えたものとしての「宗教」は、個々人の営みのレベルにおいてはしばしば不合理で「迷信」めいたものであるにせよ、究極的には秩序に奉仕するものであるからだ。このような新たなイメージの下では、キリスト教のような何らかの「宗教」への信仰を持つことは人々にとって必要なこととは了解されない。すなわち奄美におけるカトリックに対する否定的反応への実践の移行は、「宗教」のイメージの変容によって「宗教」の必要が、不要へと反転したことの結果と見做すことが出来るのである。

さて本章の目的はこのようなモデルを仮説として、奄美大島の明治から昭和初頭にかけての約五〇年間にわたるカトリックの受容と弾圧の歴史を描くことにある。そしてその作業を通じて上記の仮説を検証しつつ、宗教イメージの変容から現実の人々の実践の変容の結びつきを見てゆきたい。

3 史料

奄美カトリックの基本的な歴史像として、本書は前掲した安齋伸の『南島におけるキリスト教の受容』に加えて、いずれも現地調査に基づいたルポルタージュである小坂井澄『「悲しみのマリア」の島』及び宮下正昭『聖堂の日の丸』を参照している（安齋 一九八四、小坂井 一九八四、宮下 一九九九）。また奄美のカトリック教会の刊行物である平アントニオ秀應『宣教師たちの遺産』及び、百周年記念誌『カトリック奄美100年』を通史として利用している他、市町村誌として名瀬市が刊行した『改訂名瀬市誌 第三巻 民俗編』のカトリックに関する叙述も適宜参考にしている（平 一九八八、奄美宣教100周年記念誌編集部編 一九九二、改訂名瀬市誌編纂委員会編 一九九六）。基本的に本論が史料に直接依拠していない記述は、原則的に上記文献に従っている。

史料的な制約としては、当然時間を遡るほどに史料の数が限られてくる傾向があるのに加え、上記の文献はしばしば証言から多くの資料を得ているという事情がある。特に二冊のルポルタージュは、その執筆姿勢の誠実さは疑いえないとしても、一九八〇年代以降の聞き取りから論を起こしていることから、大戦時の弾圧の記述に関しては信頼性が高い反面、明治大正期の叙述は信徒間の伝聞や口頭伝承に依拠するが故の不正確さが否めない。こうした事情を踏まえ、本書はこうした既往研究より更に後発となることから、基本的には現地での聞き取り調査の成果には依拠せず、同時代の文字史料から分析にあたる指針をとるものとする。

以下、参照した史料に関して概要を述べる。本章は便宜の上で史料にはA～Fの略称を与え、註で史料本文を挙げると同時に、その冒頭に「史料A」等のかたちで出典を表示する。

史料Aはパリ外国宣教会に所属し、カトリック宣教の黎明期より大島布教に従事してきたオーグスト・ハルグ（ハルブ）神父（Augustin Halbout）が、一九二一年にカナダ管区フランシスコ会に宣教事業を移管した際、引き継ぎ報告として宣教活動記録をまとめた書簡である。本稿では『改訂名瀬市誌　第三巻　民俗編』に採録されているカトリック信者・泉豊光による翻訳を使用した（改訂名瀬市誌編纂委員会編　一九九六）。

史料Bは第二章でもみてきた探検家・笹森儀助の『拾島状況録』である。既に利用した資料ではあるが、笹森は一八九四（明治二七）年より一八九八（明治三一）年にかけて大島島司を務めた際、大島郡に管轄されていたトカラ列島の巡検を行なっている。これはその際の記録であり、第二章の議論と重なるが、当時の奄美の行政責任者の宗教理解を伝えた史料として利用した。なお出典としては『日本庶民生活史料集成』所収「拾島状況録」を使用した（笹森　一九六八〔一八九五〕）。

史料Cの著者はプロテスタント教団の一つであるホーリネス教団の初代監督を務めたクリスチャン・中田重治《なかだじゅうじ》が、一九一二（明治四五）年五月二五日発行の教団紙『焔の舌』に掲載した巡検録「南島だより」である。中田はこの年、奄美宣教を後援するために現地を訪問して、宗教講演をして回った。なお文中の小出朋治牧師とは中田の巡廻当時、大島に赴任していた人物である。同じく史料Dの著者、兼山常益《かねやまつねます》（旧姓・兼）は喜界島出身の牧師である。兼山は前述のホーリネス教団の神学校である東京聖書学院の最初期の学生であり、卒業後はそのまま日本ホーリネス教団に所属して宣教に携わった。修了後は郷里の喜界島・花良治集落及び奄美大島の名瀬に拠点を構えて活動し、奄美宣教の端緒を開いた一人となる。ここに挙げた「大島戦報」は一九〇九（明治四二）年一二月二五日発行の教団報『焔の舌』への寄稿である。

史料Eは『大島々治概要　附・振興策』は大正晩期に島司職にあった中島楽が退任後に私費で公にしたテキストである。一九二六（大正一五）年付で発行されており、島司の経験に基づいて今後の島政に関し「振興策」も込みで提言している。引用はその一部である。

史料Fは一九三三（昭和八）年よりカトリックの弾圧の指揮を執った大島要塞司令、笠蔵次《りゅうくらじ》が執筆した自らの「教徒啓導」の成果報告書であり、表題は「奄美大島ニ於ケル「カトリツク」教徒啓導ニ関スル経緯　昭和十年一月十日　奄美大島要塞司令官　笠蔵次」と付けられている。当時このカトリック弾圧は宣教会、ひいては教団が帰属するカナダとの国際問題に発展していた。本史料はそのような状況にあって、要塞司令官の名義で弾圧の経過を政府に報告したものであり、ここでは国立公文書館に収蔵されている電子史料を参照した（JACAR（アジア歴史資料センター）ref. b04012532800 本邦ニ於ケル宗教及布教関係雑件／奄美大島ニ於ケル加特利教圧迫問題　分割二）。なお笠は本文にて後ほど触れるカトリック棄教宣誓式の、翌一九三五（昭和一〇）年六月には定年退官し、翌年三月には名瀬町会選挙で名瀬町長に選出されている。その後一九四〇（昭和一五）年まで四年の任期を務めることになるが、この彼の赴任はカトリック弾圧にも影響を与えることとなった（宮下　一九九九：二八二―二八五）。

二　事例

1　明治期における奄美カトリックの受容

奄美におけるカトリック宣教の端緒は一八九一（明治二四）年一二月三一日に名瀬で開かれた宗教講話であった。

宣教師はパリ外国宣教会のフェリエ神父［2］で、来訪のきっかけは彼がかつて鹿児島で洗礼を授けた大工・臼井熊八が送ってきた宣教を請う手紙であったとされている。教団の刊行物『宣教師たちの遺産』には、臼井は大島庁舎建設のため奄美を訪れており、そこで「人々がキリスト教を求めている」と知ったことがこの依頼の動機であったとある（平 一九八八：三三）。ただ実際の経緯は異なるものであったらしく、後述する岡程良（一八五八〜一八九四）ら名瀬の知識層が連名で鹿児島のキリスト教各派に宣教を請うたことが、教団を動かした主たる理由であった（宮下 一九九九：一七九―一九二）。岡らは宣教活動に際しても地元有力層に口利きした様子があり、最初期の宣教の順調さはこうした経緯を度外視出来ない。

ともあれ奄美民衆にフェリエ神父のカトリック講話が与えたインパクトは大きく、開始二日後には宣教団は、奄美宣教を希望する五〇〇家族の署名を得たと記録されている。これに励まされた宣教団は引き上げた後、長崎で司教の裁可を正式に取りつけ、翌年より本格的な宣教を始めることになる。そして爾後の受容は極めて順調なものとなった。一八九二（明治二五）年八月一五日には名瀬教会で初めての受洗者として一六二名が数えられる。さらにその翌年八月には受洗者は名瀬から北の浦上、大熊集落へと広がり、この間の受洗者数は実に九〇〇名に及んでいる（平 一九八八：三五―三六）。一八九三（明治二六）年に来日し、弘前や沖縄において宣教にあたっていたメソジスト派の米人牧師であるヘンリー・シュワルツは当時、他教団ながらこの状況を聞き及び、「大変成功」と評価している（シュワルツ 一九八四〔一九〇八〕：一一八）。その拡大の勢いには同業者にも驚くべきものがあったのである。

このことの背景として特に明治期においては為政者の後押しが無視できない。フェリエ神父は当時の回顧として「大体に於いて、官署が好意的であったことに対しては好感を持った。警察や特に裁判所関係には親密であった。そして一事件毎にその内部もより良く整備されて行くように思った。島庁は吾々が各地で歓迎されるのを見て人民に宗教をよく勉強するようにすすめていた」［3］と述べている。このような後押しの背景には為政者の宗教政策への注力があった。

宣教が開始された年、奄美行政の長である大島島司を務めていたのは探検家としても知られる笹森儀助である。南島の地理と経済に関する知見を買われて抜擢された笹森は島司職に就くや、当時大島郡に管轄されていた十島村を巡検しているが、このとき彼が目を留めたものに廃仏の傷跡があった。前記のように薩摩藩は廃仏運動の苛烈だった地域であり、それは統治下にあった奄美やトカラ列島でも同様である。笹森が発見したのはこの傷跡ということになるが、注目すべきは彼がここで「民力ノ衰弊」を、政府が「宗教心ヲ失ハシメ」たためとし、困窮の一因を「宗教」の欠如に求めていることである。笹森はこの時「拾島状況録」のもとになったメモに次のように書いている。いわく「往時藩政、宗教ノ奨励、寺院ノ盛ナル、嶋民富力進メル、想像スルニ余リアリ。今ヤ廃仏ノ令ト共ニ宗教心ヲ失ハシメ民力ノ衰弊、一寺ヲ維持ス能ハサル悲況ニ陥ラシム。維新聖上ノ徳沢、如斯偏陬ノ人民ニ蒙ラストセハ、誰カ其責ニ任スル者ソ。人民何ニ寄テ蘇生ノ沢ヲ蒙ラン。当局者猛省セヨ」（東 二〇〇二：一三三）。この文章に特に註釈は必要ないであろう。笹森が南西諸島を「無宗教」の地としたことは第二章に見た通りであるが、そうした認識は更にこのように「宗教」を民力涵養の要と見做すような考え方にまで繋がっていたのである。そしてこのことは先に見たハルグ神父の、官が「住民に或宗教を与えたいと考え、しかもそれは吾々しか与え得ないと考えていた」という自負とも符合する。

ところでこの時期の出来事に、日本ホーリネス教団初代監督の中田重治（一八七〇～一九三九）が一九一二（明治四五）年、教団の伝道状況を視察するため奄美を訪問した件がある。この時の中田の報告の中に「凡そ二十三年前」の回想として、前述の奄美大島出身の検事・岡程良との交流について述べた箇所がある［4］。岡は奄美大島出身の検事で、中田の兄とは川越の裁判所に勤めた折に交流を得ている。テクストによればこの時に岡は中田の兄に「頻りに大島々民の状態を述られて伝道者の派遣を家兄に請求し居られし」と奄美へのキリスト教宣教を依願していたのだという。二三年前という記述と岡の異動を考えるに一八八八（明治二一）年頃の出来事と考えられ、カトリック宣教が始まる三年ほど前となる。

この岡であるが一八九〇（明治二三）年に大島区裁判所へ赴任して後、鹿児島系商人の不正と争った人物として名高い。当時の奄美は砂糖勝手売買が解禁されていたにもかかわらず、商取引に不慣れな民衆につけ込んだ商社が不公平な契約を結んで利益をあげていた。有耶無耶にされつつあったこの事件を洗い直したのが岡であり、近代奄美を代表する知識人として伝えられる。この彼が正に当時、大島区裁判所に在籍していたことを考え合わせれば、神父の「警察や特に裁判所関係には親密であった」という述懐も裏付けられる。

ここに見たように明治期のカトリック宣教は、笹森や岡のような為政者層の支持の下に展開したが、こうした支持の前提となっているのは「無宗教」という奄美民衆に対する認識であった。そしてその「無宗教」の改善とは、あくまで民力涵養と地域振興という政治的文脈に位置づけられた課題であった。そもそも笹森はもちろん、中田に奄美宣教を依願し鹿児島のカトリックに手紙を書いた岡でさえ自身はクリスチャンではなかった、ということは無視出来ない。つまり彼らは必ずしもキリスト教独自の宗教的教義に有用性を見出したわけではないのである。彼らの念頭にあったのは、あくまでも奄美の「無宗教」という状況の改善であった。岡の行動にはキリスト教であるならばホーリネス（プロテスタント）であれカトリックであれ構わない、という宗教的内実への無節操さが見受けられるが、それはこのような事情を踏まえれば理解出来る。

2　民衆のリアリティ

このように為政者に後援されたキリスト教を、民衆はいかに受けとめたのであろうか。安齋伸の整理を再確認すれば、当時の奄美民衆は窮乏した社会を変革させる「清新な社会理念」「確固たる宗教体系」「経済的な支援者」を求めていたとされる（安齋 一九八四：二九―三〇）。状況的に言って当時の奄美民衆に生活への危機意識があったことは認めうる。たとえば一八九六（明治二九）年の天然痘流行の記録からは、疫病の恐怖に楽器を打ち叩き、動物を鳴かせるといった対策しかなしえない民衆の様子が窺える［5］。この天然痘は奄美民衆を、患者の家を焼き、生きたままの病人さえ焼く、といった悲劇的な行動に走らせ、騒擾は警察が鎮圧にあたるまで続いたという。明治期の奄美の「後進性」は覆うべくもなく、このときのフランス出身の神父らとは、そのような現状に少なくとも的確な批判を下しうる存在であった。

とはいえカトリックに対する意識とは一様に支持であったわけではない。そもそも最初に述べたように、奄美のカトリック人口は最盛期でも居住人口の一割ほどに留まる。もちろん集落を単位とした場合、ケースによっては三分の一もの密度が見受けられる例もあるものの、大多数の民衆にとってカトリックは手放しに賛仰されるような対象ではなく、それが本当に自分たちに必要かどうかは疑わしく受けとめられていたのである［6］。ハルグ神父は伝道を開始した時点の民衆は「宗教の必要性」を理解してはいなかった、と述べている［7］。ここで民衆が安息日の教えを「あまりにも時の浪費」と拒絶する様子からは、カトリックに圧倒されるばかりではなかった彼らのリアリティが認められる。

教勢が伸張しつつあった一八九四（明治二七）年には浦上集落において、ノロに扇動されたという三人の青年がカトリック神父を闇討ちする、という事件も起きている（平 一九八八：二七八）。記録が教団側にしかないため詳しい事情は不明であるが、民衆にカトリックに対する反発が皆無ではなかったことは、この件からも読み取れる。なおこの事件で青年らは司法によって裁かれ受刑している。明治期のカトリックが「警察や特に裁判所関係には親密であった」ことは前述の通りである。実際この事件ののち民衆によるカトリック排斥は、昭和に入るまで影をひそめることになったという。

このように抵抗を蒙りつつも教勢を伸ばしていたカトリックであったが、安齋の言ったように奄美民衆が精神的支柱を求めていた面があることも事実である。その根拠としてホーリネス教団の中田重治が明治期に奄美を訪れた際、説教に多くの聴衆が集まっていることが挙げられる。中田はこの活況を「聖霊は働いて居らるる、人々が飢餓いて居る。揺きさへすればバラバラと其果実が落る果樹の如く熟して居る」と感動的に表現している〔8〕。当時のホーリネスはカトリックに比べはるかに資金力に劣り、福祉や社会事業に活躍できる程の教団ではなかったにもかかわらず、奄美民衆は中田の話を聞きに集まったのである。もちろん当事者の記録であることについては割り引いて考える必要があるにせよ、人々が「宗教」に何らかの高い関心を抱いていたことは間違いない。喜界島出身のホーリネス教団牧師・兼山常益も同様に、明治末期の宣教の活況を「旱天に水を欲むが如く霊の飢餓を訴へ」と表現しているが、そうした渇望感が近代奄美の人々のうちには存在していたのである〔9〕。

ところでこのような渇望感を前述の木ノ脇は「アイデンティティ」の危機として分析していたわけだが、史料に従う限りそのような理解はやや不十分であるかに思われる。すなわち木ノ脇は「ノロの祭祀は近代奄美民衆の拠り所とはなりえなかった」という前提のもとに議論を進めるわけであるが、この指摘は二つの点を見逃しているのではないかということである。その第一は民衆が「教理体系」（木ノ脇）あるいは「確固たる宗教体系」（安齋）を求めていた、という前提である。というのも民俗宗教論の成果を踏まえ、人々のリアリティという観点から見るのであれば、首尾一貫した教理体系を具えていることは必ずしも説得力を増すことに繋がらない。実際に奄美民衆がカトリックの説く安息日の教えを「無駄」と拒絶していることを見ても、彼らの渇望感を「教理体系」の精粗と結びつけることには違和感がある。加えてより重要な二点目とは、民俗信仰が近代に蒙ったダメージを考え合わせていないことである。

本書が第三章で見たように、明治維新は近世以来の社会的秩序を覆し、特に宗教文化には深甚なダメージを負わせた。苛烈な廃仏運動はノロの祭祀にも及び、斎場が破壊されるということが奄美各所で発生している（昇 一九七五〔一九四九）：四九一）。そしてこの経験は民衆の中で、その後の近代奄美における社会不安――すなわち製糖モノカルチュアの植民地的で不安定な生産基盤に加え、近代秩序に基づく搾取が構造化した先行きのない経済状況――と重なりあっていた。奄美の窮状を改善すべく任命された島司・笹森儀助は喜界島訪問時に島の老人と問答し、彼らの窮状を象徴するかのような会話を書き留めている。笹森の記述に曰く「村老中佐文美来訪、藩代ト大ヒニ殊ナル点ヲ問フ。答明治初年寺仏ヲ排セシ以来人民徳誼心ヲ失ヒ法律ニ触レサル以上ハ如何ナル事ヲ為スモ勝手ニテ其ナキハ実ニ感嘆スヘキ次第ナリ」（傍点筆者）〔10〕というのがそれである。ここから分かるのは人々にある「宗教」の渇望感とは木ノ脇や安齋のいうような「体系」なき民俗宗教への幻滅というより、「寺仏ヲ排セシ以来」失われてしまった規範へのノスタルジアを含んだ感情であり、「徳誼心」という言葉で表現されるような、かつての社会秩序に対する喪失感に近いそれであったということである。

こうした感情は明治維新以降の近代化の中で、近代への幻滅としてしばしば民衆に懐かれたそれである（鶴巻 一九九六）。このような民衆の文脈に立った宗教への渇望が現地にあったことを踏まえなければ、神父のいう「呪女（ノロ）は吾々の宗教に対してあまり反対せず、いくらかの者はよく云うものさえ居た」〔11〕という関係性は説明出来ないであろう。つまり現実社会の荒廃に根ざした危機感は、前近代の秩序を想起させ、そのことが「宗教」への渇望感を育んでいた、ということである。そしてそのような意識は時に民衆のうちからも尖鋭化し、結局キリスト教とはその欲求が辿り着いた回答の一つであった。

既にその名前を挙げた兼山常益は喜界島・花良治《けらじ》集落出身であり、プロテスタントとの出会いによって郷里の荒廃を「サタンの戦術の為」と認識し神学を求めた、いわばネイティヴの牧師である。その彼はある時教団誌に寄せた文章の中で、郷里に蔓延る悪徳としてルカ書を引用しつつ「苟合汚穢好色偶像崇拝巫術仇恨争闘妬忌忿怒紛争結党異端娼嫉兇殺酔酒放蕩」と凄まじい筆致でもって数えあげている〔12〕。彼の帰郷もそのような悪徳が「尚ほ吾が同胞を

（中略）悩ましつつある」ことが動機であり、宣教も「諸方に散在せる求道者の紹介」によって支えられつつ、たとえば地域の青年会へと進んでは「自ら大に任じ大胆に殆どサタンの陣屋を滅茶苦茶に打破」らんとする気概の下で進められていった。

このような態度から見出されるのは、政治意識とほとんど区別のない「宗教」的情熱である。つまり兼山においてキリスト教の教えとは内面的充足にも増して、苦境にある奄美の現実を改善するよすがなのであり、宣教活動もその確信のために展開されたのである。そして兼山の指導者にあたる中田は奄美宣教を励まして、次のように述べる。すなわち奄美には「概して宗教らしき宗教はなく唯単に祖先を祭る位のものである。本願寺や天主教が少しく伝道して居るけれども微々たるものである。実に全島は十分熟して居る」と[13]。ここでも奄美は「無宗教」と見做されている。そしてこの「無宗教」の苦衷こそが、奄美を不幸としているのである。

ここにおいてキリスト教は、現実にも為政者と民衆を橋渡しする契機となった。前掲の兼山が挙げた悪徳が聖書から導かれたにもかかわらず、ことごとくが近代的エートスに相対する悪癖であることに注目したい。このような兼山の宗教観は「無宗教」の改善を政治課題と捉え、「宗教なき」人々に宗教を与えることを是とした笹森や岡の宗教観と完全に嚙み合っている。この時キリスト教という「宗教」の受容とは精神的な営みを越えて、生活世界で育まれた危機意識や渇望を為政者の目論見と合流させ、実際に社会改革へと繫げていく筋道として存在していた。このような現実を背景とするが故にカトリックは、キリスト教教義の信仰者に留まることなく、広範に宗教的リアリティを喚起しえたのである。

以上の史料的な分析をまとめれば、次のように整理することが出来る。第一に為政者は奄美民衆を「無宗教」と把握し、そのことが地域の発展を阻害しているものと考えたためにカトリックを後援した。そしてカトリックは現実にもその役割を果たしうるような教団であった。一方で、宣教を受動する民衆にも危機意識と渇望感が潜勢していた。

この両者の合致が奄美における順調なカトリック受容を導いたのであり、この点はほぼ安齋の指摘を追認して良い。その上で本書が指摘しておきたいのは、為政者および神父と、民衆の間には些細ながら深刻な認識のズレが存在していた、という点である。

奄美が「無宗教」であるのは、伝統的な宗教文化が「宗教」と見做されなかったのと共に、それが廃仏によって破壊されてしまった、という二重の事情による。言わば民衆はかつての精神的支柱に対する喪失感の下で「宗教」を求めたのであり、それ故に集会に押し寄せたのである。だがこれに対して宣教側は民衆の「無宗教」を、そのような「喪失」として捉えることはなく、いわば「宗教」の「欠如」として了解していた。これは前近代奄美の秩序や廃仏の経験に対する無知のためであると同時に、民俗宗教を「宗教」と見做さない当時の標準的なイメージに由来するものと言える。

いずれにせよこのような両者のズレはすぐに顕在化することとはならなかった。「無宗教」なる彼らの状況と社会的窮乏は確かに事実であり、このため民衆は確信をもって「宗教」であるキリスト教を不要とすることも出来なかったのである。一九二三（大正一二）年で四、〇〇〇名超というカトリック信徒数は、このような事情に照らせば腑に落ちる数字であろう。だが同時に生活世界の経験的リアリティから乖離したカトリックは、そのままで民衆の喪失感を埋め合わせるものではありえず、「喪失」と「欠如」という二つの「無宗教」のギャップは民衆の中に残され続けることになった。キリスト教は結局、彼らの先祖が数百年単位で守ってきた祭祀の代わりになるものではなかったからである。

3　大正・昭和——カトリック排撃

為政者が「宗教」に抱いていた期待そのものは、大正・昭和期にも継続する。製糖モノカルチュア経済と地理的制約故に奄美は後進地域であり続けており、改善を託けての民衆教化は依然、政治課題と見做されていたのである。だが大正時代半ば以降、カトリックを取り囲む環境は不穏なものとなっていった。

『大島々治概要　附・振興策』は大正晩期に島司職にあった中島楽が退任後に私費で公にした書籍である。ここで彼は奄美振興への献策の一環として、奄美発展を阻害する「人為的条件」を挙げているが、ここで「郡民性ニ欠陥アリ」として指摘される筆頭が「宗教心、信仰心薄キガ如シ」であることは見逃せない〔14〕。他に並べられる「欠陥」が「勤勉力行ノ念ニ乏シキ」「貯蓄観念、貯蓄心少シ」「飲酒ノ弊アリ」「依頼心強キ」「共同心薄シ」「公徳心少キ」と、いずれも近代的エートスに関わる指弾であることを見れば、当時の政治家が「宗教」に寄せていた期待の大きさも察せられよう。中島の「全郡尚殆ド無宗教ニ近キ状態ニアリ抑々本郡ノ如キ民度ノ低キ僻地ニアリテハ其風俗ヲ改良シ公徳心ヲ修養スルノ上ニ於テ特ニ宗教ノ力ニ俟ツベキモノ少カラズ」という記述は、かくある政治的目論見を余さず表したものと言えるだろう〔15〕。

ただ彼の記述にあって同時に気づかされるのはキリスト教への警戒感である。中島は大島の諸宗教の受容状況を述べるにあたり「仏教、天理教、基督教」と教勢に照らして不自然な順序で並べる。のみならず「無宗教ニ近キ状態」を改善するための方策にカトリックを挙げることをせず、「相当ノ学識アル神官僧侶ヲ選択シテ布教ノ事ニ当タラシメ」と神道・仏教への肩入れを表わしさえするのである。

このような関係の冷え込みは神父側からも裏づけることが出来る。先にも引用したハルグ神父の述懐には日露戦争以降、官署との関係は「儀礼的」となったとあり、そして一九二二（大正一一）年には「坊主等が島庁の多少の肝入りで大島各地の田舎を廻った」とある。このあからさまな仏教の活動は恐らくこの時期島司職にあった中島が支援したものであろう。このとき仏教僧侶にもカトリックへの敵愾心があったことは間違いない〔16〕。

このようなキリスト教の地位低下と神道・仏教への傾斜は、日本近代史のコンテクスト、つまり日露戦争後の社会疲弊と、それに伴う国家意識強化の反映としてまずは捉えることが出来る。一九二七（昭和二）年八月には即位後間もない昭和天皇が初めて奄美大島を訪れるとともに、同時期には宣教団がフランシスコ会カナダ管区へと移管され、布教を担う教団が交替するという出来事があった。折しも排外意識が高まりつつあった大正後期において、この神父の異動が人々に疑心暗鬼を生じさせるものであったのは間違いない。そして現実に大正後期を転換期としてカトリックと政治の関係は緊張の度合いを高めてゆき、昭和初頭の宗教弾圧として現実化する。

奄美のカトリック弾圧に関しては二著の優れたノンフィクションが刊行されており、かなりのことを教えてくれる（小坂井 一九八四、宮下 一九九九）。このカトリック弾圧の一つの画期として一九三四（昭和九）年一二月二三日に執り行われた「笠利村赤木名部落ノ全信者離宗宣誓式」が挙げられる［17］。もう一つの画期と言えるのは一九三四年三月の大島高女廃校と、同一二月の外国人神父の退去であるが、「宣誓式」とは一連の弾圧の最終段階として民衆の棄教を確証する儀式であった。皇太子誕生日という日付は「宣誓式」の目的を端的に表していようが、ともかくも史料はこの式によって「北部大島三千有余ノ「カ」教信者」が棄教した、と記している。この件を政府に報告したのは、弾圧を指揮した海軍大島要塞の司令官・笠蔵次であった。

クリスチャンが直接的暴力に曝されたという意味でも、奄美の弾圧は苛烈なものであった。宣誓式以降もなお信仰を守ったクリスチャンには「防火訓練」と称した家庭への放水や投石など様々な暴力が揮われたという。海軍がかように弾圧を煽った動機として、古仁屋（奄美大島南部の港湾）に要塞が置かれていたことの意味は大きい。一九二二（大正一一）年に締結したワシントン海軍軍縮条約は軍拡への制約となり、特に直接拘束される海軍は不満を募らせていた。そんな折、時を同じくカナダ系フランシスコ会へと移管された宣教団が要塞周辺で活動していたことは、海軍に疑心暗鬼を生じさせるものとなった［18］（宮下 一九九九：五五）。笠が述べる「篤信者ノ一派ハ彼等宣教師ヨリノ出資ヲ以テカ国防上重要ナル地点ヲ信者ノミノ楽園ヲ作ルト称シ買収シ或ハ借入アリ」［19］という疑念はほとんど神経症的でさえあるが、しかしそのような認識はただ一軍人の妄想としてのみ流通していたわけではない。たとえば当時大島を訪れた人文地理学者・佐々木彦一郎は現地調査の経験を『旅と伝説』誌に寄せて次のように述べている。曰く「奄美大島は軍事上益々重要なところであるのに、もうすべては華府に筒抜けだと慨する人のあるのも無理からぬ事。最近又すぐ近くの横当島（奄美十島之内）――ここは最近内地台湾民間航空路の目標になる大地《ママ》なところだ――にカソリック教徒だけの新しい村、即ち理想の天地を建設せんとし、土地を買収し、島人を他に追わんとして問題が起つてゐる」と（佐々木 一九三四）。

第四章でも言及したが『旅と伝説』は柳田国男も関わった雑誌で、政治的なプロパガンダを宣伝することを目的としたものではない。また佐々木自身もカトリック一般に対しては好意的であり「島ではカソリック教が異教になりつつあるといふ事であった。まことに嘆かはしいことである」と述べては、在京の信徒の友人を挙げつつ「いずれも尊敬すべき人」と擁護さえしている。だが同時にまたこの佐々木は「信教の自由があつても国家に忠実でない宗教が許されないのは判りきつたことだ」と述べ、奄美カトリックの活動を批判するのである。このことが意味するのは当時、宣教団の活動の実態はともかく、キリスト教に好意的な層にすら奄美宣教はいかがわしいものと映っていたということである。ましてや一般民衆においては尚更のことであろう。こうして盛り上がった排撃運動によって、奄美におけるカトリック宣教は中絶を余儀なくされる。信仰を護持したごく少数の信者は迫害を恐れ、日本の敗戦まで息をひそめて生き抜くしかなかった。

このとき海軍司令は「宗教」をいかなるものと了解していたのであろうか。資料には笠もまた、奄美の人々を「無宗教」と記していることが見える〔20〕。すなわち「古来宗教ト称スヘキモノナク卑属《ママ》的迷信ノミ」の状況にカトリックが訪れたため、というのが彼の認識である。彼がここでカトリック受容の第二要因に挙げる「無宗教ト言ハルルヲ嫌ヒ何宗教カニ帰依セントスルモノ多キコト」は本書のこれまでの議論に照らしてそれなりに的確な理解といって良いが、ただここで彼がカトリックへの入信者を「特ニ程度低キモノ」と表現することは見逃せない。

先にも触れてきたように、明治期におけるカトリック教勢の拡大は政治と知識人の積極的支援に裏付けられていた。言わば奄美の人々を「無宗教」とし、それを改めようとする知識層・為政者層の意図が先行したのであり、民衆の「無宗教ト言ハルルヲ嫌」う態度とは、このような言説を引き受けたために生じたそれに過ぎない。元々民衆にありえたのは、前近代秩序の「喪失」に基づいたやむなき「無宗教」の自己認識と、その喪失に喚起されたいわば渇望感であった。このため神父や為政者の働きかけ以前において民衆は自らの窮状を、カトリックによって埋められるべき「宗教の必要性」として了解してはおらず、救済への期待感こそ広く存在してはいたものの、このためにそのままカトリックの信徒となってゆく者は限られていたのである。

ここにおいて笠が示したカトリック信徒らに対する否定的な言辞は、単に笠が奄美キリスト教史に無知であった、というだけのことではなく、そもそも大局的状況としてキリスト教の位置づけが明治と昭和で異なることを示すものである。すなわち明治奄美の知識層は、キリスト教を民力涵養に有益と見做していたが、大正・昭和では逆に有害なものとして捉えている、ということである。だが何故有害なのか。それは笠が「国体、国民精神」「国家意識」と呼ぶものと関わっている。

4 肯定される民衆のリアリティ

笠が民衆に求めたカトリック棄教を、言葉で表現する際に用いるレトリックに「日本精神」への「還元」というものがある。すなわち彼にとって棄教とは「還元」なのだ。彼は一九三四（昭和九）年の宣誓式について「村当局ノ指導ニヨリ信者自発的ニ実施」されたものとし、民衆自身の主体性を強調する。ここで彼が書く筋書きとは、信者らが自ら「覚悟ノ発揮ト日本精神ノ自覚」という「還元」を果たし、こうして「奮ヒ立チタル一般郡民ノ気勢」がカトリック排斥を導くというストーリーである。強制性の隠蔽ということ以上にここで注目したいのは、テクストの前提をなす「カトリック排斥は自発的に実施されて然るべき」という彼の懐く当為の認識である。これが意味するのは、彼において棄教はたとえ面目の上のみでも、外から押し付けられたものではありえなかった、ということである。

このことは再び「喪失」と「欠如」という二つの「無宗教」の差異に関わってくる。既に述べたように明治大正期の知識層は、奄美の人々を「宗教」の欠如した人々として認識し、かつその認識にもとづいてカトリックを後援していた。だがこれに対して笠の「無宗教」に関する認識はむしろ、奄美民衆が懐いていた「喪失」による「無宗教」という構図に近い。もちろんそこには「喪失」をもたらしたものに関して、「廃仏に代表される近代化の動き」か「カトリック」か、という点に大きな認識のズレがある。それでも笠が奄美の人々をして単なる欠如としてではなく、立ち帰るべき何らかの本来性を具え、かつそれを「喪失」した存在と捉えたことは民衆にとって重要な意味をもった。

さしあたりここで笠の用いる「国体、国民精神」「国家意識」「日本精神」といった語が持つ思想史上の文脈に踏み込むことは避けたい。奄美民衆自身にとって大きな意味をもったのは、生活世界の経験的リアリティとカトリックの関係の変化である。結局カトリックは「安息日」のような奇妙な教えを説くなど、本来的には民衆の経験的なリアリティに反するそれであった。しかしながらそのような違和感があってなお、民衆がカトリックを肯定的に受け止めていた時、そのバラストとなったのは「無宗教」という了解であった。かつて「宗教」は成立宗教を指すものとしてイメージされ、それを欠くが故に奄美の民衆は否定的に記述された。そしてその「無宗教」は、彼らが少なくとも「宗教」を奪われた人々であったことだけは事実であったが故に、当事者にとっても当事者なりに「事実」ではあった。為政者や宣教側は民衆の経験的リアリティとはズレたかたちで「無宗教」を認識し、そこからカトリックの必要性を説いていたのである。それを本書は先ほど「喪失」と「欠如」のギャップとして述べたが、このズレは忘却されることなく、民衆の中に潜勢し続けた。そして今や軍人が「還元」せよと説くのは、このような民衆に向けてのことである。

実のところ、教会の福祉活動とは必ずしも教団への尊敬を喚起するとは限らない。それはたとえば「坊主たち」が広めたという、カトリックは「死人の肝を取ると云う評判」の根強さから見てとれる。贈与交換に関する人類学の知見が教えているように、贈与は必ず見返りとしての反対贈与を要求する。神父たちの奉仕は民衆にとって救済であると同時に、負債感情を生み出し、返すべき「見返り」を意識させずにはいられなかった。すなわちカトリックが福祉に熱心であればあるほど、彼我のエコノミー均衡は崩れ「ひそかに何かが奪われているのではないか」という妄想がようやくそれを調停させていたのである。「死人の肝」の噂とはこのような負債感情の発露に他ならず、当時のカトリックが民衆にとって敬愛の対象でありつつ、同時にいかがわしいうしろめたさを感じさせる存在でもあったことを示している。

かようにカトリックと経験的リアリティとの緊張関係は、それ自体としては受容にも排撃にも振れることなく、言わば微温的な揺らぎのうちに留まっていた。そしてそのような民衆の曖昧なリアリティを背景にしてなお、明治期にカトリックが教勢を伸ばしえたのは、神父らが為政者に支持されていたためであった。つまりエリートが民衆のそのような経験的リアリティを否定することで、カトリックのいかがわしい反面はバランスされ、反発に歯止めをかけていたのである。

だが今や笠が「離宗宣誓式」を表現するにあたり用いるのは「還元」というレトリックであった。彼は「村当局ノ指導ニヨリ信者自発的ニ実施ス」と述べて、式が民衆の自発的なものであることを強調しつつ、これによって信者が日本精神に「還元」したという筋書きでもって政府への報告書をしたためる。すなわち笠によれば宣誓式とは「一般郡民ノ時局ニ対スル覚悟ノ発揮ト日本精神ノ自覚トヨリ招来セルモノニシテ宣教師ノ退去ト信者等ノ転向トガ何等策ノ施ス処ナクシテ行ハレタルハ全ク彼等ガ積年敢テセシ非国民的信仰行動ガ積年ノ怨恨ヨリ大義名分ノ上ニ奮ヒ立チタル一般郡民ノ気勢ニヨリ粉砕サレタルモノ」と解されるべき出来事であった。ここで彼はそれまで喪失されていた「日本精神」が自覚されることで、カトリックの棄教が選択されたのだと臆面もなく主張する。

ただ昭和ファシズム下の軍人の振る舞いを倫理的に処断することは本書の趣意ではない。本書にとって重要なのは、ここに現われた新たな言説がそれまで「無宗教」の語が覆い隠してきた「欠如」と「喪失」のギャップを決定的に開き、完全に引き裂いてしまったことにある。何となれば笠は奄美民衆を、これまでのエリート同様、後進性の原因たる空隙のある「無宗教」の人々として見るものの、ただその空隙を「欠如」ではなく、ありうべき日本精神の「喪失」として解する新たなまなざしの下に見ている。だからこそ、その空隙はカトリックによって埋めてはならないのであり、日本精神を取り戻すことで正しく充塡され直さねばならないのである。

先ほど確認したように木ノ脇はアイデンティティの観点から、同一化対象がカトリックから国家に移行した結果として、奄美民衆の弾圧への振れ幅を説明していた。だがこの極端な振れ幅は、国家への同一化を説く言説が、奄美民衆の「喪失」というリアリティと同型の構造を持っていることを踏まえた時、より適切に説明出来るように思われる。つまり笠は日本精神という言葉を用いることで、奄美の人々をして単に「欠如」した存在としてではなく、立ち帰るべき何らかの本来性を「喪失」した存在として捉え直したのである。

そしてこれは前近代の秩序を「喪失」し、ノスタルジアとともに宗教に飢えていた奄美民衆に対し初めて与えられた、かつてなく強い喚起力のある言説であった。ここに奄美民衆は「喪失」を埋めるべきものとしての「何か」を、初めてエリートによって提供されたのである。日本精神への「還元」というベクトルは、喪失後の空隙を埋めようという民衆の内発的なベクトルと合流し、強い合力となって民衆を突き動かした。だからこそ国家への同一化への扇動は奄美民衆に広く強い喚起力を持ち、彼らをカトリックの弾圧という極端へと走らせたのである。

言い換えれば奄美民衆は廃仏毀釈と、為政者達によるカトリックの推奨を経てなお、彼らの懐くノスタルジア、あるいは経験的リアリティを守り続けた。彼らが最後に帰るべき信仰は、中央の知識人達からは「無宗教」と呼ばれ、その名前もないまま（あるいは第二章で見たように名前を奪われたまま）それでも潜勢を続けた。それはそれらの信仰が、彼らの生きる地域共同体に根を下ろしていたからこそであるだろう。しかしそれらの潜勢力は、否定されてなお生き延びる強さはあったが、同時にそれをすくい上げてくれるように見える言説には容易に巻き込まれうるそれでもあった。彼らのリアリティの力は、決して応えるべきではなかった「還元」せよとの呼びかけに、あまりにも警戒なく応えてしまったのである。

三　分析

1　戦後

一九四六（昭和二一）年二月二日、敗戦処理の過程で奄美大島以南の南西諸島はいわゆるプライス通告により日本から分離する[21]。しかしそうした動きの中、弾圧と迫害の記憶も生々しいながら、押さえつけられ続けてきた現地のカトリック信徒達は意気軒昂であり、教会復興のために即座に活動を開始した。その出発点となったのは神父再派遣の依頼と、没収された教会財産の返還請求である。一九四六年三月二〇日に大島市庁長に就任した豊島至《とよしまいたる》は次の文章でカトリックの再宣教を乞うている。

日本は惨敗をみましたが然し今にして思へば一度此の関所を通らなければ日本の甦生はむつかしかったのではありますまいか、その意味に於いて今回の敗戦は寧ろ天啓であったと云へないこともなかろうと思ひます。

特に我が大島が二二宣言に依りまして日本国土から切り離れた事等も色々の意味から一つの恩寵だと信じて感謝しつゝ今軍政府の御指導のもと新理想郷建設に向って二十万島民と共に一生懸命の努力を続けております。それに就いては精神の復興が根本問題であり而も世界的に正しい宗教の力に俟たねば不可能なことだと確信して居ります。どうか一日も早くカトリック教宣教師多数此の地に御派遣下さいまして御布教の再考に御尽力せしめ給ふやう特別の御高配を心からお願ひ申上げます。

（平　一九八八：二四三）

豊島はこの後一〇月三日、臨時北部南西諸島政庁への改組に合わせて知事として再任され、翌九月二〇日に急逝するまで奄美行政に携わった人物であり、キリスト教への理解も深かった。この陳情書が出された同日、奄美のカトリック信徒を代表する人々が集まり「財団法人奄美天主公教会寄付行為規定」を作成し、翌月九月一七日には豊島から財団法人設立の許可を受け取っている。この「寄付行為規定」とは強権的に没収された教会財産を取り戻すための方途であり、教会地や建物を「寄付」のかたちをとって信徒側に譲渡させることで、法的整合性を保ちつつ返還事業を進めるためのガイドラインとなるものであった。

奄美大島に立つ教会は明治期にカトリックが入ってきた際、為政者や知識層の後援により得られた好立地にあったうえ、教会施設自体が潤沢な資金によってレンガや鉄筋で作られた頑丈な建物であったため、接収されたそれらは行政施設に転用されていた。このため寄付行為規定を提示して迫っても市町村はなかなか首を縦に振らなかったが、最終的に豊島が市町村長を集めて知事命令で指示したことによって話はまとめられる。ただ一つミッションスクール・大島高等女学校を転用した県立奄美高等女学校のみは、現行の在学生の権利や教職員任命の問題があり、折衝の末そのまま行政へと委譲されることになった。

こうして再び戦後になって奄美に上陸したカトリックであるが、その信徒数は一九四八年から一九五六年までおよそ二、〇〇〇〜二、五〇〇名の微増傾向で推移したようである。教会資料によれば一九六一年以降、信徒数はおよそ四、〇〇〇〜四、五〇〇名程度で推移しており、これは先ほど見た戦前に匹敵する数と言える。ただし戦後奄美は近年まで、その人口母数において右肩上がり傾向を続けていたため、人口比率的には下がり続けてきたというのが実情である。数字の上でも一九八七年の四、七四五名をピークに信徒の高齢化の影響が覆いがたくなり、横這いからはっきりと下降傾向を迎えている。

2 無宗教の人々

本章は受容から弾圧という奄美カトリックの近代史を、宗教という概念の変容から捉えることを目的としていた。総括すれば明治期に奄美カトリックの受容を促したのは、奄美民衆が「無宗教」の人々であり、彼らが「宗教」を持たないことが民力の弱さに繋がっていると考えられていたことである。特にこうした考え方はエリートや知識人、為政者に顕著であり、彼らは大島に渡ってきたカトリックを受容するよう民衆に求めた。だがこのとき民衆は、その生活世界においてはなおも愛着するべき民俗信仰を懐いていた。それはたとえば先祖祭祀であり、ユタの信仰などもこれに含まれてくるだろう。しかしながらそうした愛着を価値づけるような知は、明治二〇年代にはまだ存在していない。民俗信仰を対象化し、価値づけるような知は明治三〇年代にようやくアカデミズムに芽生え、大正時代にかけてようやく一般的なものになっていくにすぎない。

そうした中で民衆の中に現われた「宗教」を求める動きは、彼らが求める秩序へのノスタルジアと、彼らに対する「無宗教」という「客観的評価」を背景として生じたそれである。このカトリック受容の動きは、為政者の思惑と後援により順調に進み、奄美において他に例を見ない教勢の盛りあがりを見せる。ただその中でもなお民衆には懐疑があり、教会への投石のような部分的反発や、「安息日」など無駄ではないかという反論には、そうした根強い民衆のリアリティが見出される。

　こうした中、やがて「宗教」という言葉のイメージは変化し、大正後期には人間に生まれながらに普遍的に具わった資質として了解され始める。前章で見たようにこうした宗教観はやがて、民衆の生活世界に息づいた民俗信仰を発見し、その意味を日本という国の秩序の中に位置づけていく。もちろんそれは国家からの全面的な肯定を指してはいない。しかしながらこうした「宗教」イメージの変容は、もはや奄美の人々が「無宗教」なのだとしても、そのことを問題視するものではない。代わりに、帝国主義に走り始めた日本のエリート達が奄美の人々に求めたのは国家意識なるものである。彼らは人々に、カトリックから「還元」するべきことを説く。この言説の中で、カトリックはそうした人々の本来性を損ねるものとして語られる。

　これに応えて民衆は、もはや愛着ある自らの生活世界の民俗信仰に回帰することを躊躇しない。もはや「宗教」を何者かに求める必要はないのである。こうして「宗教」イメージの変容は、カトリックの排撃という実践を導くことになる。かつてカトリックという「宗教」は受け入れるべきものとしてイメージされていた。今や「宗教」は本来性を損ねるが故に遠ざけるべきものとしてイメージされる。そのイメージの草原に軍人が火を放つ。イメージは人々に行動を促す。人々においてカトリックは弾圧されねばならないが故に弾圧されたのである。

　そしてこの「宗教」イメージは太平洋戦争の敗戦を生き延びる。宗教は誰でも、生まれながらに持つものであり、社会秩序と結びついている。もちろん、何らかの「宗教」を受け入れること自体は別に構わない。ただ一つ、社会の秩序を乱さない限りにおいては。昭和ファシズムの時代において、我々の「宗教」イメージはかくの如く完成する。戦後、奄美にカトリックは帰ってくるが、それはかつての熱狂を再現しない。その反応の冷静さは、社会が近代化したことや豊かになったことには還元しきれない。そうではなく、「宗教」のイメージは変わったのだ。もはや「宗教」はわざわざ求めるべきものではないし、求めても良いことがあるとは限らない。カトリックの教勢は横ばいになり、右肩下がりになる。戦後における奄美カトリックの足踏みは、こうした実践の変容の帰結として理解される。大正末期に南島の地域社会に膾炙した新たな「宗教」イメージは、カトリック排撃という実践を作り出した当のものであると共に、特にカトリックを必要としなくなった我々の有り様を作り出しているそれである。画期は戦前にあり、敗戦は画期とはならない。太平洋戦争前夜に像を結んだ「宗教」イメージは、今日の我々が了解し自明視するそれに他ならない。

［1］一九二三（大正一二）年の教会所在地
　　名瀬、大熊、浦上、知名瀬、赤尾木、瀬木留部、笠利、嘉渡
一九二三（大正一二）年に於ける信者数

名瀬、知名瀬、大和浜	一一二九
大熊、浦上	七一五
赤尾木	一六八
瀬木留部、屋入	四四三
赤木名、手花部、平	二九〇
嘉渡、芦花部、秋名、安木場、竜郷	六七六
笠利	六三六
計	四〇五七名

一九一八（大正七）年の時において約五〇〇〇人の臨終の洗礼をさずけた（改訂名瀬市誌編纂委員会編　一九九六：二九一）。

なお図④はこれらを地図上に落としたものである。

［2］Bernard Joseph Ferrie（一八五六〜一九一九）。一八八一年に来日したフランス人神父。

［3］史料Ａ（改訂名瀬市誌編纂委員会編　一九九六：二九一―二九二）

　　大島の布教は容易なりしや、困難なりしやの数言を附言することを許して戴きたい。

大体に於いて、官署が好意的であったことに対しては好感を持った、警察や特に裁判所関係には親密であった。そして一事件毎にその内部もより良く整備されて行くように思った。島庁は吾々が各地で歓迎されるのを見て人民に宗教をよく勉強するようにすすめていた。かくの如く日露戦争の始まる迄はあらゆる点で非常に満足であった。戦争が始まった時から人々は吾々がいくらかロシアの為に働いて居ると疑い始めた（フェリエ神父を除いて人々は吾々をロシアの将校だと云った）。（中略）この頃から官署との関係は最早儀礼的関係となった。官が吾々に好意を持っていた一つの理由は、坊主が殆ど何もなし得ないのに対して、吾々が可成の部落に宗教を植えつけたのを見ているし、尚彼等は住民に或宗教を与えたいと考え、しかもそれは吾々しか与え得ないと考えていたからと思う。従って彼等は人々に吾々の処に行って話を聴けとすすめねばならなかった。

私が大島に居た最後の年（一九二二年）坊主等が島庁の多少の肝入りで大島各地の田舎を廻ったが、彼等の働きは殆ど何の得るところもなかった。

［4］史料C「南島だより」『焔の舌』明治四五年五月二五日号

今より凡そ二十三年前小生が武州川越に伝道し居たる家兄を訪ひし時に隣家に判事をして居られた岡程良なる人があった。其人はこの大島の人で求道し居られ頻りに大島々民の状態を述られて伝道者の派遣を家兄に請求し居られしを側にありて聞きし小生は他日かかる島に行て伝道せんと心ひそかに願ったのが実に神の摂理である。依頼せし岡氏も依頼せられし家兄も既に故人となり小生が代りて伝道に来るとは不思議なる神の御摂理である。

［5］史料A（改訂名瀬市誌編纂委員会編　一九九六：二八二）

それ〔天然痘〕は名瀬に発生し全島に大きな動揺を与え凡ての通信は杜絶えて了った。住民は全力を以て天然痘の悪魔を追出さねばならず、治療法は、それを追出す以外には方法がなかった。（天然痘の病因を知らず何か魔物の仕業と思っていた）夜も昼も人々はタンタンと云う追出声を聞いた。ドラや太鼓が集められ、人々は順番にそれを腕に下げて鳴らし、大声を上げ叫ぶと共に、正に地獄沙汰の様な凄じい馬鹿騒ぎであった。各部落では村の一番遠いところから海岸迄、海に悪魔を追い落す為の騒ぎの行列が仕組まれた。特に大きな叫びを発したのは犬や豚の啼き声であった。犬や豚の啼き声は悪魔を防ぎ止めると云う理由で死ぬまで泣かされた。

名瀬に於ては天然痘におかされた家は焼かれた。そして田舎では生きた病人が焼かれて了ったとも語られた。警察が出動したが、警察官の殆ど凡ては大島人であったので、彼等は署長に何とも手の付け様のない事を報告して居る。従って為すが儘に放任してあったが、長官の知る所となり第一船から多数の武装警官が上陸した。彼等は上陸するや否や、例の追出し行列を見に行った。併し署長はそれを見て此の示威もすっかり下火になったと語った。暫くしてすべては冷静になった。

［6］史料A（改訂名瀬市誌編纂委員会編　一九九六：二九二）

もう一つの障害は、この時迄は住民が如何なる宗教をも信じて居なかった為に、宗教の必要性を理解せしめる困難さであった。それから日曜毎の休み（主日を守ること）をあまりに時の浪費だと彼等は云うのである。

［7］史料A（改訂名瀬市誌編纂委員会編　一九九六：二八〇）

十二月には、六十名以上の志願者に洗霊を授けることが出来、それに続いて一月にも沢山の受洗者が居た。それには反対者もなく、多くの者は改宗する事を望んだ。その時まで大島は所謂、宗教を持たない国に属して居たと云ふ事が出来る。大島では命日に於ける盆の祖先崇拝の行事や、土地の保護者の祝や、その他不吉な記念日とか多くの迷信があったが仏教も神道もなかった。併し古くからの無宗教の状態は住民に殆ど宗教の必要性を感じなくさせて居た。

カトリック教義の実行は、先ず彼等に仕事を休んでの日曜日の遵守から始められたが、宗教を忠実に守るとい《（ママ）》ふ事は彼等の生活にも習慣にもなく仲々早急に出来なかった。斯く宗教に対する極めて不完全なる希望を持って居るので、良い信者をつくるには時が必要であったし、人々と宗教の必要性を説くことが急務であった。

［8］史料C　中田重治「南島だより」『焔の舌』明治四五年五月二五日号

数回の集を信者未信者のために催した。集る度に恵まれた。未信者の集の如きは四百名余の聴衆があつた時もある。随て数十名の決心者を与へられた。聖霊は働いて居らるる、人々が飢餓いて居る。揺きさへすればバラバラと其果実が落る果樹の如く熟して居る。もと夜学校であつた古建物が与へられ此度献堂式を執行した。受洗者の数は四十七名であつた。これらはあらゆる階級の人々である。この外多の求道者がある。小出兄独りでは手が廻りかぬる程多忙である。近村にも求道者が起つて居る。屢々報道に見ゆるやうな前途益々有望でなく現在見ゆる所を見ても驚くべく神の御手が加はり盛況である。日曜学校も盛んである。教会は名瀬と云ふ戸数二千戸許ある所に設られて半自給である。信者は皆単純で色々の事にて攪乱せられて居らぬから実に福である。

［9］史料D　兼山常益「大島戦報」『焔の舌』明治四二年一二月二五日号

当県下は他府県と異なり他宗徒に比較宗教論等を振廻す憂なく牧ふ者なき羊に唯純福音を宣伝する事とて旱天に水を欲

むが如く霊の飢餓を訴へ未熟の雛子伝道も至る所に歓迎せられ諸方に散在せる求道者の紹介にて集会を催し或は青年会等にて自ら大に任じ大胆に殆どサタンの陣屋を滅茶苦茶に打破た。

［10］笹森儀助『喜界島巡廻日誌　明治三十一年自一月三十日至二月二十日』（奄美市立博物館収蔵史料）

［11］史料A（改訂名瀬市誌編纂委員会編　一九九六：二九二）

他の困難は魔術師（ユタ、ノロ）から来て居た。（中略）

呪女は吾々の宗教に対してあまり反対せず、いくらかの者はよく云うものさえ居たが、他のユタ等は自分のみならず、親戚関係に反対を起こさせ、そして村人に迄反対させるように働いた。

［12］史料D　兼山常益「大島戦報」『焔の舌』明治四二年一二月二五日号

大島方面に一騎打に出駈し決心の遠因は余が教を受くる前同地方に於て苟合汚穢好色偶像崇拝巫術仇恨争闘妬忌忿怒紛争結党異端娼嫉兇殺酔酒放蕩（加六の十九）等あらゆるサタンの戦術の為に殆ど半死半生にせられし窮地絶望の其際吾が主に救はれ今は其サタンの為に蒙りし致命傷も全治し主の部下の一員と為たれどサタン将校は尚ほ吾が同胞を同手段にて悩しつつある事を思へばサタンの仕打ち悪らしく罪悪退治の念叢々と起来り意恨十年聖霊の一剣を磨き単身出駈けたのである。

［13］史料C　中田重治「南島だより」『焔の舌』明治四五年五月二五日号

大島郡群島全体で二十万位の人口がある。概して宗教らしき宗教はなく唯単に祖先を祭る位のものである。本願寺や天主教が少しく伝道して居るけれども微々たるものである。実に全島は十分熟して居る。

［14］史料E　中島楽『大島々治概要　附・振興策』（中島　一九二六：二〇六）

人為的条件

郡民性ニ欠陥アリ。……コハ本郡民ノミノ欠陥ト称スヘキニ非ザルモ今ソノ二三ヲ左ニ記サン。

イ．宗教心、信仰心薄キガ如シ。

ロ．勤勉力行ノ念ニ乏シキガ如シ。

ハ．概シテ貯蓄観念、貯蓄心少シ。

ニ．飲酒ノ弊アリ。

ホ．依頼心強キガ如シ。

ヘ．共同心薄シ。

ト．公徳心少キガ如シ。

［15］史料E　中島楽『大島々治概要　附・振興策』（中島　一九二六：九八）

宗教ニ於テハ仏教、天理教、基督教、等アルモソノ普及ハ一局部ニ止リ成績別ニ見ルベキモノ少シ。全郡尚殆ド無宗教ニ近キ状態ニアリ抑々本郡ノ如キ民度ノ低キ僻地ニアリテハ其風俗ヲ改良シ公徳心ヲ修養スルノ上ニ於テ特ニ宗教ノ力ニ俟ツベキモノ少カラズ、然レドモ現在ノ如キ小規模ノ布教ヲ以テシテハ其ノ普及固ヨリ之ヲ期シ得ベキニ非ズ須ラク相当ノ学識アル神官僧侶ヲ撰択シテ布教ノ事ニ当ラシメ以テ信仏敬神ノ念ヲ涵養スルト共ニ、易俗、移風ニ勉メシムルヲ要ス。

［16］史料A　（改訂名瀬市誌編纂委員会編　一九九六：二九二）

一つの困った事は坊主に依って言いふらされた、我々が死人の肝を取ると云う評判であった。それは信じ難い出来事として、私は思い出すのであるが、こんなことがあった。或日、名瀬の葬式でフェリエ神父が病気の為式を行うことが出来ず、私が行ったのであるが、人々が棺を教会に運んで来た時、私がこういう魔術で肝をとったと言いふらした。

［17］史料F　「奄美大島ニ於ケル「カトリック」教徒啓導ニ関スル経緯」

十二月二十三日皇太子殿下第一回御誕辰佳日ニ於ケル笠利村赤木名部落ノ全信者離宗宣誓式（村当局ノ指導ニヨリ信者自発的ニ実施ス）ヲ最後トシ北部大島三千有余ノ「カ」教信者ハ僅カ三十名（六家族）内外ノ未離宗者ヲ残シ日本精神ニ還元セリ

此ノ事実ハ一般郡民ノ時局ニ対スル覚悟ノ発揮ト日本精神ノ自覚トヨリ招来セルモノニシテ宣教師ノ退去ト信者等ノ転向トガ何等策ノ施ス処ナクシテ行ハレタルハ全ク彼等ガ積年敢テセシ非国民的信仰行動ガ積年ノ怨恨ヨリ大義名分ノ上ニ奮ヒ立チタル一般郡民ノ気勢ニヨリ粉砕サレタルモノト謂フヲ得ヘシ

［18］史料F　「奄美大島ニ於ケル「カトリック」教徒啓導ニ関スル経緯」

奄美大島地方ハ古来宗教ト称スヘキモノナク卑属的迷信ノミナリシカ明治二十五年頃ヨリ北部地方ニ仏系カトリック教渡来シ布教ニ従事漸次島民ノ信者増加スルニ至レリ　而シテ華府会議後大正十一年加奈陀系聖フランシスコ教会派ガ仏系ヨリ其布教区ヲ買収スルヤ豊富ナル運動資金ヲ費シテ信者ヲ買収獲得ニ努メ利ヲ以テ籠絡スルト共ニ信者ノ無智ニ乗シテハ神社ノ参拝ヲ罪悪トシ皇室ヲ尊崇セス祖先ノ位牌ヲ棄テシムル等我国体観念ヲ無視セルノ彼等ノ行動ハ横暴露骨トナリ（後略）

［19］史料Ｆ「奄美大島ニ於ケル「カトリック」教徒啓導ニ関スル経緯」

一方宣教師ハ大島及附近ニ於ケル戦時国防上重要地点ヲ測量シ調査シ撮影スルモ華府条約ノ為拘束セラルルヲ以テ要塞地帯ヲ拡張スルヲ得ス　軍部ハ涙ヲ呑ンテ彼等ノ行動ヲ黙過シアリキ　又篤信者ノ一派ハ彼等宣教師ヨリノ出資ヲ以テカ国防上重要ナル地点ヲ信者ノミノ楽園ヲ作ルト称シ買収シ或ハ借入アリ（後略）

［20］史料Ｆ「奄美大島ニ於ケル「カトリック」教徒啓導ニ関スル経緯」

大島ニ於ケル「カトリック」教跳梁ノ原因

「カトリック」教ノ教義ハ我国体、国民精神ニ相容レサルモノアリ　之カタメ過去ニ於テ屢々同ジ問題ヲ惹起シタルモ当時ノ輿論ハ党弊、買収、為政者、当局者ノ軟弱等ノタメ有耶無耶ニ葬リ去ラレ或ハ硬直ノ士ノ排斥トナリ又他面一部有識者中ノ西欧化セル者ノ言動ト相俟ツテ国民精神ノ清洸ヲ招来シ今日ニ於テハ相当問題視セラルノ事実モ放遅（ママ）セラレ誠ニ痛嘆ニ堪ヘサルモノアリキ　幸ヒ一昨昭和八年彼ノ南西諸島教化ノ策源ト目セラルル大島高等女学校ハ輿論ノ昂潮ト当局ノ苦慮トニ依リ廃校セラリタリト雖モ今尚其禍根ハ固ク錯入シアルヲ考慮シ吾人ハ深ク其（中略）今北部大島ニ於ケル「カ」教跋扈ノ原因ヲ列挙スレハ概ネ左ノ如シ

一、島民ハ貧困ニシテ文化ノ度低ク為ニ多数ハ国家意識乏シキコト

二、島民中（特ニ程度低キモノ）無宗教ト言ハルルヲ嫌ヒ何宗教カニ帰依セントスルモノ多キコト

三、「カトリック」教宣教師ハ他宗教ニ魁ケテ来タリ殊ニ多額ノ財物ヲ投シテ信者ヲ獲得セルコト

四、信者中教会ノ出資ニテ学校ヲ卒業シ又ハ事業ヲ行ヒ資産ヲ作リ有力者トナリアル者多数アルコト

五、信者ハ団結シテ事ニ当リ特ニ官公署吏員ヲモ引入レ上級有力者ヲ動カシ人事ニ影響セシメ宣教布教ニ便ニセルコト

六、華府条約ニ拘束セラレ国家ハ北部大島要塞地帯ヲ拡張スルヲ得ス　従ツテ彼等宣教師ノ行動ヲ掣肘スルヲ得サルコト

［21］連合国軍最高司令部「若干の外郭地域を政治上・行政上、日本から分離することに関する覚書」の通称であり、以後北緯三〇度以南にある南西諸島地域が日本から切り離された。

第六章

神女の回心はいかに語られたか

近代沖縄における村落祭祀の解体と力の転位

一　問題

1　クリスチャンとなった神女

一九六八（昭和四三）年一〇月二七日付『琉球新報』には次の記事がある〔1〕。

〝主の愛〟説き続けて六〇年　カジマヤー迎える大城カメさん　―封建的なノロを捨ていまも全島を布教回り―

〔玉城〕かつてはノロとして部落のすべての祭事をつかさどった女性が、ノロ殿内の地位をすて、多くの障害と戦いながら六〇年間にわたって「キリストの愛」を説き続けてきた。このおばあさんは玉城村当山に住む大城カメさんで、二八日に九七歳のカジマヤー（風車祭。沖縄の九七才の年祝い）を迎える一人。これまで病気ひとつしたことがなく、いまもなお聖書と賛美歌を手に、本島各地の教会を回って伝道に励むウルトラばあさん。一世紀近くも生き抜いてきた人とは思えないほど、若い人顔まけのハッスルした人生を送っている。

カメさんは少し耳が遠いだけ。血色は孫の嶺井百合子さん（南部連合教育区社会教育主事）も遠くおよばないほどだ。「食事には気をつける」そうで、栄養価の高い食べものならどんなものでも好んで食べるという。健康管理にはひと一倍気を配るたちだけに、いたって健康。「二時間以上も立ちっぱなしで伝道するときだってある」そうだ。

カメさんがクリスチャンになったのは三七歳〔2〕のころ。「お祈りだけしていればおいしいものが食べられる」というノロ殿内での生活は、カメさんにとって耐えられなかった。「ノロは、封建制の遺物でしかない」と信じていたので読谷村波平部落でキリスト教の伝道牧師に出会ったときは、〝水を得たコイ〟のように生きる喜びを見出したという。その後は「いろは……」を習い、琉歌とは節まわしも異なる賛美歌を覚え始めた。また、伊波普猷氏をはじめ比屋根安定氏ら当時の知識人とも交友を深めている。大正のころ、いまでいう売春禁止問題とも取っ組み、沖縄の女性解放運動を推進したこともある。

カメさんのひたむきな伝道の精神は、いまも村のひとびとからしたわれている。「この村に教会の一つでももてくれたら……」という望みをいだいていることを知ったまわりの人びとは「米寿祝い（八八歳）の贈り物に……」と、資金集めに協力もしてくれた。一老婦人の、ささやかな教会設立運動は、玉城村だけにとどまらず遠くはハワイにまで広がった。この教会は、村役所の近くにあって、いまでは多くの人のいこいの場所ともなっている。おばあさんのもう一つの夢は「空の旅で本土へ……」ということだった。この夢も子や孫たちの好意で実現した。「まわりの好意で、教会は建ったし、飛行機旅行も実現しました。余生は〝主の愛〟を説き、世のひとびとに心の糧を分け与えることに役《(マヽ)》く立てたい」とカメさんは話している。元気者のおばあさんは、きょうもバスに乗り、村から町へ—と布教に精進している。

本章が見るこの女性・大城カメが沖縄本島南端の玉城村字当山（現在の沖縄県南城市）に生まれたのは一八七二（明治五）年のことである。歴史的には琉球王国の晩期にあたり、琉球処分（一八七二～一八七九）より日清戦争（一八九四～一八九五）に至る時代が彼女の青春期に相当する。

第一章で説明したように、ノロとは琉球王国の国家祭祀・村落祭祀を司った神女である。近世沖縄の宗教的権威であったが、その大半は琉球王府の失権に伴って途絶えていった。大城カメもそうした一人だったが、自分の継承してきた祭祀を廃すると共にキリスト教に回心したことで沖縄民衆史に名前を残した。祭祀の継続を望む周囲から村づきあいを断たれるなど、彼女の選択は容易ではなかったが、獲得した信仰を曲げることはなく、聖書を読むために文字を習い、沖縄知識人たちと交流を得て、禁酒運動や婦人運動にも関わっていった。周囲ともやがて和解し、記事から三年半後の一九七二（昭和四七）年五月一七日、模範的クリスチャンとして一〇〇歳の長い人生を閉じた。

2 「ノロの近代」再考

沖縄の神女ノロについては伊波普猷を嚆矢に、大正時代から今日にまで積み重ねられた分厚い研究蓄積が存在するが、それらにとってノロの祭祀が消滅しつつあることは常に前提であった。こうした祭祀の消滅という事態は、近代化は脱呪術化を伴う、という一般的通念の枠内で長らく理解されてきたといえる。これに対して近年の研究には民俗宗教の再興というべき現象や、近代化に抗する伝統の強靱さに焦点を合わせたものもある（川村 二〇〇七、塩月 二〇一二）。またそうした民俗宗教を現代において担う女性宗教者の内的葛藤を掘り下げた研究も見受けられる（片本 二〇〇三、高梨 二〇〇九）。とはいえそうした研究であっても、伝統と近代の二項対立的な図式そのものを相対化するには至っていない。だが沖縄における民俗宗教と近代の関係性とは、かように単純なのだろうか。

琉球王国時代においてノロの祭祀は国家祭祀として組織され、王府の祭祀と個々の村落祭祀は階層化されたノロ組織によって一つのヒエラルキーのもとに整序されていた（鳥越 一九六五）。個々の村の聖地でノロが挙行する祭祀とはコスモロジーの表象であり、いわば琉球王国の「聖なる天蓋」を構成するものだったのである（バーガー 一九七九〔一九六七〕）。だがそうした村落祭祀の公的地位は琉球処分以降、順を追って否定されていく。ただしここで注意しなくてはならないのは、その過程が少なくとも手続きにおいては破壊や弾圧といった直接的暴力によるものではなかったことである。琉球処分の完了（一八七九）によって沖縄の日本帰属は確立されたものの、一九世紀末の東アジア秩序は流動的な状況が続いていた。特に清国との緊張関係のために日本は、琉球処分の後も東アジア諸外国を刺激することを懸念し、沖縄に対しては当面「旧慣温存政策」と呼ばれる伝統的な法制度・習慣に基づいた統治方針を採ったのである。このため伝統的諸制度の解体が本格化するのは、沖縄の日本帰属が対外的に揺るぎないものとなる日清戦争以降のことである。この間にノロの祭祀の解体は、琉球王府から支給されていた祭費を廃止し、職分への恩給として貸与されていた土地（ノロ地）をノロ個人に払い下げるなどの行政的な過程を経て緩やかに進められた（後田多 二〇〇九）。こうした解体過程を踏んだことで個々の祭祀は、有力な一部斎場の「神社」への作り替えと、太平洋戦争における沖縄地上戦の被害を除けば、基本的に存廃や祭式の改変を含めて当の担い手に委ねられて進行したのである。

では祭祀がこのような過程の下で失われていったのだとすれば、そこで人々の信仰はどのように変化し、近代社会に関係していったのだろうか。この問いを具体的にする枠組みとして、本章が再び補助線としたいのは、当時における「宗教」イメージとの関係である。「宗教」概念を西欧の伝統に根ざしたものとして捉え、その普遍性を疑うことは、文化人類学にとって新しい着想ではない（タンバイア 一九九六〔一九九〇〕）。ただしそうした着想は近年まで、非西欧文化の信仰文化をより適切に記述するのはいかなる術語か、という人類学的認識論の問題に留まってきた。一方この一〇年ほどの宗教学のトピックであった宗教概念論はポストコロニアル批評やフーコーの権力論などを踏まえ、宗教概念が適用されるとき、そのコンタクトが人間の実践にいかなる変化を導くかを問題としてきた（アサド 二〇〇六〔二〇〇三〕、磯前 二〇一二：五二―六二）。フーコーが示唆したように知や言説とは権力でもあり、ある事柄が言説においていかに規定されるかは、その中に存在する人間の実践を規制する。近代日本に欧米から輸入された宗教概念に即して言えば、それが私的で内面的な信仰（belief）を主要な特徴としていたことは、主に慣習や実践（practice）として組織されてきた日本の民俗宗教とは馴染まず、概念の輸入過程で強引な接合が果たされることになった（阿満 二〇〇五〔一九九四〕：一九三―二一九）。図式的に言えば、慣習としての民俗宗教は近代化に際して「宗教」のカテゴリーから除外され、迷信や狂気として扱われることによって社会的排除の対象とされたのである（川村 二〇〇七：二四―二七）。

こうした宗教概念の輸入と、それによる公共空間の再編は、沖縄の公的祭祀が経験した変化を理解する上でいわば基調となる事態である。すなわち祭祀が私的信仰に委ねられ、国家体制に埋め込まれた慣習から内的信仰へとその基盤を移したとき、そこで起きたのはどのような変化であったのかが問題となるのだ。だとすればここでの問いは、単純な脱呪術化という枠組みではなく、新たな「宗教」イメージが伝統的な宗教的諸観念をいかに再分節化し、近代社会の中に埋め込んでいったのか、ということになる。

このとき本書が「沖縄の伝統的な宗教的諸観念」という語で具体的に想定するのは「神の力」と「人間の霊力」という二つの力のことである。まず一つ目の「神の力」とは個々の祭神が具えた力であり、沖縄において今日なお村落祭祀を維持させている力を指している（リーブラ 一九七四〔一九六六〕：一〇六―一〇七）。沖縄の伝統的な宗教的観念において、村落の神は人間の精神・身体・運命に介入する力を持つとされ、時として体調不良や精神失調、不幸などをもたらすことで人間に祭祀を要求する。この力を恐れる人々は神の意向に気を揉み、祭祀の維持に努めることになる。いわばその点でこの神の力という観念は、人々に祭祀を維持するように仕向けるような力として、その実践を規定していると言うことができる。

他方で本書が取り上げるもう一つの力とは「人間の霊力」である。沖縄社会はある種の人間にサー（あるいはセヂ）と呼ばれるような先天的資質を認め、サーダカ（しばしば「精高」の字が宛てられる）すなわち宗教的資質に優れることを尊んできた（桜井 一九七三：二一八―二二二）。こうした力を具えたサーダカウマリ（精高生まれ）であることは、第一に挙げた神の力に人間が応答し、神に仕える条件となる力として了解されている。こうした神の力と人間の霊力という二つの力によって、沖縄の村落祭祀は成立してきたのである。

こうした二つの力は前近代の沖縄においては、国家祭祀という体制を前提に布置され、国家に裏づけられた一つのコスモロジーの下における神―人関係として調和的に機能していたと考えられる。だが近代以降、宗教は私的な信仰（belief）によって定義づけられ、祭祀の公的地位は否定されていくことになった。しかしこのように祭祀が人々の「信教の自由」に委ねられ、祭司であるノロですら自分の信仰を自由に選ぶべき時代となった時、上記の二つの力はどうなっていったのだろうか。当然のこととして、これらの力は人間の無意識に属するものであるがゆえに、自意識の下す判断に従属するわけではない。たとえば国家が「信教の自由」を謳うのだとしても、沖縄民衆においてはこうした力は依然、神に対する否定しがたい恐怖感や降りかかる災いとして存在し、人々の行動を規定し続けたのである。従ってこうした民俗宗教と近代の関係性を考える際には、近代化が民俗宗教を周縁化していった、という素朴な図式化ではなく、伝統的な力が布置を変え、近代社会に埋め込まれていった過程を追跡する必要がある。こうした変化を本章では特に民俗宗教に織り込まれた力の連続性を重視する立場から、「転位」という力学のメタファで呼びたい。

こうした力の転位を解明するにあたって、本章が冒頭に掲げたクリスチャンになったノロ＝大城カメの物語は好個の事例である。琉球王国の晩期に生まれた彼女は若くして一度はノロになるものの、その後プロテスタントに回心してしまう。この行動は村落との対立を招くが、彼女は自分の信仰を貫き、最終的には村落祭祀を廃祀せしめるに至る。この過程で上記の二つの力は常に見え隠れし続けつつ、徐々にその布置を変えていく。この章は、彼女の行動を通じて、沖縄における民俗信仰と近代のコンタクトを再考してゆくものである。

3　方法と資料

大城カメのケースを分析する方法として、本章ではヴィクター・ターナーの社会劇（social drama）のモデルを援用する。社会劇とは社会変容のダイナミズムを捉えることを目的に提起された作業的枠組みで、既成秩序への違反（breach）から社会の危機（crisis）に至り、矯正行為（redressive action）を経て、再統合（reintegration）に至る一連の過程をモデルとしたものである（Turner 1982: 61-73）。本書がここで社会劇のモデルを利用する狙いは大きく分けて二つある。

一つは社会劇が違反による社会の動揺・危機を扱うのみならず、そこで生じた緊張を解消するための調整過程、そして最終的な社会的再統合までを含めたモデルであることである。ノロがクリスチャンになってしまったことは村の秩序を動揺させたが、そのことによる社会的危機はそのまま放置されたわけではなく、危機を脱するための調整が図られ、最終的には葛藤の解消が果たされていく。前述のように本章の課題は祭祀の存廃を含めた変化に織り込まれた力の転位を問うことにある。その変化が伴うべき調整の過程を見ていく上で、社会劇のモデルには優れた汎用性が認められる。

もう一つの理由は、この大城カメのケースをある程度普遍的な事例として扱おうという本章の意図に基づく。言うまでもなく「クリスチャンになったノロ」という事例は特殊であり、村落祭祀の変容に幅広く重ね合わせられるケースではない。しかしながらこのプロセスを一つの劇、すなわち社会的なドラマとして捉えるのであれば、このケースには伝統と格闘した人間の物語としての普遍性が認められる。エイブラハムズはターナーのドラマの理論を「経験」の理論へと敷衍する中で、個々の人間の一回的・個別的な経験が一定の構造やコードに落とし込まれることで、共約可能で集合的なストーリーとなることを論じている（Abrahams 1986: 45-50）。また事実関係の上でも、この大城カメの物語は活字化されて沖縄社会に流通している。大城のドラマは彼女固有の限られた経験ではあるが、同時に沖縄の人々がそれぞれの立場から参照できる範型なのである（Barber 2007: 100-102）。このようにドラマとして把握することで、大城の物語は特異なケースではなく、無数に存在する祭祀の近代の物語の一つのバリエーションとなるのである。

議論を始めるにあたって、参照する資料について述べておきたい。大城が一九七二年に物故し、既に彼女を直接に知る人も少ないため、本研究は基本的に活字化された資料を用いている。中でも与那城勇《よなしろいさむ》「ヌール殿地のおばあさん」、および系譜上の孫娘である嶺井百合子（一九一二〜一九九九）による「祖母の思い出」に典拠の多くを頼った。ほか沖縄キリスト教会が残した教会紙上の各種記事を含め、断片的ながら大城に言及した種々の著作も参考にしている。最後に大城の男孫で嶺井百合子の弟にあたる大城福清氏が存命であったことから、事実関係における不明点の多くは氏からの聞き取りで補ったことを付記しておく。

二　事例——大城カメの物語

1　違反——危機から信仰へ

最初に大城カメの回心を文筆家・与那城勇（一九一六〜二〇〇五）の著作『琉球エデンの園物語』の記述に沿って見てゆきたい（与那城　一九七四：二五一—二六三）。与那城の本職は歯科医師だが、行動力に優れたプロテスタントで、戦後復興期には伝道師に転身し、糸満教会を設置するなどの事績も残した[3]。ここに取りあげる大城を描いた「ヌール殿地のおばあさん」は与那城が宣教で配った私家版の宗教紙『ゴスペル』に初出し、後に単著に採録された一編である。ちなみにタイトルの「ヌール」とはノロ、「殿地」とは屋敷をそれぞれ指している。与那城自身が大城と面識をもち、生前に公にされた、大城の伝記として最もまとまったテクストである。ただし世代的には与那城が半世紀近く年少であるため、明治大正期の記述は後の伝聞に基づいている。本章では引用にあたって一般的でない送りがな、明らかな脱字には修正を加えた他、沖縄の言葉についてなどは〔　〕で意味を補っているが、それ以外は（　）を含めて原文のままである。テクストは大城の幼少期から始まる。

玉城村当山のヌール〔祝女〕であった叔母が亡くなったのでカミー〔カメ〕は九才でヌールになった〔ヌールは世襲制度でその血縁の近い女子があとを継ぐことになっている〕。このチビヌールは利発で可愛いかった。村の祭祀のときには、口の中で何かモゴモゴ唱えては、すまして手をあわせて拝んだ。

村の人々は、「さすがに神様から選ばれた子はちがう。ヒルマシー、ワラビヤッサー」〔珍しい童だ〕と感心していた。こうした環境の中に成長した彼女は、二一才のときに婿養子を迎えた。初めの間はその良人を嫌って、さんざん我がままをしては周囲を困らせたが、そのうちに子どもが出来ると、不思議に良人への愛情をおぼえた。そのうち次男も生まれた。

財産はあるし、村人からは崇められるし、その愛児も出来た。彼女は幸福そのものであった。これというのも、自分が拝んでいる神様のお陰だと信じ、喜んでいた。

ところが、どうしたことか彼女が二七才のとき、良人は急病でポックリこの世を去ってしまった。勝気な彼女であったがさすがに大きな打撃であった。しかし生活には困らなかった。かなり大きなヌール地〔ノロの職にある者に王府から給付されていた土地〕があるので、これを小作させて生活は出来た。彼女はそれから二人の愛児を育てることに希望を見出し運命の試練に耐えた。

ところが、良人に死別した翌年またまた五才になる次男が急逝した。先の悲しみを漸く忘れかけたときに、またこの不幸である。これは一体どうしたことであろう。迷信の中に育った彼女はすぐ、「これは何かの痣《ママ》りではなかろうか」と不安を感じだした。ユタや易者の評判のよい所と聞けば、どんな遠方でも出かけて占ってもらった。彼女は、せめて後にのこされた一粒種の子どもだけは護り育てなければならぬと必死であった。

彼女は、昨夜の夢見がどうも悪いとか、鳥が夕方家の方を向いて鳴いていたの、やれ猫が夜半騒いだ、鶏が鳴いた……などと言っては心配してユタのもとに走った。するとその都度お先祖の痣りだとか、不足ごとがあるとかおどされて、莫大な費用をお願（ウグワン）のために使った。こうして、一人の愛児に今や希望をつなぎ、生甲斐を感じ、ユタとウグワンのうちに数年は過ぎた。

が、運命の神は苛酷であった。彼女が三三才のとき、天にも地にも唯一の生きる希望の対象であった一三才になる長男が、これまた急病で死んでしまった。ああ、これはなんということであろう。あんなに一生懸命ユタ、ウグワンに奔走して、つつがなかれと祈ったのに、たった一人残ったこの子まで私から奪うとは、何たる無慈悲ぞ……。この世に神も仏もあるものか、お先祖の霊も何もならない、ああ不可解だ、と絶望と悲嘆の中に彼女は明け暮れをもだえ過ごした。或時は狂人のようになって祖先の位牌を泣きながら罵った。「あれ程一生懸命に、お先祖の祭祀をしてあげたのに、たった一人児まで奪うとは何事です。もうこれからは祭祀も何もしてやるものか、私の生命をとるならとってみなされ、私はもう生きていく望みもない」。（与那城 一九七四：二五一―二五四）

以上は彼女がキリスト教に出会う以前の叙述であり、時代の上では日清戦争（一八九四～一八九五）前後に相当する。ここにみるように大城は三〇歳前後にして夫と愛児を相次いで失う不幸を経験した。ここで精神的に追い詰められた彼女が頼ったのはユタ、易者といった宗教者であった。ユタとは第一章で述べたように、民間で活動する南島のシャマンであり、神の声を聞くことによってハンジ（判示）と呼ばれる災因の判断を行う者である。こうしたユタのハンジは多くの場合、先祖や特定の神格からの要求に災因を見定める（塩月 二〇一二）。このような災因論はウグワンブスク（御願不足）と呼ばれ、ユタはクライエントが然るべき祭祀の執行を欠いたことが神・先祖の怒りを買い、神罰を招いたと説明するのである。こうして災因を教唆されたクライエントはユタの指示に従って怒りをなだめるための儀礼＝ウグワンを執り行なう。このようなユタのハンジとウグワンによる対処は、今日でも沖縄に広く認められる宗教行動である。

ただしこうした宗教行動においては、災因の探究は最初のハンジで決着するとは限らない（桜井 一九七三：二〇八）。なぜならハンジとウグワンは危機への宗教的対処であり、苦悩の原因そのものを直接除去するわけではないからである。従って当人が精神的危機を脱し得ない限り、安息を求めて続けられる「ユタ買い」はエスカレートする傾向があり、祭費による家計の破綻や社会関係の崩壊に繋がる場合も珍しくない（琉球新報社編 一九八〇）。大城の物語において彼女が些細な出来事に凶兆を感じ、ユタへの依存を深めつつもなお報われない様子には、こうした信仰の負の面が典型的に描かれている。すなわちここで描かれる物語は大城の苦悩に関わるドラマであると同時に、沖縄の宗教文化にとっては馴染み深い光景でもあるのである。

では、やがて大城が出会うべきキリスト教宣教はこの時期、どのような状況にあったのだろうか。彼女のユタ遍歴が日清戦争期と重なることは述べたが、この戦争の結果が沖縄のアイデンティティに及ぼした影響は深刻であった（赤嶺 二〇〇四：二六二―二六六）。近世期において琉球王国は中華の冊封体制に組み込まれ、このため琉球処分の完了（一八七九）をもって日本の版図となった後も、旧宗主国たる清国への帰順意識は在地知識人を中心に根強かった。こうした旧体制の復興を望む人々はこの時代、県内の言論で「頑固党」と称され、近代化あるいは日本化を是とする「開化党」と思想的な対立関係にあった。だが清国の敗戦で頑固党の主張は現実味を失い、沖縄社会は急速に近代思想の摂取に向かっていく。そしてこの流れの中で、キリスト教は西欧から来た新時代の思想の一つとして見出されていくのである〔4〕。

日本本土のプロテスタント各派（メソジスト派・バプテスト派）が沖縄に初めて宣教師を派遣したのは、共に一八九一（明治二四）年のことである〔5〕。とはいえ日清戦争以前のこの時点での反響がはかばかしくなかったことは、一八九三（明治二六）年、笹森儀助の『南嶋探験』にある「新教の布教者もあれども、信者は学校の生徒のみにして是亦三十名に過ぎず」の記録からも窺える（笹森 一九八二〔一八九三〕：三六）。しかしその三年後の一八九六（明治二九）年六月刊行の一般誌『風俗画報』には「信者四百余名に及び漸次盛んに赴く《ママ》の現況」との記述が現われる（野口編 一八九六：二四）。断片的な記述ながら、日清戦争を境に沖縄社会におけるキリスト教の状況に変化があった様子が確認できる。

最後の愛児を失い、ユタによる救済に行き詰まっていた大城はこの時期、知人の勧めで布の仲買業を始めている。伝統的に沖縄女性には行商の慣行があり、特に布の取引は広く行われていた。一九〇五（明治三八）年、その出張先の読谷村で大城カメは初めてキリスト教伝道に出会うことになる。以下にその様子を引用する。

一軒の家に十数人の人々が集まって何か歌っているのに出会った。「オヤここは何んだろう」といぶかりながら足をとめ、中をのぞき込んで見ると、一人の紳士がヴァイオリンをひいて何か歌っている。集まっている人々は、老人も子供も、男も女も本を開いて合唱している。なおも見ていると何かウグワンのような言葉で祈っている。珍しいことだ、と彼女は帰るのも忘れて、なおものぞき込んで見ていると、オヤ……この紳士は何か神様のことを話している。

「天地のつくり主である神様がいらっしゃる。悪霊を拝んではならない。迷信を信じてはならない。愛なるまことの神を拝め」

と、言っているではないか。どうもおかしい話だ。私たちが今まで拝んでいた神はすると悪霊というものであろうか？　それともこの人は正気なのかしら？（中略）

翌朝、彼女は早速昨日の家を訪ねた。（中略）彼女は昨日の話の中から感じた疑問点を質問した。そして次ぎ次ぎと納得のいかないことは遠慮なく質した。紳士はそれに対してこまごまと説明してくれた。彼女は話を聞いているうちに、胸の中の黒雲が去り何かしら、ほのぼのと心の明るさを感じた。今まで自分がしてきたことはすべて無駄であったか。今日まで悪の霊にもてあそばれてきたのだ。が、まことの神様に頼ればそれらの悪霊から解放される。おお、それは何んという素晴らしいことであろう。それから彼女は商売なんかどうでもよい。先ず真理の探究が第一だと、その紳士（作久原好伝牧師）の指導を乞うた。

彼女は玉城村から首里の教会まで日戻りで四年間、毎日曜日欠かさず熱心に求道した。彼女の心は次第に反転して、もうユタもウグワンも断乎としてやめた。けれどもまだお祈りもできなければ十字架の意味もわからない受動的な信仰であった。

（与那城　一九七四：二五四―二五六）

テクストにみえる佐久原好伝《さくばるこうでん》（一八七七～一九四五）は沖縄出身の牧師であり、現地出身の宣教師の第一世代にあたる［6］。元は教師であったが、一九〇〇（明治三三）年に本土から派遣されてきたメソジスト派の村井競《きそう》牧師の下で信仰を獲得し、牧師に転身した人物である。大城と出会った一九〇五年時点で二八歳という気鋭であった。二〇世紀初頭の沖縄では佐久原のようにキリスト教に惹かれ、牧師を志す青年が次々に現われ始めていたが、こうした現地人牧師の画期性に現地語宣教が挙げられる。本土から派遣されたそれまでの宣教師は多くが沖縄の言葉に習熟していなかったため、宣教には「通弁」を介さざるをえなかった。ましてや現地の慣習には尚更不案内であり、そのことが民衆に対する訴求力を欠く要因となっていたのである。

こうした青年層に対するキリスト教の浸透は巨視的に見れば、前述した沖縄社会全体の思潮の変化に連動した、メソジスト派・バプテスト派の実践的な宣教方針から説明される。特にメソジスト派は生活規律を重んじる教義的立場から、民衆啓蒙や社会改革に意欲が高く、日本本土でも一八七三（明治六）年に宣教が始められて以来、インテリを中心に高い影響力を有していた。こうしたプロテスタント各派は禁酒運動や廃娼運動を興すなど、近代化を推進した思想運動の一つとして沖縄民衆史上に位置づけられる。ただしこうした社会改革の実践は、当事者たちの活動を微視的に見た場合、いわゆる民衆啓蒙という言葉の高踏的なイメージとは少々異なった実態を浮かび上がらせる。このことは先ほど触れた、大城のキリスト教との出会いのシーンに典型的に写し取られている。

大城は彼女の物語の中で、生まれて初めて出会った礼拝にまず「ウグワンのような」印象を持ったと描写される。そして興味を抱いた大城が佐久原を訪ねると、そこではそれまでの彼女の誤りが指摘され、「まことの神様」への信仰の必要性が示されるのである。彼女はその示唆に感動し、キリスト教信仰に傾倒していくことになる。

注目したいのはこうしたドラマの展開が、それ自体の趣旨の上ではユタを否定する一方で、物語の上では伝統的構造をなぞっていることである。ここで言う伝統的構造とは、ユタからウグワンブスクをハンジされ、指示されたウグワンを行うことで災厄を除こうとする、前述の宗教文化の行動様式のことを指している。こうした伝統的構造の踏襲は、彼女の回心のドラマをその読み手にとって説得的なものにする上で、重要な効果を果たしている。すなわち読み手の見知った伝統的構造に沿って描かれるからこそ、ドラマが提示する新たな救済は大城自身にも、またユタ買いの文化に馴染んだ沖縄の読者にも、説得的帰結として立ち現われるのである。

実はこうした伝統的構造をなぞったキリスト教とのコンタクトは、大城のケースに限られたことではなかった。むしろこの時期に牧師となった若者にとって、こうした伝統的構造に基づいた救済、そしてキリスト教との出会いとはしばしば共通した経験であったのである。たとえば大城と同世代で彼女の信仰と深く関わった人物に、後にも触れる比《ひ》嘉《が》保彦《やすひこ》牧師（一八六六〜一九三七）がいる［7］。比嘉もまた佐久原と同様に元は教師であったが、大城と同じく愛児を相次いで失ったことで精神的危機に陥り、一時期はユタ遍歴の日々を送っていた。そしてこれも大城と同様、最終的にキリスト教に出会って救済を見出し、後に牧師に転身するに至るのである。このように二〇世紀初頭における若手牧師の出現とは、沖縄社会のマクロな思潮の変化への反応であるとともに、ミクロ的には苦悩する若者たちによる同時多発的な救済の過程でもあった。そしてこうした救済の経験に自覚的な牧師達は、同じく苦悩する沖縄民衆の精神的危機にも理解が深く、態度の上でも共感的だったのである。佐久原牧師に教えを受けた大城が、後に自らも宣教の担い手となっていったように、こうした救済の経験の連鎖がこの時期の沖縄キリスト教の教勢伸張を支えていたのである。

近代日本におけるこのような救済宗教としてのキリスト教の実態を、池上良正は「民衆キリスト教」の語で捉えている（池上 二〇〇六）。日本におけるキリスト教受容は大正時代に転機を迎え、知識人を中心としたそれまでの受容から、民衆への浸透を強めていた。こうした変化の要因となったのはアメリカから発信されていたメソジスト派が、宗教体験や救済に重きをおいた宣教を世界的規模で推進していたことである。中でも再臨信仰に基づいたリバイバル運動は、救済を求める大衆に対して強い訴求力を持った。時期の上では一〇年ほど下るが、こうした救済の信仰が沖縄にも及んでいた様子が次の資料から読み取れる。

> 主は司会者と為り給ふて照屋、大城二姉証詞を為し続いて祈禱の御用に当り、小弟は立ちて導かるる儘教会の現状と主の御苦しみと御期待（黙三〇十四以下）を語りしに主の御活動は明かに認められ、将に祈禱会に移らんとする際、講壇の中央より右へ血汐の十字架は現はれ伊江牧師先づ大声に祈り出し続いて震動起り、号泣、熱禱、

讃美、証言と進行し午前二時漸く閉会致し申し候。此日救われ潔めらるる者多数有之候。〔8〕

これは特に民衆キリスト教の性格の強い東洋宣教会（のちの日本ホーリネス教団）牧師の報告であるため、情念的描写が先立つ向きはあるものの、それを割り引いてもここで描かれる情景は、今日一般にイメージされる礼拝とは異質である。このように二〇世紀初頭、沖縄のキリスト教会の一部には救済の宗教体験を重視し、信者の宗教的確信に肯定的であるような態度がありえた（古澤 二〇〇七：一〇―一二）。大城がキリスト教という外来宗教に、伝統的なユタのハンジに代りうるリアリティを認め得たのは、その教義が彼女の不幸を説明し得たのみならず、牧師の共感的姿勢、そして教団の宗教的実践においても彼女の宗教的需要を満たし得たためだったのである〔9〕。

2 危機――交際止めの経験

再び大城の物語に話を戻したい。キリスト教に出会った大城は、しかしそのまますぐに伝統的祭祀との対決姿勢を示したわけではなかった。後述するように、祭祀のサボタージュは村から嫌がらせを受けて以降のことであり、テクストが当時の信仰を「受動的」と評するのもこのことを指している。彼女の求道は四年間続いたが、回心への転機となったのは佐久原によるイエス受難の説教であった。「神の子イエスさまは、私たちのために十字架にかかり給うた」と聞かされた大城はその時「全身の血がたぎるような、何んとも形容の出来ない感動」を覚えた、とテクストは記している。この感動をきっかけに彼女は「烈々たる伝道心」を起こし、それまで公には控えていた信仰を隠さなくなっていった。自宅を聖書講義所にし、一九〇七（明治四〇）年から読谷村で活動していた比嘉保彦牧師や、後述する伊波普猷〔10〕らを招いた集会を催すようになったのは一九一四（大正三）年頃のことである。

しかしながら神女の回心は村を困惑させずにはいられなかった。与那城はその反発の様子を「講義中のところに投石をしたり、糞を投げ入れたり悪意のいたづらがくりかえされ、もし集会を続けるなら叩き殺してやると脅迫する有様」と描いている（与那城 一九七四：二五六―二五七）。こうした事態に大城は身の危険を覚え、その害が牧師や伊波らに及ぶことを恐れて聖書講義所を閉じることになる。ここで物語は次のように続く。

そのかわり彼女はヌールもやめ、村の祭祀もしなくなった。これには村の人々も少なからず困惑し、何とかヌールをやめることを思いとどまらせようと、いろいろ説得するが聞かない。「私はこの邪神を拝んでつぶされた証拠はあるが助けられたしるしは一つもない。そんな悪魔神に再び仕えることはまっぴらです」とはねつけた。彼女は村人が迫害すればする程伝道心を燃え上がらせた。そして思いついたのが、ヌール殿地の多くの香炉と人々の霊石として崇めるマーイーサー〔丸石〕を片づけることであった。（与那城 一九七四：二五七）

ここに見るように彼女のドラマは周囲からの抑圧を端緒として、祭祀の放棄、ひいては信仰対象である香炉・霊石の破棄という転機へと向かっていった。香炉と霊石は密かに庭の池へと「片づけ」られ、神の消失に狼狽した村民は捜索に奔走することになる。池を浚って両者を発見した村民の憤りは当然大城に向かったが、彼女はとぼけて譴責を受け流し、頑なな態度を改めなかった。このため周囲は霊石を大城から引き離すべく、新たなノロを選ぶことを決める。彼女はノロ職を解かれ、霊石・香炉は籠を仕立てて新ノロの家に運ばれていったのである。

ところが事態はなおも収拾には向かわない。というのも、霊石を引き受けた途端に新ノロの家で不幸が相次ぎ始めたのである。こうした不幸は必然的に新ノロによる祭祀、あるいはそれを進めた村の対応が神の怒りを買ったためと解された。こうした神の不興による災厄はカミダーリ（神祟り）と呼ばれ、今日なお祭祀者の選抜において重要な判断基準となっている（リーブラ 一九七四〔一九六六〕：一〇四―一〇七）。実際ここでも新ノロが霊石を「他家に引き渡したい」と訴えているが、カミダーリを恐れる人々のうちに引き受ける者はなかった。手詰まりとなった集落は、今度は村八分という圧力をほのめかしつつ、改めて大城に霊石への祭祀を要請する。しかし彼女は首を縦に振らず、このため村は対抗措置として遂に「大城の家に立ち入った者には罰金を科す」との宣言に至るのである。これによって大城は村の協業から排除され、稲の刈り入れやキビの精糖も出来ないという苦境に陥る。とはいえ大城が我を曲げることはなかった。与那城はその当時の大城の内面を直接話法で「イエス様でさえ迫害され十字架にかけられ給うたということであれば、イエス様のため私のような者がいくらかでも苦しむことはむしろ有難いことだ」と描いている（与那城 一九七四：二五九）。弾圧は彼女の信仰を強めこそすれ、挫くことには繋がらなかったのである。

このような彼女のドラマの展開に関して、ここでは二つの点に注目して整理しておきたい。第一にはドラマにおける村落の「神の力」の位置づけである。ドラマは大城が祭祀を放棄する過程で二度にわたって神の力に言及している。一つ目は大城が祭祀をやめた際に、村の神を「邪神」「悪魔神」と呼び、自分が「つぶされた証拠はあるが助けられたしるしは一つもない」と反論する場面であり、二つ目は香炉・霊石が引き渡された後、新ノロがカミダーリに見舞われるエピソードにおいてである。このようにみると大城のドラマが、決して積極的なかたちによってではないものの、とりあえず村落の神の力の働きそのものは否定していないことが分かる。ただ注意しなくてはならないのは、その力が超自然的なものであるのか、あるいは人間心理に基づいた社会的な力であるのかに関しては明示的ではないことである。むしろドラマはここで両者を分別することなく進行していく。故にこの後、キリスト教信仰を得た大城を抑圧するのは、村落の神の力でもあり得、また同時にその神威を恐れる村の人々による圧力でもあり得る力なのである。

第二に注目したいのは、この後「信教の自由」という近代的理念に関わって問われることになる「私的信仰」のルーツである。大城のキリスト教信仰には村落祭祀と並行する期間が四年にわたって存在する。また自宅を聖書講義所とした後も祭祀は続けているため、彼女がそうしたあり方を決定的矛盾としてはいなかったこと、少なくとも意識の上で折り合いをつけ得ていたことが見てとれる。この折り合いが破綻するのは、村落がキリスト教信仰を問題視し、彼女の活動を抑圧し始めたことがきっかけである。

ではなぜ大城はこの間、二つの信仰の並存を矛盾としなかったのだろうか。それは前節で確認したように、彼女のキリスト教とのコンタクトが、ユタのハンジを求める物語の構造をなぞっていたことと関わってくる。そもそも「信教の自由」という近代的理念とは無関係に、伝統的宗教文化においてハンジとは「私的」な信仰であった。クライエントは個人的な不幸・不安のためにハンジを求めるが、それ故に信仰の動機づけは常に私事に発している。加えてユタに示されたハンジに妥当性を認めるかについても、最終的にはクライエントに委ねられている。このようにユタへの信仰とは公的宗教としての村落祭祀とは異なり、動機・信仰の両面において基本的に「私」に属するのである。こうした経緯を踏まえれば、大城はまずキリスト教信仰をハンジと同じく「私」の事として引き受けていたがゆえに、当初はそれを「公」なる祭祀と並存させ得ていたことが分かる。

その矛盾を顕在化させる引き金となったのが、神への信仰とそれを抑圧する人間社会との葛藤を描いたイエス受難の説教であった。ここにおいて彼女はキリスト教を私的な信仰に留めることをやめ、むしろそれを否定する力に積極的に対峙していくことを始める。

3　矯正行為——変容する公と神威の後景化

大城に対する交際止めは二年半にわたって続いた。自宅の聖書講義所を閉じると同時に祭祀をやめた大城は、この交際止めの間、日曜日ごと礼拝のために玉城村から片道約一〇キロの距離にある与那原町の伝道所に通うようになる。この与那原伝道所にはそれまで大城が自宅に引き受けていた比嘉牧師が身を移していた。

この交際止めの期間、彼女は様々な新たな活動に手を染めている。既に一度は玉城村に聖書講義所を設けるまでのことをしていた彼女は行動意欲に燃えていた。たとえばこの時期に彼女が獲得したものにリテラシーがある。年齢の上ではすでに四〇歳を越えていたが「イロハ四六文字が読めれば聖書と賛美歌〔11〕が読める」と考えた彼女は読み書きに意欲を持ち、比嘉牧師の指導の下で訓練を始めた（与那城　一九七四：二五九―二六〇）。大城と親しい佐久原・比嘉らの牧師は教職出身であり、経験と信徒教育への熱意を合わせ持っていた。大城はこうして読み書きを覚え、周囲を驚かせる。

大城が講演会の論壇に上がるようになったのもこの時期のことである。嶺井百合子によれば大城は「若い頃は無口だったけど信仰に入ってから活火山のように内部からもえ出てこんなによく話すようになった」と述懐していたという（嶺井　一九六七：七八）。先ほど引用した祈禱会の様子にも「証詞《あかし》」（信仰体験）を壇上で語る大城の姿があったが、舞台は教会に留まらず、本章冒頭の記事にあるように禁酒運動や廃娼運動などでも弁舌を振るう活動家として活躍するようになる。ちなみに大城の思想の中身についてはまとまった記録がないため詳しいことは分からない。ただし断片的資料としては嶺井百合子に次の文章がある。

五、六年前或る人が「祖母さん、あなたは沖縄世ー《ママ》〔琉球王国時代〕と大和世〔琉球処分以降〕、今の時代をつぎつぎと暮らして来られたがどちらがよいですか」と質問をしたところ、すぐ「今の時代がよいですよ」と返答してその方を苦笑させたことがあります。（中略）特に昔の御殿、殿内のウサギ物〔御捧げ物〕のために如何に庶民の生活が貧しかったかということ、そして家庭内における人間関係など一部始終手にとるように話していたのでありますが、更にもう一段と力を入れて話したことは「沖縄が大和世になってから中城御殿〔琉球王家の邸宅の一つ〕からお拝みする人が来てお線香を渡しながらあなた方も、もう一度沖縄世が来たらでかし〔素晴らしいこと〕だから朝夕この線香で「御国といもちたびみしょうり〔御国を取り戻してくださいませ〕といって拝んでちょうだい。」といっていたが私はそんな拝みはしなかった。もう四、五年も沖縄世が続いていたら庶民は口しぶい身しぶい〔衣食に困窮〕してシニ〔尻〕から火の出るほど働いても日常生活に事欠くどころか村どーり〔村倒れ〕するところだった。」といっています。いつでも口ぐせのように「明治天皇はお偉い、百姓を含めて一般の男女にも学問奨励しその蒙を開いて下さった。そして今日このように世の中を開けさせて下さった。」と話しています。

〔嶺井 一九六七：九〇―九五〕

ここから見るに大城は、琉球王国晩期に生まれたノロとしての経験に基づいて伝統の限界を認識し、近代化の意義を肯定的に説いていたものと思われる。こうして社会活動に身を投じていった大城は、同時に沖縄知識人たちとの交流も深めていった。こうした知識人の中には一九〇六〔明治三九〕年に帰郷した伊波普猷もいた。

教団史の上で、メソジスト派の米人宣教師、ヘンリー・シュワルツ〔一八六一～一九四五〕が地区責任者として那覇を初めて訪問したのは一九〇七〔明治四〇〕年のことである。シュワルツはここで聖書教育と英語講習を始めるが、これにより大正時代初頭にキリスト教会は、沖縄のインテリの拠点としての地位を固めることになる。そして伊波はこのシュワルツの教会に足を運んでいた一人であった。彼のキリスト教への関心は若年期から認められるが、傾倒が顕著となるのは一九一四〔大正三〕年の大病の後とされ、大城が自宅を講義所としていた時期と概ね重なっている。その交流の実像がどのようなものであったのかについては、交際止めの解かれた後のエピソードながら、嶺井百合子が次のように書いている。

目に一丁字もない無学な旧藩時代のノロだった祖母に、学問的立場からよき相談相手となって下さって親交も厚かったのであります。地方の文化講演にお巡りになる場合、何回か私の村の指導者の方々がよくおみえになったのでありますが、私の家は農家であるので忙しいことをわかって下さったのか、お茶をつぎ台所まで急須ももってこられたことをおぼえています。先生の御長男と私の弟〔大城福清〕は大体同じ年頃でありますが私の弟が元気でまるまる太っているのをごらんになって、うらやましくしておられたようです。沖縄人の体位の向上のために住民の皆さんの集まりで優生学をよく話されたそうであります。伊波普猷先生の「あまり酒をのむとジュームッコー〔身体障害者。直訳すると「尾切れ」〕の子が生れる」という話は年とった方々の中ではあまりに有名なお話であります。（嶺井 一九六七：七八）

テクストからは家族ぐるみの交際の様子が見て取れるが、ここでは彼が講じたという「優生学」[12]に注目したい。伊波の思想を特徴づけているのは進化主義に基づいた、異種混交による沖縄人民の改良というヴィジョンである（小熊 一九九八：三二四―三二五）。すなわち彼は一方で、人間や民族が天与のものとして具える「無双絶倫《ユニークネス》」を認めつつ、同時にそれは様々な異質なものと接触し、混ざり合うことで強化されるものとして説いていた（鹿野 一九八三：八七―八八）。そしてこのことは人々の意識に関しても説かれ、伊波は琉球王国時代の内閉した意識に比べて、琉球処分後の沖縄が「活きた仏教に接し、陽明学に接し、基督教に接し、自然主義に接し、その他幾多の新思想に接した」ことを挙げ「かく多くの思想に接して、今後の沖縄が今までに見ることの出来なかった個人を産出すべきは、わかりきったこと」（傍点筆者）とその活性化を述べるのである（伊波 一九九八〔一九〇九〕：三〇〇）。このように伊波においてキリスト教を含む新思想は、個々人の内に潜在する「ユニークネス」を発揮せしめる媒介として位置づけられる。そして宗教はその役割を果たすべき最たるものであった。

こうした伊波の宗教観がより明確なテクストとして、一九一三（大正二）年の講演録が挙げられる。これは第四章でも参照した通り、那覇を襲った大火をユタ集団が「龍神の祟り」だと騒ぎ、社会問題となった事件に出したコメントである。川村邦光がまとめているようにこの論説は「迷信から伊波のいう「宗教心」へと転換していく可能性、あるいは迷信のうちに、未来において「宗教心の存在すること」を力説」している〔川村 二〇〇七：六五〕。すなわち伊波はここで宗教心を人間の本質に属するものとして説き、ユタについても押さえつけるのではなく、「正しい宗教」に導き、内面を涵養することで解決せねばならないとするのである〔小熊 一九九八：三一三〕。このようなコンテクストを踏まえると、大城の回心とは伊波の異種混交の理念が具体的に実現したケースだったといえる。嶺井の言うところの「目に一丁字もない無学な旧藩時代のノロ」であった大城は、キリスト教という宗教に触れたことで才覚を開花させ、リテラシーを身につけ、女性運動に携わるなど近代人としての目覚ましい進歩をみせたのである。

ただしこうした主張は伊波のみのオリジナルな思想であったわけではない。たとえば戦前に沖縄を巡検した社会学者・河村只雄〔一八九三～一九四一〕は、旅の途上で大城と交流し、そこで次のような見解を得ている。彼によれば大城の回心とは、ユダヤ教からキリスト教への移行に擬えられるものであり、「ただ恐れおがむもの」としての原始的な神からの解放として理解される。そして「玉城ノロのキリスト教への改宗は従来、原始宗教的なノロの宗教を如何に日本的なるものに導くべきかにつき幾多の暗示を与えるもの」と評価するのである〔河村 一九九九〔一九四二〕：五一四―五一五〕。彼自身がクリスチャンであったため、こうしたキリスト教の評価には彼自身の信仰上の立場性が反映されているものの、注目されるのは「日本的なるもの」という表現であろう。ここで大城の回心は、迷信に惑わされる沖縄民衆を、よき日本国民に改良していく上で範例たりうる事例として記述されているのである。

島薗進は二〇世紀初頭の言論の分析から、近代日本の知識人に広く認められる宗教観として、宗教を個人の内面を鍛えあげ、近代的個人へと育て上げるものとして価値づけることを特徴に挙げている〔島薗 二〇〇八〕。伊波や河村の主張はこうした近代の言説を概ねなぞっている。その上で沖縄固有の事情として社会の後進性やユタ問題などがあったため、それらに引きつけて論じられているのである。

以降の議論の補助線として、このような近代の宗教観につき、特に二つの点に注目を促しておきたい。一つ目はこれまでも言及してきたように、新たな宗教観が個人の内面を単位として想定している点である。明治初頭期の日本思想における「宗教」概念の受容過程を追跡した磯前順一は、それがプラクティスからビリーフへの移行、すなわち日常的実践として組織された宗教観から、宗教信念を自省的に把握し、「信じる」という内面的契機を主とする宗教観への移行であったとしている（磯前 二〇〇三：一三九）。前掲の伊波も宗教を語るにあたっては「宗教心」という言葉を用いていたが、こうした個人の内面性に関わるものとしての理解は、この時期の宗教概念として標準的なものであった。

第二に注目したいのは、そうした内面の信仰と「公」との繋がりということである。すなわち宗教は内面性を涵養するが、そうした宗教的達成のヴィジョンには、そうして鍛えあげられた個人の活動が社会を改良していくという論理が織り込まれている。この二つの点が示唆しているのは、近代日本に形成された宗教と「公」の新しい関係である。そしてこうした宗教観と対比されるのは、琉球王国の国家祭祀、あるいはその遺制としての村落祭祀であった。これを整理するにあたってフランツ・ボルケナウの思想史理解は参考になる。彼はまず自然法則・社会秩序・自己の運命の全てを一体のものとして了解する「封建的世界像」を想定し、次に人間自我を自然法則や社会秩序に対し自律したものとする「市民的世界像」を置いて、社会思想の展開を後者への移行過程として整理している（ボルケナウ 一九六四〔一九三四〕）。これを沖縄にあてはめれば、ノロの祭祀とは沖縄民衆の意識を自然法則・社会秩序・自己の運命を聖なる全体性の中に結びつける「封建的世界像」の一部であった。これに対し、琉球処分以降はこうした世界像は解体を余儀なくされ、新たに自律的な個人から成る市民社会が現われてくる。個人の内面を単位とした新たな宗教観とは、こうした市民的世界像に対応したものであった。

この市民的世界像とは、第四章で追跡してきた新たな「宗教」イメージと正確に対応している。すなわち社会の中には、無数の自律的な個人が存在する。彼らはそれぞれの思惑の下で振る舞い、そのことによって社会の一員となる。言わばその個々の自律性こそが社会の秩序となるのであり、言い換えれば秩序とは社会から個人に押しつけられるものではない。人々はそのような秩序を外から与えられなくとも、生まれながらに全体としての秩序を生み出すような力を具えている。その力こそが「宗教」とイメージされるものである。個々の振る舞いにおいては不合理に映る「宗教」が、総和としては社会の秩序を生産する。このようなヴィジョンとは、民主主義の前提でもある。人々の不合理性の総和としての民主主義的決定に何らかの合理性があり得ることを信じなければ、民主主義を信じることは出来ない。その秩序への期待と結びついたものこそ、大正時代の終りに「宗教」の言葉が人々にイメージさせたそれであった。

こうしたマクロな思想状況を踏まえつつ、再び大城と村落の緊張関係に話を戻したい。二年半にわたる交際止めが解かれたのは、警察が村落に対し「信教の自由」の侵害を警告したことが契機である。警告を出したのは与那原警察署の警官であった久場《くば》政盛（一八七六～一九六八）であり、彼もまた沖縄ではインテリとして知られる人物であった。この警告を受けた集落は急遽、寄合を開いて大城を招き、譲歩を前提に和解をもちかける。与那城によればここで大城と集落に交わされた論争は次のようなものであった。

集落はまず大城に「ノロとしての祭祀の再開」を打診している。だが大城がこの従前の要求を撥ねつけたため、集落が次に提示したのは「ノロ地を集落に引き渡せば交際止めはやめる」という条件であった。この土地を巡る争議には前述した「公」の変化を読み取ることができる。ここで集落が大城に要求した土地とは、元々は王府からノロに職分に対して給付されていたものである。ノロ地と呼ばれるこの土地は、琉球処分で王府が解体されると、職分の継承者に譲渡・売渡などの方法で順次払い下げられ、個々のノロ役の女性の私有財産となっていった（後田多 二〇〇九）。

大城もまたこの土地を既に私有化していたことから、ここで彼女に示された要求とは、いわば私有財産の接収を意味している。しかしながらこうした要求を集落が理不尽と考えなかったのは、彼らが依然、ノロの祭祀を「公のもの」として理解していたためである。だからこそ公の村落祭祀を放棄した大城に、職分に対する給付たるべきノロ地を所有する権利はない、というのが集落の主張なのである。繰り返しとなるが、近世琉球においてノロの祭祀は公的祭祀であり、その文脈にある限り集落の主張は妥当である。しかしながら琉球処分の後、祭祀はもはや公的なものではなく、それと対となるノロ地も私有化されている。故に集落の要求に対し、大城は「私のヌール地は村からもらったのではありません。（中略）とりたいとおっしゃるなら、よろしい、差しあげましょう。が、その前にちゃんと筋の通った道をふんでください」と返している（与那城 一九七四：二六二）。近代法の枠組みではこうした大城の主張こそが正当であった。

ここでも折れた集落が最後に要求したのは、酒一升の拠出であった。これは大城のための寄合を開いたことに対する、村落への「詫び」を意味するものであった。だがそれさえも大城は撥ねつけ、ついに集落は全面的に折れざるをえなかった。元より警察の警告あっての寄合であり、集落には和解以外の選択はなかったとも言える。こうして交際止めは終わり、両者は和解への緒につくこととなる。

ところでこうした交渉過程は一見、頑な大城に集落が譲歩したということに過ぎないように映る。しかしながらこの譲歩の過程は見た目以上に重要な変化を示唆している。本書は先ほど、大城が対峙した相手が「祭祀を要求する村落の神」と「それを恐れる人々」の両者であったことを述べた。そもそも人々がかつて一度は任を解いた大城に、交際止めを持ち出してまで祭祀を強要したのは、カミダーリを恐れていたからこそであった。しかしそうした前段階があったにもかかわらず、この再交渉の時点では既にその争点は「交際止め」という人間同士の対立をどのように決着するか、という次元に移っている。すなわちノロ地の譲渡であれ、酒一升の詫びであれ、それは人間間の交渉の妥結点であり、神の力は争点から外れているのである。この問題は次節で詳しく検討してゆきたいが、ここでは村落の側に変化が認められることを指摘するに留めたい。

与那城のテクストは戦後間もない時期に書かれたため、大城についての記述もここで止まっている。なおこのテクストを与那城は、玉城の霊石に関する記述で締めくくっている。いわく石は、沖縄地上戦に巻き込まれて消し飛んでしまったという。こうして核となる象徴を失ったことで、祭祀は決定的に命脈を絶たれることとなったのである。

4　再統合――迷信打破の功労者

何の妥結も見出せないまま終わったにもかかわらず、その後における大城と村落の関係修復は順調に進んだ。それはたとえば先ほど引用した嶺井のテクストに、伊波普猷が玉城村に文化講演に来ている様子が見えることなどからも窺える。では大城の回心に端を発したドラマは、いかにして再統合を迎えたのであろうか。

大城に関する戦後のテクストに一九五九（昭和三四）年六月一日付の「寄附募集趣意書」［13］がある。本章冒頭の記事には大城の米寿を記念して教会が建てられたことがあるが、この教会は大城が土地を提供する一方、建設資金は主に寄付金より拠出された。この趣意書とはその際に寄付を募るべく「玉城村だけにとどまらず遠くはハワイにまで」回覧された呼びかけ文である。発起人には建設委員長に沖縄教育界の重鎮であった徳元八一、副委員長に照屋寛範（牧師）と川崎永昌（玉城村村長）が名前を連ねている。起草者はこの中の照屋牧師と推測される（照屋 一九六七：八八―八九）。

趣意書は「のん《（ママ）》殿内のおばあちゃん――大城カメさんは、クリスチャンとしてのよきあかし人であり、また迷信打破の功労者であります」という文章から始まる。そしてまず大城がノロに出自をもつことに触れた後、彼女がキリスト教に回心し、さらにそのことで周囲から抑圧されたエピソードへと続く。それからテクストは彼女が教会建設の望みを抱いていることを記し、最後に寄付を呼びかける文章を掲げて終わるのである。ちなみにそこで描かれるドラマは与那城のテクストと共通した展開であり、物語の規範化が窺える。

ここではこの趣意書の特徴を、次の二つの点から整理しておきたい。その一つは迫害の叙述である。趣意書は大城への迫害を次のように描写している。

部落ではおばあさん一家が詫びを入れて来るまで交際止めをすることにし、若しこの一家に出入りする者あらば、一回五円の罰金にすると決議をしたのであります。以来、おばあさんの家には誰一人門をまたぐ人とてありません。従って作ったきびは製糖できず出来た稲は収納も出来ず、全く村八分孤立無縁のありさまにおち入ったのであります。でもおばあさん一家の信仰は微動だにしません。こうして二ヶ年半の月日はすぎました。ちょうどそのとき、部落の有志達が突如、与那原警察署からの注意を受けました。何事ならんと案じていたら部落のおばさんにとった処置は違法である。「信仰は自由である。速かにその決議を撤回し、従来通り仲良くするように」とのことである。有志たちは面目を失ったわけだが、然し、当時の社会状況からすれば無理もないことであったろう。

このように「社会状況からすれば無理もない」との断りこそ付されるものの、テクストの上で彼女への迫害はぼかされず、さらに集落が警察から警告を受けたことまでもこの文書は記載している。仮にこの趣意書がクリスチャンの間でのみ回覧されたものであったなら、こうした率直な記述も当然だったかもしれない。しかしながらこのテクストはそれ以外の村民も含めて回覧され、加害者に相当する人々の目に触れることを前提としていた。

こうしたあからさまな叙述が意味するのは、戦後における緊張関係の解消である。すなわち一九五九（昭和三四）

年の段階で、既にこうした過去への言及は緊張を生むようなことではなくなっていたのである。では、このように緊張関係の解消が進んだのは何故だったのだろうか。これを考える上で参照しておきたいのは、趣意書のもう一つの特徴である、ノロについての厚い言及である。以下に相当箇所を抜粋するが、これは趣意書の冒頭に掲げられると共に、ボリュームの上でも全体の四分の一に及んでいる。

おばあさんは、旧藩時代（琉球王朝末）年、九歳にして、有名な玉城間切（琉球王国の行政区の一つ）、「当山ノロ殿内」のノロ職に任ぜられ、世の尊信を身に集め、今日の人々には合点も行かぬ事でありますが、当時、一般平民に許されていない「草履ばき」が許され、祭礼に関しては、白衣をまとい、勾玉を首にかざり、白馬に乗って、多数の後者を引連れ、拝所々々ウガンジョ（御願所）、ウガンジョを巡拝され、祝福の酒盃を、人々に配ち《ママ》、自らもまた人々の祝福を受けたのであります。

当時、知念、玉城の「ノロ殿内」は、他のそれにまさって格式が高く、正月と十二月には、王朝よりの巡拝もあり、当日の御使者の御宿泊所ともなっていた程でありますから、当時のおばあさんの地位は実に地方人の最高峰であったわけであります。

このように趣意書は、本来の目的が教会建設にあるにもかかわらず、ノロに関して華々しい描写を続ける。さらに文中では大城を「のん殿地のおばあさん」と呼ぶなど、ノロをやめたクリスチャンについてのテクストでありながら、ノロへの肯定的表現を多数選んでいるのである。こうしたノロへの肯定的描写と、前述した速やかな緊張関係の緩和は、そもそも大城がここで「迷信打破の功労者」と称されることと無関係ではない。

繰り返してきたようにかつて村落祭祀は琉球王国の「聖なる天蓋」の一部であり、その神は河村只雄の言を借りれば「ただ恐れおがむもの」であった。玉城の事例でも新ノロに不幸をもたらしたように、ノロの神とは時に災厄をもたらす恐るべき存在であった。言い換えれば玉城村の人々には、神への強い内面的信仰（belief）があったわけではなく、彼らが大城に祭祀を強要したのは、むしろ神の力に対する恐怖という面が強かったのである。

しかしながら先ほど見たように、交際止めの終わりの交渉において、そうした神の力は論点となっていない。こうした神威の後景化とはすなわち神威の失権であり、神の力に対する恐怖が現実感を失ったことを意味している。そしてそうした失権を導いた最大の理由は、香炉や霊石を池に沈めるという暴挙に走り、その後も不義を続けたにもかかわらず、大城にカミダーリが及ばなかったことである。それどころか前半生の不遇さとは対照的に、回心を経た彼女は社会的に成功し、充実した生活を送るようになる。このとき神の力への懐疑が村落に生じたのは当然のことである。

ただしここで注意せねばならないのは、カミダーリは災因論であるが故に、本来的には些細な凶兆や筋違いの不幸にも付会されえた点である。たとえば新ノロを襲った不幸がカミダーリとして解釈されたように、村落で起こった不幸の災因を、祭祀の不備に求めるような思考を制止することは難しい。言い換えればここで必要とされるのは村落の神を迷信として否定するのみならず、同時に伝統の枠内で神の力に対抗する論理なのである。すなわち祭祀を要求する神に逆らい、祭祀を終えられる者がいるとすれば、それは神の力に抗しうる者でしかあり得ない。趣意書が大城のノロとしての高い地位を厚く記述するのは、この点に関わってくる。村落が大城の祭祀にこだわったのは彼女がノロの血統を継いでいた上、幼少期から祭祀の真似事をするなど、高い資質を見せていたからである。だがここで注意したいのは、この資質が個人の資質であって、特定の神から付与されるものではない点である。つまり大城はノロをやめ、村落の神から離れてもなお、資質のある者＝サーダカであり続けられたのである。そしてそうした霊力が大城個人の資質である以上、彼女が「村落の神に仕える力」をそのまま「村落の神に抗する力」へと転化させたとしても論理の不整合は生じない。

この転位においてキリスト教信仰は、神と人間の非対称性を補う機能を果たしている。サーダカとはいえただの人間に過ぎない大城が、村落の神への対抗を単身で正当化することは困難である。だがここで大城はキリスト教の神を負うことで、村落の神と一対一で対立するのではなく、二対一の関係で対峙している。このことで神／人の力関係は覆され、彼女の迷信打破のドラマは説得的たりえたのである。ここで再び意味を持つのが、彼女のキリスト教との出会いが伝統的構造をなぞっていたことである。すなわち大城は不幸の経験からユタ買いを続け、最終的にキリスト教に出会うことで救済を得た。こうした救済のパターンがユタのハンジと相同の構造を持つことは既に述べたが、同時にこの構造とはユタのイニシエーション構造の一部でもある。

民間巫者であるユタはサーダカウマリであることを前提に、遍歴によって自らが祀るべき神に出会うことで成巫し、やがて自らもハンジを下す宗教者となる。そしてその遍歴のきっかけとなるのは、不幸や身体・精神の失調などのカミダーリであり、災因を求めて他のハンジを乞うことからイニシエーションの過程に入るのである（桜井 一九七三、佐々木 一九七九、塩月 二〇一二）。このように仕えるべき神との出会いまでも含めて捉えれば、大城の回心のドラマがなぞるのは典型的なユタの成巫過程の構造そのものである。異なるのは大城を導いたのが牧師であり、キリスト教によって宗教的確信を得たことのみでしかない。だが伝統的構造をなぞっているからこそ、キリスト教の神と大城の特別な関係性は人々にとって説得的であった。こうして彼女はキリスト教の神の守護の下に村落の神と対峙することになる。そして彼女のドラマは、神を廃祀し「迷信打破の功労者」となるという結末をみたのである。

三　分析

繰り返し述べてきたように琉球処分以降、沖縄の村落祭祀は公的な地位を失い、その存廃は村々の担い手に委ねられていった。本章はこの移行によって起きたことを、神の力と人間の霊力の布置の変化から追ってきた。ここでは、これまで本章が見てきたことをあらためて整理することで結論に代えたい。

最初に改めて確認しておきたいのは、脱呪術化という前提の保留である。神の力は近代以降もカミダーリへの恐怖として継承され、祭祀によってはこうした力は今でも機能している。また多くの民俗誌が報告してきたように、人間の霊力の観念もまた失われたわけではない。こうした伝統的な力が近代に消滅したかのように理解することは誤りなのであり、むしろ問題はそれが近現代社会においてどのように布置されているのか、そしてその変化の過程で生じた転位とはいかなるものであったのかということである。

このことを考えるにあたり、本章が注目を促したいのは宗教のイメージにおける「公」「私」の変化である。繰り返し述べてきたように近代以降の日本では、当初「宗教」という概念は信仰（belief）を中心とするものとしてイメージされていた。そしてそのように個人の内面に属するものとしての宗教は、人間の意識を涵養することで近代的市民へと育てるものとして位置づけられていった。この枠組みの中では、恐怖やカミダーリを動機とする神の力への伝統的な信仰や、それを基盤とする村落祭祀は、個人の内面性に対して否定的関係にあるものとされ、そもそも近代社会と対立せざるを得なかった。それ故に確かにこの点でいえば、近代化の中で村落祭祀が周縁化され、マクロ的には廃祀へと方向づけられていったことは否めない。ただしこれは脱呪術化の帰結というより、ボルケナウの言う封建的世界像から市民的世界像へと社会が移行する中での、「宗教」のイメージの変化の帰結と見做すべきである。つまり祭祀は「迷信」であるから消滅を強いられたのではない。そうではなく、「私」としての人間が生まれながらに具えた内なる「宗教」に、外から否定的に介入するような関係にあるからこそ、祭祀は近代社会と摩擦を生じたのである。

翻って祭祀と同程度に伝統性を負っている人間の霊力は、本来的に「私」に属するものであったために、個人を単位として信仰を把握する近代的宗教観と接合され、その力を維持していくことになる。すなわち霊力（サー）として把握されていた力は、祭祀から遊離しつつ個人への帰属性を強め、時に才覚や人間的資質に読み替えられていったのである。大城のケースはその最も極端な例の一つであろうが、こうして個人に帰せられた霊力は、近代市民社会にも親和的なものに変化する一方、時にはキリスト教と結託することで、かつてそれ自体が一部をなしていた村落祭祀そのものを廃祀する力としてさえ働きえた。こうした点を踏まえれば、沖縄における村落祭祀の解体過程には、近代における周縁化の結果としての衰退という面と共に、伝統的宗教観念の近代社会への接合という面も認められる。

このような「ノロの近代」の理解は、沖縄民俗宗教研究の一つの課題であるノロイズム／ユタイズムの弁別の問題とも関わってくるように思われる。祭司であるノロと、シャマンであるユタという二分法が必ずしも民俗の実態には即していないこと、つまり両者の性格や機能には多くの共通点が見られることは、多くの事例とともに再三の指摘がある（渋谷 一九九二）。このとき一つの論点となってきたのはユタのエートスである革新性、すなわち現実批判的傾向と、それに対照されるノロの保守性という構図であった。つまり革新と保守という相反するエートスを沖縄の民間宗教者はいかにして内包しているのかということが問われたのである。この問題に対して、たとえば佐々木宏幹はシャマンとプリーストを、沖縄の宗教文化における相補的機能とすることで説明を試みている（佐々木 一九九一）。

これに対し、近代の歴史過程に注目してきた本書が注目を促したいのは、それらの既往研究が「革新性」と呼ぶ批判性自体が、実は近代市民社会にとってはごく一般的なエートスであるという点についてである。近代市民社会において個々人には自らの信念を持ち、自らの意見の表明を通じた社会参加が求められる。近代知識人たちの啓蒙が目指したのは、民衆をそのような近代的主体へと改造することであり、本書が見た伊波普猷の宗教への期待もそのような民衆の陶冶というヴィジョンに基づくものであった。

こうした近代市民社会のありようを踏まえるとき、かつて桜井徳太郎が沖縄で交わした質疑は示唆的である。すなわち桜井は沖縄の人に「サーダカウマリとはどういうことを指すのか」と尋ね、その返答として「堂々としてユンティンユシシラン（勝ち気）であり、ガージュウ（我執の強い）な性格が人一倍つよく、正しい事であるならば誰にも押さえつけられず、曲がったことは正しい道筋につけるまで頑張り通す、そういう性格をもって生まれてきた人だ」との回答を得ている（桜井 一九七三：二二〇）。このように強い自己確信のもと、積極的に社会の不正を糺していこうとするパーソナリティは、近代思想が理想化してきた近代的主体の像に極めて近い。そしてこうした性格は、クリスチャンになった大城カメの行動にも明らかに見出される。その自覚はなかったものと思われるが、彼女は琉球王国の宗教的伝統を負いながら、さながらユタの如く激しく語るクリスチャンとなり、沖縄の近代化を導いたのである。

本書は議論において「サー」すなわち人間の霊力の観念については、リーブラらの先行研究の指摘を踏襲し、その掘り下げには課題を残している。とはいえこれまでみてきたように霊力がかつては琉球王国の祭祀に、また後には近代市民社会に結びついていったのだとするのなら、おそらくそのサーの観念には社会統合やガバナンスとの関係性が本質的に織り込まれているものと想定される。前述した沖縄民俗宗教研究の論点である保守／革新というエートスの問題も、こうした霊力と統治体制の結びつきから考察されるべきであろう。いずれにせよこのように見るとき、それらの力が近代に「失われた」というような理解の限界は改めて明らかである。それらの力は今日「宗教」のイメージを通じて媒介され、消え去るどころか現代社会の一部を構成している当のものなのだ。

［1］記事自体は年祝い行事の特集で、カジマヤーを迎える老人達が列挙されており、特にその中で大城に大きく紙面が割かれている。
［2］信仰を公言し、自宅を聖書講義所にした時期の年齢を挙げたものと考えられる。
［3］与那城は石野径一郎『ひめゆりの塔』の原作者というべき人物でもある（山田 二〇一〇）。彼は戦後、県民の精神的復興を志して宣教に身をおくが、当時沖縄に流通していた姫百合部隊の最期を潤色なく後世に伝えることの必要を感じ、現地を訪ねて

聞き取りなどを行っている。その資料を東京に運んだのは一九四九年に沖縄に渡った比屋根安定であった。当時沖縄と本土の交通は途絶していたが、比屋根は許可を得て渡航し、このとき大城カメや与那城と面識を得ている。比屋根は与那城の資料を石野に託し、それが作品としてまとめあげられたのが『ひめゆりの塔』であった。なお与那城が導いた牧師の中には「集団自決」訴訟に関わる金城重明（一九二九～）がいる。本章では触れなかったが、戦後の沖縄キリスト教会は占領経験と世代交代によって、体制批判への尖鋭化を強めていった。

［4］この時期の沖縄において「近代化」と「日本化」は事実上重なっていたが、日本に反発する知識人の中には「日本化」ならざる「近代化」を求める者が少なくなかった（小熊 一九九八：二八二―二八六）。この時キリスト教はそうした条件を満たす思想であった。

［5］近代沖縄で活動した教派にはメソジスト派、バプテスト派、東洋宣教会（日本ホーリネス）、日本基督教会などが挙げられる。ただ実際の宣教はこうした教派の枠にとらわれず進んだ面が多く、大城も複数の教派にまたがって活動している。

［6］佐久原は首里出身の元教員で、禁酒運動にも携わっている。那覇教会、首里教会を歴牧し、一九〇八（明治四一）年の首里メソジスト教会における禁酒大会では伊波普猷とともに演説を行っている。彼は沖縄地上戦に巻き込まれて没した。

［7］比嘉は読谷村出身の元教師で、優秀だったことから三〇代半ばで校長にまでなるが、その時期に愛児を相次いで亡くしたことで精神の危機に陥り、メソジストの教えを受けてクリスチャンとなる。長崎の鎮西学院で資格を得て牧師になったあとは、祖先祭祀や土地神などの信仰を強く批判し、地域と摩擦しつつも読谷教会を拠点に宣教に携わった。

［8］神山本淳牧師による一九一四（大正三）年『焔の舌』四月九日付記事「琉球のリバイバル」より。なお文中にある「大城」とは大城カメであり、「伊江牧師」とは琉球王家の出自で日本基督教会に属した伊江朝貞を指す。

［9］一見異端的とも映るような信仰を持つ信者集団ほど、中心的な教義に対しても最も篤い信仰を持つ傾向については島薗に指摘がある（島薗 一九九二：一七九）。戦後、こうした熱狂的な教会活動は沈静化していくが、それに比例するように教勢が沈滞していることも事実である（沖縄宣教研究協議会編 二〇〇二）。一方でこうした宗教体験を重視するキリスト教系の教団も現在、沖縄では活発に活動している（安齋 一九八四、池上 一九九一）。

［10］伊波はその後、同志とともに社会実践性の強い「組合教会」を組織するも、徐々にキリスト教そのものへ幻滅し、社会主義に傾倒するという経過をたどる。また一九二一年に伊波は来琉した柳田国男に『おもろさうし』の校訂事業を勧められて感じ入り、以降キリスト教には個人的交流を越えて関わることはなくなっていく。

［11］ちなみに当時の沖縄にはオルガンがほとんどなく、楽器といえば三線《さんしん》がもっとも普及していたことから「てぃんさぐ節」「安里屋ユンタ」等の沖縄民謡の音律に賛美の歌詞をのせた民謡賛美歌が作成され、礼拝や宣教で広く歌われていた（古堅 一九九二）。これらが歌われる機会は減っているものの、今でも信徒の年祝いなどで用いられている。

［12］この異種混交の思想は系譜的には丘浅次郎に行き着くが、ここでは人類学者・坪井正五郎の思想との連続性に注目したい。小熊英二がまとめているように坪井は当時支配的であった日本人単一民族論に反論して混合民族論を主張し、「日本人」の強みをこの混合性に求めた（小熊 一九九五：七三―八六）。この論理はやがて諸民族の併呑を正当化するイデオロギーに転化していったが、伊波の主張には併呑された側がそのことをもって民族が再び活性化する機会を得たものとして読み替えるという、抑圧された者の自尊の論理が働いている。

［13］大城福清氏の提供による。

結論

一　総括

本書は、今日の日本において、あるいは日本人において「宗教」とは何なのか、と問うことから議論を始めた。本書を閉じるには、その問いへの答を示しておかねばならないだろう。

最初にあらためて本書の前提を確認しておきたい。本書の問いは我々にとって既知なるものとしての「宗教」のイメージを対象としていた。つまり本書の問いは、宗教の究極的本質を把握することや、宗教を再定義すること、宗教の可能性を問うこと、などの試みには何ら関係がない。そうではなく本書の問題意識は、我々が日常的に用いる言葉としての「宗教」や、我々が自明なものとして了解する「宗教」のイメージに向けられていた。だが何故、そのようなイメージが問われるべきであったのか。もう一度だけ繰り返そう。それはこのように我々が懐くところのイメージこそが、その自明性によって我々を動かし、我々を行為へと促す力そのものだからである。それ故に我々が「宗教」をいかにイメージしているか、ということの解明は、すなわち我々がいかなる力によって動かされ、自らの行為を編成しているのか、という問いに答えることに通じている。

たとえば、ある「宗教」が忌避される時、その反応を導く嫌悪感は自意識の判断に先んじて生じる。あるいは宗教への弾圧とは、宗教への熱狂と同様に、その宗教に対する深い知識のために生じるわけではない。そうした知識に先行して、イメージは我々にどう振る舞うべきかを教える。だからこそそのイメージが変化する時、我々は行為の仕方を変える。本書は南島をフィールドに歴史の遡行を試み、その中に「宗教」のイメージをめぐる変化と断層を見出した。すなわち何が「宗教」と名指され、どのようなモノ・コトが「宗教」とされるのかは、歴史の中で一定ではなかった。そしてその「宗教」のイメージの変化が、群れとしての人の行動の在り様との間に顕著な相関を示したことも既に見てきた通りである。

この「宗教」のイメージの断層は、厳密な特定は不可能であるにせよ、概ね大正時代後半に比定するのが妥当だろう。明治二〇年代から三〇年代の探検家たちの記述には、体系的教義や教団組織の存在をインデックスに、当事者における信仰の自覚を要件とする「宗教」への了解が見出される。しかしながら昭和初期には「宗教」は必ずしもそれらを必要条件とするものではなくなり、むしろ人が生まれながらに具えた内面的資質に関わるものとして了解されるようになる。この「宗教」のイメージの断層が露わになった出来事として、本書は昭和初頭における日本民俗学の成立を見てきた。民俗信仰論という、教義も教団も持たない領域を把握しようとする構えは、今述べたような「宗教」イメージの変化を経ることなくしては成り立たない。

それではこのイメージの断層をもたらしたのは何だったのか。それに与った出来事の一つとして想定されるのは、日本における宗教学の輸入であろう。宗教学は一九世紀の終わりに日本のアカデミズムに持ち込まれ、その結果、それまでの教義・教団・教祖等々を中心とした理解論から「宗教」は解放される。ここにおいて「宗教」は、むしろより広く深く人間の内面に関わる普遍的現象として捉え返され、そうした視点から問いが立て直される。この動きを主導した宗教学者・姉崎正治が「民間信仰」という言葉を初めて学術誌上に用いたのは、一八九七（明治三〇）年のことであった（姉崎 一八九七）。こうした新たな知が広げつつあった小波は、たとえば本書が第二章で参照した、昇曙夢の一九〇二（明治三五）年のテクストに観測される（昇 一九〇二）。昇は彼の出身地である奄美大島の民俗信仰を、はっきりと「宗教」として認識し、その了解の下で民俗誌叙述を進めていく。こうした動きを見ていくとき、一九世紀末における宗教学の輸入は「宗教」のイメージが変化し、歴史的な断層が形成された過程に大きく関わったものと考えられる。

とはいえ「宗教」イメージが変化した理由の全てを、宗教学の輸入という出来事にのみ帰するような理解は、恐らく妥当ではない。何となれば、南島の土を踏んだ最初の探検家であった田代安定をして一八九四（明治二七）年、八重山群島に「宗教」を見出さしめたのは、結局のところ領土問題という政治的文脈だったからである。学知と政治の結託は、国民国家論において大いに批判されるところの問題であるが、その手の倫理的な断罪は本書の課題の外にある。むしろ重要なのは、こうした政治的文脈こそしばしば学知にアクチュアリティを与える当のものだ、という事実の方である。

明治二〇年代後半から三〇年代にかけ、政治的・経済的な意味における南島経営の実質化と、そのための現地の民俗誌的情報の蓄積、そして「宗教」をめぐる学知の形成は、時代を共有して進行する。言い換えればこの同時代性の下で、南島の「宗教」は語り出される。たとえば奄美行政の責任者となった笹森儀助は、地域経営という政治的文脈から、現地社会の「宗教」をまなざし、そこから南島が「無宗教」の地であることを問題視する（第一章）。こうした了解は現地のエリートを中心に共有され、そのことがカトリックの歓迎に繋がっていく。カトリックは南島の暮しをより良いものとしていく資源と目され、それ故に明治期を通じて顕著な教勢拡大を実現する（第五章）。「宗教」がいかなるイメージによって了解されていたかは、この奄美民衆史の展開において決定的な意味を持っている。だがこの「宗教」イメージは大正時代後半には変化する。新たなイメージでは、「宗教」は人が生まれながらに具えた資質として了解され、必ずしも宗教教団やその教義をインデックスとはしなくなる。

この変化とは「宗教」をめぐる知の変化であり、イメージの変化である。そしてこの変化は、時代を同じくして大学で説かれていた宗教学の知見とも同期している。しかしながら宗教学が説かれた大学の講堂と奄美群島の間には、あまりに大きな隔たりがある。この距離を埋めたものとは何だろうか。それは本書の考えでは、政治的文脈の変化である。

笹森らが活動した明治時代はいまだ、日本では民主主義は現実化していない。つまり「統治する者」と「統治される者」の関係は対等ではなく、限られた権力者が一方的に、政治権力を持たない民衆を統治している。この非対称な関係において基本的に民衆は教化され、啓蒙されるべき者と見做される。そして「宗教」をめぐる言説は、この非対称性を前提に展開される。この非対称性は南島の場合、更に中央と周縁という地政学的配置によって強化され、「統治する者」は「統治される者」が劣っていることを自明の事実として、遥かに高い場所から啓蒙の言葉をアナウンスする。そしてこの過程で「無宗教」は、まさに「統治する者」がその高貴なる責任《ノブレス・オブリージュ》の下で解決せねばならない課題として見出されるのだ。

しかしこうした政治的文脈は、大正デモクラシーを経て過去のものになる。つまり普通選挙制が敷かれ、この制度の下では理念上「統治する者」は「統治される者」と対等、あるいは同一となる。この新たな政治的文脈では、人々は自らを統治するのだ。そしてこの文脈は、人々の間に序列をつけることを抑制する。たとえばある「宗教」を信仰する者が、そのような「宗教」への信仰を持たない者を蔑むようなことは好まれない。人は人である限り、あくまで理念的には対等だと考えられるようになる。

とはいえそれは所詮、理念に過ぎない。大正期の知識人の目には、現実の人々の多くは依然として危なっかしい蒙味として映っている。彼らをそのまま投票所に連れていったところで、彼らに自分たちの代表となるべき人物を選ぶ能力があるかは疑わしい。こうした蒙昧な大衆を「よき選挙民」に陶冶するための模索として、大正デモクラシー運動と時期を一にしながら、民俗信仰論の問いが生成する。第四章で論じたように、この試みは政治的要求を託宣し、「雲のごとく煙のごとくたなびける社会情緒」（伊波 二〇〇〇〔一九一三〕：二一三）に、言葉という形式を付与する宗教者としての巫女の研究から着手される。だがこの問いはそうした特殊な宗教者の研究から、佐喜眞興英＝フレイザーの理論を経由して、個々における不合理と総和における合理という背理を発見するに至る。すなわち、個々人においては不合理な信念だとしても、それらの総和としての社会は合理的なものとして姿を現しうるのだ。この発見は、個々人の懐く不合理な「信仰」こそ、秩序ある社会を生み出す「力」であることを示唆する。そしてこの認識こそが、民俗学の信仰論の最初の礎石となる。昭和の初頭に民俗学は、蒙昧とされた人々の間に伝えられた、かつて「迷信」と呼ばれたものをすくい上げ、それらを「宗教」として扱うべきことを主張し始める。

　このような主張とは民俗信仰を擁護するものであるが、ただしそこには二つの罠がある。一つ目は、民俗信仰の「宗教」としての把握とは、その価値が承認されることであると同時に、それを「宗教」という閉域に閉じ込めることでもあったことである。かつて南島で担われていた祭祀は「宗教」という枠を超え、民衆に全体的世界観を与えるようなそれであった。しかしながらそのようなあり方は、もはや民俗信仰には認められない。民俗信仰はもはや、近代国家日本が与える世界像に対峙する「もう一つの世界像」になることは出来ないのだ。「宗教」として把握された民俗信仰は、世俗主義国家の内部において「信教の自由」の範囲で選び取られる私的な信仰でしかない。それでもこのことは、かつてはそれが「迷信」と呼び慣わされて権力者から憎まれていたことに比べれば、幾らかましではあったのかもしれない。ただ少なくともその過程で、古い信仰は多くのものを失わざるを得ない。それはたとえば、かつての神の名前のようなことだ（第三章）。

もう一つの罠は、「宗教」と政治の果てしない漸近である。新たに人間的資質として把握された「宗教」は、何らかの教団や教義への忠誠を要件とせず、全ての人類が生まれつきひとしなみに具えた内面的なものとしてイメージされる。ただしこの「宗教」は教団や教義に依存しないが故に、それ自体をそのままに対象化することは出来ない。つまりその有無を外部から観測することが出来ないのである。だとすれば、それでもそのような透明な「宗教」が存在する根拠はどこに求められるのか。その根拠は社会秩序の存在に見出される。つまり社会が秩序をもって存在することこそが、すなわち人々が内なる「宗教」を持つことの証拠となるのだ。

このような認識は、一面では民俗信仰の再価値化であったといえる。何故ならこのことによってかつての「迷信」は秩序を生み出す力として捉え返され、初めて否定以外の評価を得ることになるからだ。だがこのことは言い換えれば、「迷信」は社会秩序に奉仕する限りにおいてその価値が認められる、ということでもある。人が等しく具えたものとしての「宗教」は、それが社会秩序に仕える限りにおいて「宗教」として認められる。しかし、ここにおいて宗教と社会秩序は区別を失う。一方この社会秩序は、究極的には国家というスケールに行き着く。すなわち国家の秩序に奉仕するものが「宗教」であり、そうでないものは「宗教」ではなくなるのである。

このような「宗教」イメージは、民主主義という政治的文脈と響きあう。民主主義においては誰もが統治者であり、その立場性において対等である。「宗教あり」の誰かと、「無宗教」の誰かとを区別し、優劣をつけるような考え方は、ここにおいて過去のものになる。人は生まれながらに対等であり、それは「宗教」に関しても例外ではない。「宗教」は誰もが等しく、生まれながらに具えたものとしてイメージされる。誰もが自分自身でありながら、同時にそのことによって総和としての社会秩序を生み出していく民主主義体制の理想と、この「宗教」イメージは重なる。

かつて熱狂をもってカトリックを迎えた奄美大島の人々は、この新たなイメージによってキリスト教への評価を変える（第五章）。もはや「宗教」は外部から与えられなければならないそれではない。既に奄美の人々は、生まれながらに「宗教」を持つものとしてイメージされている。そしてこのイメージは、かつて失った先祖伝来の信仰の記憶を、痛みと共に喚起する。その痛みは「国家意識」の喪失に容易にすり替わる。それと並行して、この新たな「宗教」イメージは、「宗教」に社会秩序に奉仕するものであることを要請する。すなわち秩序に奉仕しない「宗教」は、「宗教」ではないのだ。この認識がカトリックの地位を貶める。そこに昭和ファシズムが、人々に向けて「還元せよ」と呼びかける。この呼び声は人々に、弾圧という暴力的実践を促す。昭和期における「宗教」イメージは、それが社会秩序に奉仕することを期待し、その範囲において「宗教」が社会で活動することを承認する。言い換えれば、その範囲を超えたと見做されればその信念は「宗教」たる資格を失い、排斥の対象とされる。ここにおいて「信教の自由」という原則は、事実上形骸化する。

ただ、そう悪いことばかりでもない。同時代の沖縄では一人の不遇なノロがキリスト教と出会っている(第六章)。彼女はキリスト教の教えによって新たな生き方を獲得し、啓蒙や政治活動へと活動を広げていく。そしてその歩みはやがて、民俗信仰との決別へと進み、彼女はかつて自身が祭祀していた神を放棄する。こうした民衆史像は一見すると、近代化の波が伝統を押しやっていっただけのことのように見える。しかしながら注意深く見ていくと、近代的主体としての彼女の主体性には、前近代にさかのぼる「力」が流れ込んでいることが分かる。彼女の説教する姿は市民活動家のようでもあり、シャマンであるユタのようでもある。彼女という主体は、沖縄の歴史に根を持つ「力」が、「宗教」あるいは「政治」と出会う場となる。彼女という主体に媒介されて民俗信仰の「力」は近代社会に接合される。

すなわち「宗教」という言葉は我々を、我々が歴史より受け取った「力」を近代社会に媒介していく場にする(渡辺二〇〇五)。その力とはもしかしたらかつては村落祭祀の一部を構成していたものかもしれないし、神への畏怖や祈りであったものかもしれない。いずれにせよ「宗教」として社会秩序に奉仕するのであれば、それらの力は近代社会に新たな場所を占めることも出来る。これは「宗教」が、そのような国家の内部においてのみ承認されるそれとなったことの、犠牲と可能性を表裏一体とする帰結である。

　結局、我々にとって「宗教」とは何か。我々が「宗教」という言葉で呼び、イメージしているものとは、何らかの具体的な信念や実践の体系ではない。「宗教」という言葉が指しているのは、我々がそれぞれに生まれながらの資質や内面性を持つという認識である。それらはしばしば不合理であるのだが、我々はその個々の不合理の総和が人間社会に秩序をもたらすことを期待するが故に、それ自体が不合理だという理由では排除せず、原則的には尊重すべきものとして了解している。この了解は民主主義という制度との強い相関性を有している。すなわち民主主義の下において、我々は他者の行動や信念を、それがどれだけ不合理に見えたとしても、基本的には尊重すべきだと教わる。またそれと同時に自身の行動や信念を、それが他者からどれほど奇妙に見えたとしても、尊重されることを期待する。そして何より我々は、それらの個々人の総和として社会が形成され、そのボトムアップとして構築された社会に一定の秩序が存在することを期待する。「宗教」はこの原則の下で、他者の不合理性を承認する範囲と重なりあう。故に「宗教」は社会秩序を逸脱した場合、単にその逸脱が非難されるのみならず、「あんなものは宗教ではない」と、その地位が根底から否定されることがありうる。何故なら秩序を生み出さない「宗教」は、「宗教」ではないからだ。

　いずれにせよこの点で、我々のイメージする「宗教」は、究極的には国家に行き着く社会秩序に奉仕する限りにおいてのみ存在が認められる。その意味で我々の了解する「宗教」は完全に政治の一部である。ただしその犠牲を払うことで、我々が歴史から受け取った「力」は近代市民社会に接合されることも出来る。我々は社会を共有する他者が、不合理なことを口走っていたとしても、そのこと自体を排除の対象とはしない。不合理は「宗教」という名前を与えられて尊重される。ただしそれが、社会秩序に害をもたらすことが誰の目にも明らかになったとき、その「宗教」は当然のことのように社会から排除される。こうした「宗教」イメージは、今日の我々を捉えていると同時に、恐らくは昭和ファシズムにおいて「宗教」を抑圧した当のものである。敗戦で日本の民主主義が断絶しなかったが故に、このイメージは太平洋戦争をまたいで存続し、我々の実践を組織し続けている。我々と昭和ファシズムの間に断層はない。断層はその前にあるのだ。

二　展望

このように歴史像を認識するとして、我々には何が出来るのか、最後に展望までに希望を述べてみよう。よく知られている文章だが、柳田国男は戦後、太平洋戦争に向かっていった日本人の問題を総括して次のように述べている。

今までの所謂軍国主義を、悪く言わねばならない理由は幾つでも有るだろうが、ただ我々の挙国一致を以て、悉く言論抑圧の結果なりと、見ることだけは事実に反して居る。独り利害の念に絆されやすかった社会人だけでは無く、純情にして死をだも辞せざる若い人たちまでが、口を揃えてただ一種の言葉だけを唱え続けて居たのは、勿論強いられたのでも欺かれたのでも無い。謂わば是以外の思い方言い方を、修練するような機会を与えられなかったのである。一方には又或少数者の異なる意見というものは、国に聴き方の教育が少しも進んで居ない為に、抑圧せられるまでも無く、最初から発表しようとする者が無かったのである。（柳田　一九六四〔一九四六〕：四六〇）

このような主張の前提には、人々の内なる「力」の存在が想定されている。すなわち人々の内には民俗信仰のかたちをした価値観があり、希望があり、倫理道徳がある。柳田の考えでは日本人が道を誤ったのは、この力を「言葉」にすることに失敗したからである。つまりそれら民衆に潜勢する力は「ただ一種の言葉だけ」に媒介されたが故に、戦争に接続されていった。その反省の下で柳田は「是以外の思い方言い方」を身につけることで、力を別様に媒介し、そのことによってもう一度社会を作り出すべきことを主張する（大塚 二〇〇七、室井 二〇一〇）。戦後の柳田が民俗信仰に高い関心を払い、「心意」と呼ばれる領域の解明に心血を注いだのは、決して彼の個人的な趣味のためではなく、この人々に潜勢する力にもう一度名前を与えるためであった。その名前はとりあえず「固有信仰」と呼ばれている。

このように「力」に名前を与えることは、かつて日本の人々がそれを「宗教」という言葉で名指したことの反復でもある。従って、仮に「固有信仰」と呼ぶのではないにしても、その試みは社会秩序＝国家という枠組みを出ることは出来ない。実際、「固有信仰」の名は、少なくない批評家から唾棄すべき政治的欲望の産物と見做されている。しかしながら「力」に名前を与えることは、既にある何らかの枠組みから逃れる可能性そのものでもある。すなわち「力」を拘束することと解放することは同義なのだ。我々は「力」を名指すことを諦めるべきではない。

本書はこれまでの議論において、南島の民俗信仰の「力」への注目を促してきた。何故ならば、結局本書の記述は、我々のよく知る「宗教」という言葉のイメージから、南島の民俗信仰を幾らかでも解放することに賭けられている。しかし「力」に名前を与えることは容易ではない。それを安易に名指すことは、「宗教」の語がそうであるように、その「力」を再び社会秩序へとからめとっていくだけの結果を導くだろう。それ故に本書にしても、ここでの記述では従来の名前（サー、セヂ等）でもって「力」を呼ぶに留め、そのものに新たな名前を与えることの手前で立ち止まっている。しかし、それこそが本書の先に試みられるべき作業なのだ。すなわち、真に「民俗学」という名で呼ぶに値するものがあるとすれば、それはそのような営為でしかあり得ない筈である。

補論

ライティング・フォークロア

一　ある困難——現代日本と心意研究

1　「民俗」から「心意」へ——八〇年代民俗学の展望と挫折

民俗学は心意を解明せねばならない。一九八〇年代を代表する民俗学者の一人である宮田登の著作には、繰り返しそのような主張が見出される。ただし、そこで宮田が言う「心意」とは煮詰められた術語ではない。たとえば『現代民俗論の課題』の「都市の生活心意」と題された一章では、宮田はハレ・ケ・ケガレというモデルを都市生活者の文化にあてはめて解釈し、現代社会ではケガレの感覚が「都市の心意伝承」として働いていると論じている（宮田 一九八六〔一九八四〕：一七—三四）。

ハレ・ケ・ケガレとは波平恵美子によって最初に提起された、民俗社会をある種の生理的サイクルを持つものとして捉えたモデルである。すなわち人間社会においてケ（＝日常）の状態では時間的経過とともに一種の活力とでもいうべきものを失ってゆき、ケガレ（＝ケ枯れ）の状態に陥ってしまう。こうした衰えは当然好ましくないため、人々は祭りや年中行事のようなハレの日を定期的に設け、それによって世界に活力を取り戻そうとする（宮田 一九九〇）。こうして人間社会はハレとケを両極とする一定のリズムを刻みながら続いていく、というのがこのモデルの趣意である。もちろん当事者はそのような自覚のもとで年中行事や祭りに携わるわけではないから、このリズムは人間の無意識に、あるいは一種の深層文化のレベルに想定される。いわばそうした深層文化の働きを宮田は「心意」の言葉で呼びあてた上で、近代的な都市生活者に見出される消費への衝動や、刺激への誘惑をそれらの作用として理解するわけである。

一方、およそ同時期に書かれた書籍『「心なおし」はなぜ流行る』では、宮田は「犯罪の民俗的心意」という言葉を用いることで、通り魔・無差別殺人・連続放火などの都市型犯罪が生み出される背景に接近しようとしている（宮田 一九九三〔一九八九〕：三一―三五）。こちらで使われている心意の語はむしろ社会心理のニュアンスが強く、都市生活が惹起する不安や、他者への攻撃性などが取りあげられる一方、歴史性・伝統性ということには全くこだわっていないように見える。このように宮田登は「心意」という言葉を厳密な学術用語や概念としては用いていない。そうではなくこの言葉は、現実にある様々な事象を学問の対象として切り出すために使われている。

こうした心意への言及には、宮田が身を置いていた八〇年代民俗学の危機感が影を落としている。その危機感とは、研究対象としての民俗がなくなる、ということへのそれである。一般に「民俗学」という言葉が惹起するイメージとは、鄙びた山村漁村に分け入り、失われつつある過去の伝承を古老から聞き集める学問、というものであろう。そのような学問としての民俗学にとってしてみれば、高度経済成長以降におけるいわゆる過疎高齢化と地方村落社会の廃滅、そしてそれにともなう伝統的生活文化の衰退と伝承の喪失は、致命的事態であるかに思われた（宮田 一九八六〔一九八四〕：一〇）。いわば民俗なくして民俗学は成り立ちうるのかという問題が、いよいよ差し迫った現実的課題として立ちはだかったのである。

このとき、これからの民俗学の役割は心意を解明することにある、というのが宮田の回答だった。村落社会が衰退し、そこで語られていたであろう数多の伝承が失われたとしても、人々の心意を問おうとする限り民俗学にはまだ出来ることがある。たとえば都市の生活文化や現代的犯罪といったトピックも民俗学の射程に入ってくる筈だ、と宮田は「心意」という言葉の使用を通じて訴えている。現に学問の祖である柳田国男はかつて『明治大正史世相篇』の一書で都市民を論じ、そこに「不安」という心意を見出していた（宮田 一九八五：一六九―一七〇）。宮田はそうした学史を踏まえながら、この心意の語を都市論の中で盛んに用いているが、そうした姿勢には伝統文化の解明から現代文化の解明へと民俗学の問いを再設定しようとする苦心を認めておかねばならない。

もちろん今日から振り返るのであれば、こうした見通しはいたく楽観的だったと映ることだろう。八〇年代の宮田より現在に至るまで、果たして民俗学の問いは豊かな実を挙げたや否やと問うとき、その答は決して果々しいものではない。たとえば岩田重則による学史の総括は次の如く手厳しい。曰く八〇年代以降の学問状況の特徴には「同時代との緊張感を欠いた象徴論と都市民俗論（学）の流行」が見受けられるが、それは「泡沫のごとく消え去った感がある」と（岩田 一九九八：二六三）。直接名指しされてこそいないものの、この批判を宮田の見通しに対する総括として読むことは十分可能だろう。宮田が期待を寄せたハレとケの循環論は果たして同時代と切り結ぶに足る理論であったか。都市研究は結局何を明らかにしえたのか。楽観と実績の落差に批判の声を上げることは易しい。

だが結局、何が失敗だったのか。何が障害となって八〇年代の問いは実を結ばなかったのか。失敗に理由があるとしたら、それは何だったのか。この然るべき問いは、しかしながら管見では真面目に検討されたことがない。だからまずこの答を求めるところから本章の議論を始めてみたい。

2 目的・方法・対象の再関係化――民俗学を作り直す

八〇年代から九〇年代にかけ行きづまりが覆いがたくなるに伴って、民俗学を作り直そうという提言は加速度的に増えていく。中でも先に引用した岩田重則の整理は小松和彦も賞賛している通り、今日の民俗学が抱える問題の端的な見取り図として評価できる（小松 二〇〇二〔二〇〇〇〕：九六）。ここで岩田は今後の課題を以下の四点に分けて把握する。すなわち、①新たな民俗誌学の樹立、②民俗資料論の練り直し、③目的と枠組みを具えた体系の整備、④国際比較の筋道化、というのがそれである（岩田 一九九八：二六四―二六六）。ただこの①～④からなる見取り図をよく見ていくと、それらは等価な課題として並列するわけではなく、その間には論理的序列があることに気づくだろう。すなわち如上の四点は次のように要約されるべきである。民俗学を作り直すためには、まず学問の目的（③）を問い直し、それに準じた新たな方法論（①②）を模索し、かつまたその研究対象は国家の枠組みに囚われるべきではない（④）と。明らかなのは、全てに先立つべきは学問の目的の何たるや、ということである。

事実、岩田もここで「目的を棚上げにして、それぞれの方法や研究領域の是非を問うことは生産的ではない」とし、方法・対象は目的に従う関係にあることを強調している（岩田 一九九八：二六五）。そしてその上で岩田は個人的見解と断った上で、民俗学の目的としては「自己の存在する現在を起点として過去に遡り、生活史と社会史を知るということでよいのではないだろうか」と続ける。一方、岩田の指摘を讃える小松和彦もまた、目的に対する方法・対象の従属という関係を支持している。特に小松の場合「民俗」という言葉そのものからして、研究者が研究目的のために操作的に用いうべき語であることを強調し、目的に対して柔軟に「対象」を設定することを今後の民俗学者の課題とする。そして小松は「私の」民俗学の目的は神の解明であるとして、その目的に沿って自分は民俗学の方法・対象を求める、としたためる（小松 二〇〇二〔二〇〇〇〕：九六―一〇八）。いずれにせよ大切なのは学問の目的なのだ、というわけである。もちろん、こうした目的に対する方法・対象の従属関係とは、ごく当たり前のことに過ぎないように見えるだろうし、岩田や小松の自信に満ちた批判の筆致にもそのことは窺われる。

だが果たしてそれは左様に容易なことなのだろうか。一九八三年に初版が刊行された概説書『日本民俗学概論』において既に、福田アジオ・宮田登両名に次の文章があることが、事態が見た目より遥かに困難であることを示唆している。すなわち福田の曰く「自分は何をどのようなものとして明らかにしたいのかという研究上の課題なり目的を自覚し、その課題に迫るためにはいかなる方法がもっとも有効かを考えて、具体的な作業に入る必要があろう。（中略）研究の方法は研究の目的なり課題に従属する」という（福田 一九八三：二六九）。また宮田の曰く「民俗に関心をもち、これを研究対象にしようという者にとって、まず大切なことは、どのような問題意識をもち、研究に取り組むのかということである」と、こちらも言わんとするところは明確である（宮田 一九八三：二六九）。このように岩田が批判するところの八〇年代の概説書において既に、民俗学における主体的な目的意識の重要性と、目的に対する方法論の従属性は明白に説かれている。言い換えれば八〇年代も、九〇年代も、そして今も「問題は研究者の目的意識だ」と口を酸っぱくしてきたのが民俗学者なのである。

この繰り返される自戒を進歩のなさと呼ぶのは容易で、そして思慮を欠いている。何となればこれだけ繰り返してなお、研究者の主体的な目的意識を確立することが難しいのだとすれば、まさにその理由そのものを問題とする必要があるからだ。すなわち民俗学にとって、方法・対象を目的に従属させることは何らかの理由によってとても難しいのである。だとすれば掘り下げなければならないのは、それはなぜなのかということであろう。

3 フォークロリズム批判という試み──精神論は脱せるか

九〇年代以降、急速に日本民俗学の論題としての存在感を高めたフォークロリズム批判とは、このあたりの事情に関わるものとして捉えると、その意義が掴みやすくなる。たとえば岩本通弥がある論考に冠した「「民俗」を対象とするから民俗学なのか」という問いかけは、この目的と対象の転倒を糺したものとして読むべきである（岩本 一九九八）。というのも、そもそもフォークロリズムとは、「民俗」を先験的に存在する「伝統」として認識しようとする知的バイアスである。このバイアスが問題であるのは、本来は（目的の設定を通じて仮定される）対象に過ぎない筈の「民俗」が、逆に研究者の方法的枠組みを歴史・伝統へと枠づけ、ひいては学問そのものの目的を歴史的遡行に縛り、あるいはまた「伝統」という言説を正当化する方向へと制約してしまうためである。のみならずそのように目的を縛られた「民俗」研究は一個の言説となって、そのような枠組みに立つ「民俗学」の論文を紡ぎ出してゆくことで、対象を「伝統文化」として見るバイアスを再帰的に強化していく。そしてこの円環運動を通じて「民俗」と「民俗学」の関係は果てしなく自閉に向かい、同時代社会との関係を閉ざしていくことになる。

そもそも小松が言うように「民俗」とは概念にすぎないのだから、本来的には研究者自身の目的意識に従って自在に定義されて良い筈であった（小松 二〇〇二〔二〇〇二〕：六九）。それにもかかわらず現実には、これまでの多くの民俗学者は民俗を所与の存在としてきた。このために対象が目的を決定するという転倒を抱えたまま研究者は学史を積み上げ、その循環を通じてますます枠組みを自閉させ、現実社会との回路を絶ってきたわけである。だから過疎化や農村の廃滅に「民俗がなくなる」と右往左往し、かたや現実に目を背けた実効性のない議論ばかりに終始してしまう。以上、少々大雑把ながらフォークロリズム批判の要諦は、かようにとりまとめうると思われる。

だとするとこの認識を反転させれば、つまり主体的に問題意識を煮詰め、そこからその問題にふさわしい対象と方法を見出してゆけば、その先には新たな民俗学は開けてくる筈だ、という見通しが像を結ぶことになる。実際、近年の民俗学における「実践」や「公共」のキーワード化の動きは、まさしくその方法論の確立を課題として残すとしても、まずは現実社会と向き合うことから目的意識を築き上げんとする決意を認めることができる。つまりもう一度学問の「目的」を立てることから始めようではないか、というわけだ。その上で岩田の整理のように、そこに新たな目的意識に沿った新時代の民俗誌学と民俗資料論、そして国際比較への意欲が伴えば百人力である。と、かくして現代民俗学へのロードマップは見事成り立つかに見える。

しかしながらその展望が明るいようには、私には思われない。その理由の一つとして、フォークロリズム批判自身がこれまで、学問の目的をポジティヴに規定したことがない、という事情がある。もちろんこのことは、フォークロリズム批判の眼目が学問の目的と対象の転倒を糺すことにあったと解するかぎり、非難には価しない。後は「目的は研究者が主体的に」という自戒に送り返すだけのことだからだ。だがこうして研究者の主体性に目的意識を委ねる論理によって、前述の困難はふたたび見逃されることになる。すなわち民俗学において方法や対象を目的に従属させることの困難を、である。誤解を恐れずにいえば「主体的な目的意識を」という批判は半ば精神論である。過去の民俗学を「現実に対する緊張感を欠いている」と批判することは一見妥当だが、これは研究者の目的意識に対する、論理的というよりも倫理的な批判である。あくまでも論理の問題として、目的と対象・方法の転倒という困難に正面から向き合わない限り、挫折は繰り返されることだろう。

4　対象の三重性——民俗・担い手・心意

本章の考えでは、この困難をほぐすためには民俗学における「対象」概念の特殊性に焦点を合わせる必要がある。すなわち民俗学のいう対象には、ある一つの特徴があるのだ。それをここでは対象の多重性と呼んでみたい。どういうことか。

小松和彦は民俗学の「対象」は任意であるべきとする立場によって「コミックや映画・アニメーションその他やプロ野球阪神タイガースや巨人のファンの研究や宇多田カオル《ママ》流行現象を民俗学的考察の対象にすれば、それは「民俗」資料になる」と書いている（小松 二〇〇二〔二〇〇一〕：六九）。民俗学は目的意識に従って新たな対象を開拓していくべきだ、と言う小松が具体的に思い描くのはかような研究だということであろう。だがこの見通しを実現に移す段で、一般的な民俗学者はすぐに一つの問題に突き当たることになる。その研究目的に近づくために誰に話を聞くのか、という問題にである。何となれば今日の民俗学が「対象」を想定する時、その言葉は常に最低二つの含意を有している。すなわち第一に民俗それ自体であり、第二にそれを担う人間（あるいは人間集団）である。日本の民俗学において何を対象に研究するかという問題は、誰を対象に研究するかという問題と不離の関係にある。現代の民俗学には様々な方法上の立場があるが、それを担う人間と切り離して民俗を考えようとする立場に立つものはごくごく少ない。つまりこの点で民俗学の「対象」は二重性を持っているということができる。

ただし、この「対象は誰なのか」という問題そのものはさほど厄介ではない。たとえば小松のいうプロ野球や歌手のファンの研究ならばファン集団が対象にできようし、敷衍してゆけば都市伝説には都市住民という担い手を［1］、都市生活には団地アパート生活者という担い手を、学校の怪談には小学生という担い手を想定することができる（倉石 一九九〇、常光 二〇〇二〔一九九三〕）。確かにムラ研究とは勝手が違い、新たな接近方法が必要だろうが、新たな担い手の研究はやってやれないことはなさそうにみえる。少なくとも八〇年代に都市民俗学に期待をかけた研究者がそう考えていたのは確かである。だがこの見通しはやがてずっと厄介な問題に突き当たることになった。すなわち、民俗学が考察の対象とするのは民俗の担い手の「何」であるのか、という困難な問題にである。

具体例を挙げて考えてみたい。たとえば常光徹の「学校の怪談」研究が、学校のトイレには象徴的な境界性が見出されると論じたとき、実際にその解釈の対象とされていたのは民俗でも担い手でもない。その「象徴的な境界性」なるものが属するのは、担い手たる子供たちの無意識であり、学校空間が生み出す社会心理であり、一種の深層文化である。実をいえば冒頭で触れた「心意」こそ、宮田登がこの領域を名指すために用いた言葉に他ならない。つまり宮田が、これからの民俗学は人々の心意を解明するものであるべきだと言ったとき、民俗学の研究対象は民俗・担い手・心意という三重性をもつことになる。なお以降、本章はこの領域を便宜上「心意」の語で呼ぶこととするが、その語の選択には必然性はない。たとえば深層文化、社会心理、無意識、世相、集合心性、日常の構造、生活者の論理……等々、その捉え方や呼び方は多様であって良い［2］。しかしいずれにせよ念頭に置かなくてはならないのは、今日において民俗学の対象という問題はこの多重性から逃れられないという事実である。

民俗学者は自らの目的意識に準じて対象を求めるべきだ、という然るべき主張が機能不全を起こすのはこの点においてである。何となれば「伝統文化ではなく現代文化を」という民俗レベルでの対象のシフトや、「ムラ人ではなく都市住民を」という担い手レベルでの対象のシフトは確かに容易であろう。しかしながら、心意という対象はいかにシフトすることができるのか。あるいはたとえばそれを「現代人の社会心理」や「生活者の論理」などと言い換えることで、それらは新たな目的意識にふさわしい新たな対象として確立されうるのか。本書の見る限り、その種の言い換えが新たな展開を生み出すとは思われない。それは、まさにこの心意という対象にもっとも深く与ってきた信仰研究が、このことのために一つの壁に突き当たっているためである。

二　民俗信仰研究の達成と拡散

1　伝承母体論という画期——民俗から担い手へ

学史の上で日本民俗学は当初から民俗の担い手を意識してきたわけではない。もちろん伝承者の適格性の問題、つまり正確で虚飾のない伝承を聞き出せるのはいかなる語り手か、という問いは既に柳田の時代から散見される。とはいえ、民俗の地域的分布から歴史的変遷過程を問おうとしたとされる重出立証法が典型的であるように、七〇年代以前の民俗学は生きた人間よりも民俗そのものを収集し、列挙し、その地域的な広がりを見渡すことに意識を向けていた。言い換えれば個々の民俗を担う個別的な地域社会や人々への問題意識は薄弱だったのである。

こうした状況に対して福田アジオは、まさにこの伝承母体に対する無関心を日本民俗学の方法的欠陥とみなし、民俗の理解にはそれを育んだ民俗社会への理解が欠かせないとした（福田 一九八二：三―九）。ただしその際の福田の見通しは、生活文化の歴史的変遷過程の再構築という問題意識を極端に強く打ち出す一方、すでに解体をみせていたムラ社会にフィールドとしての特権的価値を認めるなどの点で、その後数多の批判を浴びることになる。その批判の是非に踏み込むことは本書の課題ではない。ただ一つ、本書がここで指摘しておきたいこととは、まさにそこで民俗の「担い手」を対象として明確に規定したことによって、福田の伝承母体論は今日の民俗学にとって決定的な転機となったということである。言い換えれば、福田は伝承母体論を提起したことによって民俗の研究を、民俗そのものからその担い手についての研究に置き換えたのである。

福田に対する激しい批判にもかかわらず、民俗を理解するとはつまりその担い手を理解することだ、とする考え方は、管見では学史上に否定されたことがない。それどころか福田以降の学史において中核となる論点であり続けてきたのは、どこの誰を研究の対象とするかという問い方であった。たとえばムラに対する都市、農村に対する漁村・山村、伝承母体に対する伝承主体、集団に対する個人、マジョリティに対するマイノリティ、男性に対する女性、日本人に対する移民……、七〇年代における伝承母体論の出現以降、民俗学の多様な展開は常に、それが誰についての調査研究であるかを重要な論点としてきたのである。

もちろんこうした担い手への関心というシフトを、福田一人の影響に求めるのは誤りだろう。むしろ影響関係でいえば、文化人類学の動向に触発されたものと考えた方がおそらくは実態に即している。大まかな学史展開として日本の民族学（エスノロジー）の枠組みは、欧米の流行に従って六〇年代は社会人類学へ、そして構造主義を経て七〇年代後半からは文化人類学へと、更にその切り口も象徴論や認識論へと移っていった。特に注目されるのは七〇年代を境にして、人類学の関心が社会構造の分析から現地人の主観的世界への接近へと重心を移したことである。更に八〇年代に入るとギアツの解釈人類学が席捲し、現象学的手法にもとづいた異文化の主観的リアリティの解釈が人類学の課題の中心を占めるようになる。この中で人類学はインフォーマントとの信頼関係（ラポール）の構築や語りの引き出し方、その事実性の考え方、ひいては新たな民族誌叙述の方向性の如何などの問題を紡ぎだしていくことになるが、こうした人類学史の展開は福田の伝承母体論の提起と時期的に重なりあっている。現地人の主観的世界を問い始めた文化人類学の理論から、同じように民俗の担い手に関心を寄せ始めた民俗学への示唆が大であっただろうことは想像に難くない。

くわえて文化人類学は、特に解釈人類学が流行する中で、現地社会の近代化やその中で生きる「個人」への関心を強め、理論的にもそれらを問う方向へと深まっていった[3]。福田に対する批判はしばしば「近代化」に関する視点の欠如や、人間を個人としてではなくムラというスケールで捉える傾向に関して問われたが、こうした批判の問題意識は八〇年代の文化人類学の問題意識と多くの点で重なりあっている。繰り返すようにそこで戦われた論争に是非を下すことは本書の課題ではない。ただここで確認しておきたいのは、福田以降の学史はあくまでも担い手という対象をめぐって積み重ねられ、その前提たる担い手への関心という基調が疑いに付されることはなかったということである。そしてこうした担い手への関心の中で、結果的に混迷に至ったのが信仰研究の領域であった。

2　信仰研究のパラダイムシフトと閉塞——主観という壁

学史上、日本民俗学の信仰論は桜井徳太郎による固有信仰論の放棄宣言をもって、「民間信仰論から民俗宗教論へ」というパラダイムシフトを遂げたとされる（桜井 一九八二、真野 二〇〇〇）。それ以前の民俗学の信仰論を基礎づけていたのは、固有信仰の解明を一つの枢要な課題とする民間信仰論であった。この固有信仰論とは柳田が主に戦後の著作、特に『先祖の話』等々で示した信仰観を基調とした理論であり、祖霊信仰と稲魂信仰が密接に絡み合った信仰文化を日本人のもっとも基層的かつ中核的な信仰と見做す立場を指す。この立場性では固有信仰のうち、より原初的な様態が探究される反面で、仏教や道教、陰陽道等々の宗教文化との関わりは、外来性や知識人の関与を忌避する姿勢のために考察から排除されることになる（桜井 一九七〇〔一九五八〕：三―一一）。もちろん、柳田以降の信仰研究がひとしなみに固有信仰論という枠組みを奉じたわけではなく、桜井にしても早い段階から民間信仰を「常民のあいだにながく伝承されてきた信仰現象の全体をさすことにしたい」と書くなど、民間信仰論の枠組みで捉える対象には幅をもたせていた（桜井 一九六六：一一）。しかしながら日本の一般民衆の宗教生活を論じる上で成立宗教全般、特に仏教を排除する思考が、フィールドワークの深まりに比例して限界を露呈していったのは当然の帰結であっただろう。一方では仏教史研究では六〇年代以降、五来重や竹田聴洲が仏教民俗学の原型を生み出しつつあった。こうした研究状況の中で民間信仰論の非現実性を認識した桜井もまた、七〇年代後半に至ってついに民間信仰論の失効を宣言するとともに、新たな信仰研究の枠組みを提起する。それが今日、民俗宗教論と呼ばれる枠組みである。

以上のような経緯はそれ以降、学史上の画期として民俗学の概説書等に繰り返し記載されてきた。たとえば池上良正はこのことを「純一・静態モデルから複合・動態モデルへ」というパラダイムシフトであったとし、文化の過去における純粋状態を志向する民間信仰論から、諸宗教との交渉関係を視野に、歴史の中で生きられてきた信仰のダイナミズムを問う民俗信仰論への移行だったと評価している（池上 一九九九：一三六―一三七）。ここで池上が示した「複合・動態」とは、民俗信仰論へのシフトに関する一般的評価の端的表現といえる。たとえば概説書『現代民俗学入門』の中で谷口貢は民俗宗教論の意義を池上と同様、民間信仰と成立宗教の複合を新しい問題意識として確立し、更にそこから「両者の変容・共存・対立といった」動態の問題を視野に入れたことに求めている（谷口 一九九六：七七—七九）。同じく島村恭則も民俗宗教論への移行の目的は「変化や動態性を重視し、また外来要素、成立宗教との混淆を正面から見据えようと」したところにあったと記している（島村 二〇〇二：二三六）。このように民俗信仰論の画期性を「複合・動態」の主題化に求める考え方は、今日の民俗学史の標準的理解である。

だが今日の視点から改めて見返すに、果たしてこうした学史理解は正鵠を射たものであっただろうか。確かに桜井の宣言が信仰研究の領野を拡大し、仏教民俗学から修験道研究、シャマニズムや新宗教研究、さらに近年の陰陽道や巡礼の研究などへと議論の幅を広げてゆく筋道をつけたことは間違いない。しかしながら本書の考えでは、民俗宗教論の一義的な画期性は、言われているような「民俗と諸宗教の複合に研究対象を拡大したこと」にはない。そうではなく民俗宗教論の画期性は、それが信仰の担い手を研究対象に据えるものだった点にある。

というのも桜井以前の民間信仰論を基調とした信仰研究は、方法の上で柳田の語彙中心主義を引き継いでおり、類縁の民俗が分布し、時に遠方での一致をみせることに大きな関心を寄せていた。いわばその点で民間信仰論には「担い手」という考え方はなかったのである。しかしながら伝承母体論以降の学史は、福田にしても意図せざる結果であっただろうが、こうした担い手なき信仰論を過去のものにすることになる。たとえば盆行事を考えるにしても、民間信仰論の枠組みであれば各地の行事の中に現われる民俗語彙や作法の数々を収集し、その地域的な分布や異同から考察を進める行き方をとる。これに対して民俗宗教論の場合は行事そのものに参与し、そこにあらわれた人々の思い入れや意味づけを含めて記述と考察の対象にするだろう。

このように民俗宗教論を特徴づけるのは、前述した民俗と担い手という対象の二重性である。実のところこれまでの学史が信仰研究の画期として説いてきた仏教や修験道、シャマン等々への関心の拡大とは、担い手の対象化という民俗学全体のシフトの、いわば副次的な帰結にすぎない。何となればフィールドで信仰を担う人に焦点を合わせた時、仏教等々も含めて論じなければ話にならないことは自明だからである。つまり関係が逆なのであって、担い手を考え始めた結果、民俗学の視野に民俗と仏教の複合が見えてきたのである。桜井徳太郎は固有信仰論を批判するに際して、それがあくまで柳田による一個の仮説であること、そしてそれ故に「実態性」を欠くことを強く問題視する（桜井 一九七九：一九）。ここで桜井が実態（あるいは実体）と呼ぶものは、現実で諸々の信仰を担う人々に他ならない。

だがこのシフトは必然的に、担い手の主観的信仰という厄介な問題を民俗学に持ちこむことになった。つまりその信仰を担い、生きている人間がそこにいかなる宗教的リアリティを感じ、意味を見出し、心を動かされているのか、民俗学においてそうしたことが問われ始めたのである（真野 二〇〇七）。こうした担い手の主観とはそれまでの民間信仰論にとっては基本的に慮外の問題であり、桜井以前においてはそもそも「話者はそれを信じているのか」という問いは成り立ちえなかった。だが民俗宗教論が今や問おうとしているのは、そこで一個の信仰を生きている人間である。民俗学の基調が担い手の研究として再規定された以上、遅かれ早かれ、信仰研究が担い手の主観的な宗教的リアリティという難題に突き当たることは必然であった。

とはいっても民俗信仰論が即座にこうした、究極的には個人にまで還元される主観性の問題に行き着いたわけではない。実際、ちょうど伝承母体論が社会伝承を枠組みとすることで、ムラという集合的制度や規範性の水準で担い手を把握したように、初期の民俗宗教論が想定していたのも一定の集合的な信仰だったのである。この点で桜井の民俗宗教論は七〇年代前後における伊藤幹治『稲作儀礼の研究』や原田敏明『宗教と社会』等にみられる機能主義的な枠組みとシームレスに繋がっている（伊藤 一九七四〔一九六三〕、原田 一九七四）。翻って、対象のミクロ化そのものを促したのは、むしろそうした機能主義的分析が有効となるような「ムラ」というフィールドが、高度経済成長を経て急速に解体しつつあったことである。この結果、民俗宗教論は主観性を含めた宗教的リアリティへの関心を、ムラのような集合性のレベルではなく、たとえば都市のシャマン的宗教職能者やその支持者、はたまた巡礼者のように宗教文化に際立って強いコミットメントを持つ人々へと具体化することが求められた。このとき必然的に民俗宗教論の問いは一種の尖鋭化に向かわずにはいられなかったのである。

3　心意へのためらい

上記のように民俗を担い手との二重性の下で見出した民俗宗教論は、もはやその担い手の主観的な信仰を含めた三重性から思考を始めなければならなくなった。だが、一人の人間の信仰を他者が把握しうるか、という問いはすでに半ば哲学に属するといって良いだろう。この難題に行き当たったことで、民俗宗教論は大きく三つの方向に沿って展開していくことになる。

その第一は、主に成立宗教のような何らかの所与の宗教的枠組みを地とし、それを担う人々を図とするという方向性である。典型として仏教民俗学を例に挙げてみたい。そもそも「仏教」とは教義や教団、聖典を具えた成立宗教であり、このために戒律に準拠した信仰や作法を信徒に求める。しかしながら実際に仏教が担われている現場をみた場合、それらの戒律や教義は字義通りに人々に受容されているわけではなく、むしろ担い手の宗教的リアリティに準じてずれをもって営まれることになる。いわば民俗宗教論は、このずれに注目するのである。典型は祖先祭祀の問題であろう。宗教としての仏教は教義のうえで輪廻を説くが、このことは現実の日本の民衆が担う祖先祭祀とは整合せず、ずれている。だが日本の仏教の大勢はこうした信徒たちの行う祖先祭祀を否定することはなく、むしろそうした信徒の需要や論理を汲み上げる中で宗教としての役割を果たしている（山折　一九九三：九八—一〇九）。このように宗教としての仏教を一つの地として事例をみるとき、祖霊信仰等を織り込みながら担われる現実の仏教のありさまは、地に対してずれた図として立ち現われる。いわば仏教民俗学はこのずれを民俗と呼び、現実の日本仏教を担う人々の宗教的リアリティを反映したものとして見出すのである。

このように宗教の正統的教義や戒律に対するずれを民俗や担い手の心意に関わるものとして切り出す民俗宗教論の方向性は、ともかくも人間の主観というとらえがたい領域を対象化しえた枠組みだったと評価できるだろう。ただこうした既存の宗教教団や既製の宗教的実践との対比からの把握は、複数の教団を対象とした横断的な分析を困難にするとともに、ダイナミズムの把握を掲げた当初の目論見に反し、むしろ民俗と宗教の間における固定された関係を描くことに終始する傾向を招いた（真野 二〇〇九ａ）。つまり民俗宗教論は各宗教教団を単位に、その教団における信徒の周縁的な営みを書くものへと矮小化されてしまったのである。小松和彦は近年の民俗宗教論にみられる「分散・個別化」を指摘し、議論が矮小化しつつある動向を批判しているが、民俗そのものを実定的に規定しえない上記の枠組みにおいてはこうした傾向も必然的なものである（小松 一九九八）。このため近年では、たとえば谷口貢のように、改めて民俗学としての主体的な信仰研究の必要性を説く向きもあるが、上記の枠組みに立つ限り、その見通しは明るくはないように思われる（谷口 二〇〇七：二一）。

これに対し、民俗宗教論の第二の方向性となったのは、研究対象を個々人にまで絞り込み、少数の人々からの深い聞き取りを通じて、宗教的リアリティを把握しようとする立場である。こうした方向性は主に九〇年代以降、個人を単位とした研究が民俗学において試みられ、ライフヒストリー手法などが整備される中で導入されたものである。学史を振り返るに、真野俊和はこうした方向性の発端を桜井のシャマニズム研究に求めているが、確かに個人の信仰を掘り下げていく手法は、イニシエーションやカタルシスなどといった宗教体験へのアプローチと親和性が高い（真野 二〇〇七）。こうした信仰に関する担い手の語りにもとづいた研究は方法的にもフィールドワークと親和的な枠組みだったために、近年の民俗宗教研究の多くが採用している方向性である。こうしたアプローチの利点は、既成宗教の枠組みに依存せざるをえない前述の方向性に対し、一人の人間の掘り下げを通じて、個人的な達成感やレジャー性もふくめた多様なリアリティに光を当てうる点に求められるだろう。

その一方でその固有の限界として、そこで語られた宗教的リアリティを普遍性を持った心意として敷衍していくことの困難さが挙げられる。特にその信仰が精密に分析され、詳細に記述されるほど、そこで描かれる心意はその話者に個別化されてしまう。この問題に関し、たとえば池上良正は霊威的次元という術語を用いることで、一定の普遍性を持った宗教的リアリティの領域を言い当てうることを指摘している（池上 一九九九b）。これは多くの民間宗教者からの聞き取りに裏づけられた重要な指摘であるが、極めて高いレベルでの普遍性で宗教的リアリティを捉えようとする点において、今度は逆に一定の人間集団や地域文化というスケールに落とし込むことが難しくなってしまっている印象を受ける。

第三の方向と呼べるのは、主に二一世紀になって同時多発的に現われた祭礼と巡礼の研究であろう。これは方法的には、主に前記の二つの方向性に依拠しつつ、特に信仰の主観性の問題を一般社会のコンセンサスに依存することで回避したものである。祭礼（祭り）であれ巡礼であれ決して個人の主観的な信仰に依存して成り立つものではなく、それどころか「都市」や「遍路道」という巨大な体制に共に基づいている。そしてその巨大さは、個々人のコミットメントの強弱はあろうとも「祭礼とは」「巡礼とは」という認識や語りのレベルにおいて、広く浅いコンセンサスを社会の中に確立せずにはいられない。研究者ならずとも、「祭り」や「お遍路」が大体どういうものなのかは知っているものだし、関係者ならばなおのことだろう。従って後はそのコンセンサスを下敷きに、前述の第一の方向性に沿って、それらの合意された祭礼像・巡礼像に対する実態のずれ（たとえばレジャー性、資源化、文化財主義との衝突から当事者の葛藤まで）を発見し、長々しい解釈を付していくか、もしくは第二の方向性に沿ってその当事者の主観的な語り（「私があえて巡礼をしようと思ったのは……」）を延々と読み込んでいくか、研究者側の論理の積み上げ方としてはおよそその二つの行き方で尽きている。こうした方向性は明らかに、信仰研究が当事者の主観性という問題に行き合ったことによる行き詰まりの残念な帰結である。

ところで上記によらず、独自に学史をつむぎ続けてきたのが俗信論である。俗信と呼ばれるものを定義することは難しいが、ここでは占いやまじないなど現世利益への志向が強く、また組織性や体系性に乏しい民俗信仰、としておきたい。こうした俗信は七〇年代以前においては、あまりにも多岐にわたるトピックを含むために重出立証法には向かず、井之口章次が理論化に取り組んだことを除けば、正面から扱った研究は限られていた（井之口 一九七五）。この状況は民俗宗教論へのシフト以降も変わったわけではないが、このとき俗信論を特異としたのは、上述した民俗宗教論の方向性が適用できなかったことである。何となれば俗信は成立宗教とは基本的に没交渉であるとともに、その担い手にしても深い信仰があって俗信を担っているわけではない。結果、俗信論は一面では民俗宗教論の出現以降も特に断絶を経ることとなく、たとえば常光徹らによって古典的な分析枠組みが引き継がれることとなった（常光 二〇〇六）。と同時に、前論理的な感性の領域に根ざした俗信とは、逆に極めてラディカルな問い方も可能な沃野であり、小嶋博巳「〈俗信〉覚書」をはじめ、関一敏や渡邊欣雄らの議論にはむしろ民俗学において例外的ともいえる尖鋭性が見出される（小嶋 一九八三、関 一九九六、渡邊 二〇〇四〔一九九〇〕）。そうした問題意識を具体的な民俗誌に落とし込みながら模索した最先端の成果として、「生」をキーワードにした島村恭則の近年の方向性が挙げられるだろう（島村 二〇一〇）。

再び八〇年代以降の民俗宗教論の状況に話を戻せば、そこには以下のような二つの行き詰まりを指摘出来るように思われる。一つ目はそれまで問われてこなかった人間主体の宗教的リアリティが重要な研究対象として浮上し、民俗学者は今もこの問題と格闘を続けているものの、まだ突破口は開けていないということである。もちろん前述のように、他者の主観的世界を知るということは半ば哲学的な問いであり、容易に解決し得ないことは当然ともいえる。そのうえで第二点目として指摘できるのは、むしろこの難しさが認知される中で、心意なるものを語ることへの自己抑制が急速に拡大してきたことである。すなわち冒頭で挙げた宮田登のように、ハレとケガレの循環論や都市民の不安といった大きく漠然とした水準でもって人々の意識を語るような議論となると、特に九〇年代以降に学界に現われた研究者の大半はこうした姿勢をほとんど継承していない。

こうした傾向は、民俗宗教論が信仰研究を特定の担い手の信仰に関する分析として方向づけ、精密化したことと表裏の関係にあるものと思われる。というのは、そもそも常識的な感覚に照らすのみでも、ハレとケガレの循環というモデルは現代人の内面を記述したものというには雑であり、何よりそれを「信じて」いるような人間などありえないからである。もちろん、そうした心意は担い手自身にも自覚されていない無意識のうちに担われているのだ、という捉え方はひとつの枠組みとして規定されるかぎり失効したわけではない。ただ要するに、すでに「生きて信仰するもの」としての担い手を見出した民俗宗教論を通過した今、具体的な担い手から遊離した無意識の心意なるものを語ることは、多くの研究者にとって説得的ではなくなっているということである。むしろそこで主流となったのは、既にあるコンセンサスに対するマイナーな反応を拾い上げることであり、それは文化財運動との緊張関係や、観光産業による資源化を課題とする研究動向の中で、一向に代わり映えのしない構図を再生産し続けている。

こうした民俗宗教論の現状がはしなくも現われた例として、以下に引用する宮家準の宗教の定義を見ておこう。すなわち宮家は「当事者がそれを意識するしないにかかわらず、聖なるものとの関わりにおいていとなまれる人間の生活様式をさすことにしたい」と述べ、宗教の規定にあたって、あえて担い手の主観を保留することを宣言する（宮家 一九九四：一五）。こうした規定は明らかにエリアーデのヒエロファニー概念を引き継いでいるが、それはともかく、このようにあえて「意識するしないにかかわらず」と付記することには、明らかにかつての民間信仰論の宗教観が当事者の自覚を前提としないものであったことが反映されている。そしてそうしたあり方が否定されていく中で、かつて宮田が期待をかけたような今ふたたび「心意」を語りだそうとする姿勢は、ますます抑制されていったのである。

4　民俗学の対象とは何か

この補論は八〇年代の見通しはなぜ実を結ばなかったのかという問いから議論を始めた。そしてこの問いに答えるために、民俗学における目的・方法・対象の規定という問題を取りあげ、民俗学の対象の多重性という問いを経て、その問題のもっとも深刻なアリーナとなった信仰論の学史を確認し、最後に今日の民俗学者を特徴づけるエートスとして、心意を記述することへのためらいがあることまでをみてきた。このように学史を整理するとき、八〇年代以降の民俗学の行き詰まりとは伝承母体論以降、民俗学が担い手の研究に移行したことに端を発していたことが浮かび上がってくる。つまりその結果、民俗学は民俗の研究から担い手＝人間の研究へ、そして人間の主観的領域の研究へと枠組みを変えざるをえなくなった。このために問題が複雑化し、誤解を恐れずにいえば、泥沼化してしまったのである。

このとき小松和彦やフォークロリズム批判がいうような「新たな対象の開拓」ということは、今日の民俗学の行き詰まりの突破口とはなりえない。というのは仮に現代文化を研究するのだとして、今日の民俗学の枠組みではその考察の対象は即座に、文化そのものから担い手へ、そしてその主観的領域へとずれていくことになる。前述したようにその主観的領域を心意と呼ぶべきか、それとも別な言葉を宛てるべきかは些末な問題である。いずれにせよこのとき、その内面的領域（心意、社会心理、深層文化……）とは所与の客体ではないために、それについて書くことは研究者が自らその対象そのものを作り上げていくことに他ならない。このとき民俗学者は、自分が一体何のことを書いているのか、という問いに突き当たる。あるいは、突き当たらなくてはならない。だがここで、民俗学的研究は創作と区別がつかなくなる。

ここで気づくべきなのは、この「書くこと」への戸惑いとためらいにおいて、民俗学は文化人類学におけるライティング・カルチャー論争にニアミスしていることである。七〇年代以降の文化人類学を総算したこの論争において問われたのは、民族誌とはつまるところ研究者が主観的につくりだした文学的な創作物にほかならないのではないか、という根源的な疑いであった。前述のように文化人類学はギアツ以降、現地生活を民族誌として厚く記述し、解釈を通じてその主観的領域を理解することを基本的な課題としてきた。このことを、本章が前節にみた民俗宗教論の苦闘を踏まえて眺めるとき、両者は他者の主観性という困難との関係において問いを共有していることが見えてくる。

三　民俗を書く——記述と主体をめぐって

1　「民俗学の政治性」再考

九〇年代の民俗学におけるトピックに「学問の政治性」の問題がある。民俗学のみならず歴史学・人類学・宗教学・文学といった近代に成立した諸学問に政治的効果を見出すこと、特にその国民国家の構築過程との相互性と、それを推進した国家権力との共犯性を論った一連の批判は、この一〇年ほどにおける一つの流行であった。思想的にはポストモダニズムに、また冷戦構造の解体とグローバリゼーションの拡大を社会的背景とした、この知のレベルにおける近代国民国家の脱構築の試みは「国民国家論」と呼ばれている（西川 二〇〇一〔一九九二〕）。そのあまりにも多岐に及ぶ問題のうち、本章はその問題意識に従い、特に民俗学に関わる批判に即して近年の学史をふり返ってみたい。

国民国家論において民俗学は、国民国家「日本」を正当化するイデオロギーのひとつに位置づけられてきた。もとより民俗学そのものがその出自から、国民国家の正統性の裏づけとして作り出された学知として理解しうることは、既に早くからヨーロッパ諸国の事例にもとづいて指摘されていた（ホブズボウム＆レンジャー編 一九九二〔一九八三〕、スミ

ス 一九九九〔一九八六〕)。こうした批判がえぐり出したのは、国家の伝統の創出に関与し、国民の民族的統合のイデオロギーを補強するものとしての民俗学の由来であり、かつまた、そうした政治性に対する研究者側の無自覚であった。ただこうした海外の動向に対する日本の学界の反応は依然として鈍く、問題系の受容は九〇年代半ば以降のこととなる。

その中でもかなり早い時期に現われた批判として、柳田国男の植民地行政への関与という仮説を提出した村井紀の『南島イデオロギーの発生』が挙げられるだろう(村井 二〇〇四〔一九九二〕)。たびたび批判されてきたように、村井の仮説は推論を重ねた実証性に乏しいものであり、裏づけられた説とは言いがたい。ただその批判的舌鋒には黙殺を許さないところがあり、民俗学が果たしえた政治効果を研究者に意識させた点では画期的だったと評価できる。更に九〇年代後半になると小熊英二が『単一民族神話の起源』『〈日本人〉の境界』の二著を相次いで刊行し、近代日本の人文科学と国民国家成立の相関性を大きく捉える見取り図を示すに至る(小熊 一九九五、一九九八)。特に小熊の著作は専門家のみならず一般読者層にも広く読まれたことで、以降学問の「政治性」という問題は急速にメジャー化し、最終的に二〇〇〇年代中葉に刊行された『岩波講座 「帝国」日本の学知』に網羅されるような領域横断的な問題意識を喚起していくことになる。ここに至って民俗学の政治性という問題は、民俗学の内部でもそれを受けとめる動きが現われ始め、一九九六年にはアメリカ民俗学の動向を翻訳・紹介した岩竹美加子編集の『民俗学の政治性』が刊行される(岩竹編訳 一九九六)。さらに二〇〇一年には論集『近代日本の他者像と自画像』が篠原徹の編纂で刊行され、その中で岩本通弥や島村恭則といった論者が民俗学者自身による学史の批判的解体を企てている(篠原編 二〇〇一)。また二〇〇二年には伊藤幹治が『柳田国男と文化ナショナリズム』によって柳田の問題意識にみられる「文化ナショナリズム」を取りあげ、その乗り越えを問題にしている(伊藤 二〇〇二)。

他方、そうした流れとは別に、国民国家論の批判に早くから反応を見せていたのは赤坂憲雄であった。赤坂は九〇年代初頭という早い時期から、近代という時代的・政治的状況に対峙する知識人としての柳田の可能性と限界を問う論考を著し続けてきたが、ただそのこと自体は彼自身の従来からの天皇制や差別問題への関心に基づいた問いであったといって良い。この一連の問いが改めて如上の国民国家論に文脈化され、接合されたのが、二〇〇二年の『一国民俗学を越えて』であり、そこで赤坂は特に「新国学」という言葉で問われた後期柳田の学問が「ひとつの日本」を描こうとするものであったと解釈し、今後の民俗学の方向性を、初期柳田の可能性を継承するものとしての「いくつもの日本」の研究を切り開くべきことに求めた（赤坂 二〇〇二）。こうした構えはたとえば彼の、民俗学に対置される「東北学」といった枠組みの提案によって一定の実質を念頭に置いたものだったと評価できる。

以上、こうした批判の蓄積によって「政治性」の問題は民俗学内部に一定の認知を獲得した。ただその一方でそこで得られた見識は、実のところ民俗学的な研究へのフィードバックとしては大きな変化をもたらすことはなかった、と言わねばならない。このことを表面的に批判するとすれば民俗学者の怠慢ということになろうが、むしろ問題は一連の批判が民俗学に対して、何をどう修正するべきなのかということを明示できなかった点にあるように思われる。言い換えれば民俗学には、政治性批判をいかに踏まえるべきかということがよく分からなかったのである。

政治性批判を踏まえた一応の反応に挙げうるのは、二つの新たな方向性の提唱であった。その第一は先の赤坂憲雄を範とする多文化主義・多民族主義的な民俗学の構想である。つまり日本を「ひとつ」のユニティとして書くことが問題なのだから、そうではなく多様性や多元性を書くことで問題を乗り越えられる、というのがこの立場からの見通しということになる。こうした方向性とは伊藤幹治が前掲書にて「文化ナショナリズム」の乗り越えとして構想したものであると同時に、同様の主張は「日本民俗学」を超克する「多文化主義民俗学」の見通しを説いた島村恭則にも見受けられる（島村 二〇〇二）。とはいえ、これら一連の反応はその主張自体こそ健全といえようものの、新しさに関しては疑問を禁じえない。というのも学史を見返すに、日本が多民族的な構成をもち地域的に異なる文化複合を持つとする文化像は、岡正雄や石田英一郎らの民族学により、既に一九五〇年代以降には常識化した見方であった。実際、南西諸島に関してはこうした見通しをもとに、既に六〇年代には伊藤幹治が『稲作儀礼の研究』で日琉同祖論を相対化する立場から機能主義的な分析に携わっており、だからこそ彼の『柳田国男と文化ナショナリズム』は装いこそ新しくとも、その認識論においては実は大きな変節を要求されていない（伊藤 一九七四〔一九六三〕、二〇〇二）。同じく被差別部落やアイヌ民族といったマイノリティなどに関しても、六〇年代の「常民」概念をめぐる論争でその研究の必要性については言及がある（有泉 一九七三〔一九七二〕）。このとき「多文化主義」的視点からの研究ということは、未だそれが具体化された研究が少ないことに関してこそ批判が成り立ち得ようものの、政治性批判を消化した上で示された新たな筋道として位置づけるには些か無理がある。

もう一つの反応といえるのは、先にも触れたフォークロリズム批判である。つまり「伝統」が問題なのだから、近代や現代をもっと対象化し、現代文化を研究する民俗学に作り替えようというのがここでの主張である。その主張がどの程度まともなものなのか斟酌することは本書の趣旨ではない。ただ、こうした同時代研究へ、という方向性であっても直接的には政治性批判の問題に向き合う中で練られたわけではなく、問題意識の上ではむしろ冒頭に述べた八〇年代の危機感への反応として基本的な方向性が探られたそれであったことまでは否めないであろう。このようにみたとき、政治性をめぐる一連の批判がいかに民俗学を変えなかったのか、ということはその批判の声の大きさに比して驚くべきものがある。

ではなぜ、民俗学はこの問題をやり過ごしてしまったのか。これを考え直すにあたって、赤坂憲雄と子安宣邦の間で交わされた論争は示唆的である。

2　民俗の記述はなぜ政治的か——赤坂・子安論争をめぐって

赤坂憲雄と子安宣邦の間で交わされた論争は、テクストとしては赤坂の『一国民俗学を越えて』ならびに子安の『日本近代思想批判』にそれぞれ収録されている（赤坂 二〇〇二、子安 二〇〇三〔一九九六〕）。この論争の端緒は子安の一九九三年の批判「一国民俗学の成立」である。その内容については後述するが、多くの民俗学者がこの子安の批判に沈黙（あるいはそれ以前の反応としての無知）を選ぶなか、赤坂は『東西／南北考』に収録された「一国民俗学を越えて」にて反批判を提出する。さらに赤坂は同じ表題の論考を一九九九年に再び公刊し、ここでは村井紀や川村湊の『大東亜民俗学の虚実』とともに子安を名指しした反批判が展開されている（川村 一九九六）。これに対して子安は二〇〇二年に『理戦』誌に「「一国民俗学」批判とは何だったのか」と題した批評を掲載して再批判を行い（子安 二〇〇二）、これに対しては、赤坂は既に反応することをやめている。

本章にとってこの論争が重要なのは、このやりとりには政治性批判の意味が民俗学者に誤解される論理がはっきり現われていると考えるためである。というのも、第一にそのポジショナリティの上で、赤坂は従来の民俗学が政治的であったことを明確に自覚している。そしてまた、その主張は子安宣邦においても同様である。すなわち両名の論争は民俗学の政治性をはっきり認識し、それに対して批判的なもの同士の間で戦われているのである。言い換えれば彼らの論争が問題にしているのは「民俗学は政治的か、否か」という次元ではない。そこで問われているのは「いかなる意味において民俗学は政治的なのか」という問題である。

具体的に見てゆこう。このとき赤坂が問題視するのは先にも言及したとおり、日本というユニティと表裏の関係にある「一国民俗学」である。このため赤坂はそれを相対化するものとしての、「いくつもの日本」の解明を目指す民俗学を「一国民俗学を越えて」作り出さねばならないのだとし、自分はその決意のもとに「ムラと心中」すると述べる。このとき赤坂が民俗学の可能性とするのは、柳田に立ち返ることで見出される、一国民俗学という誤った見通しからこぼれていった様々な人々（山人・漂泊民・被差別民等々）の存在である。こうした民俗学から捨てられていった人々の存在をすくい上げ、それらに向き合うことをもって赤坂は「いくつもの日本」に向けた民俗学を構想するのである。このとき赤坂はこうした決意表明のもとで、逆に民俗学への批判者たちに対して、柳田を単純な国家主義者や植民地主義者としてみることの不毛を批判する。すなわち赤坂の読解によれば、柳田にはすでに、後に柳田民俗学が一国民俗学のイデオローグとして誤読される中で捨てられていった数々の可能性が潜在している。だからこそ赤坂はそうした可能性も含めて柳田を葬り去ろうとする批判者を攻撃し、それらを生産性のない「批判のための批判」と総括するのである（赤坂 二〇〇二：二五）。

このような赤坂の政治性批判に対する反批判は、おそらく民俗学者の側から出しうる反論としては規範的なものである。すなわち民俗学の政治性に関する批判は、民俗学のある限られた一面に対する批判にすぎず、たとえば多文化主義や現代文化研究によってそれを乗り越えることができる、というのがそれである。あるいは赤坂がそのように認識したように、こうした批判とは結局「批判のための批判」なのではないかというのも、多くの民俗学者にとっては共感できる主張であったのではないだろうか。だからこそ赤坂の「いくつもの日本」という見通しは、伊藤や島村がそれに見解の上で歩調を合わせているように、一見する限り政治性の問題を既に乗り越えた枠組みであるかのように見えるのである。

だがこのとき、子安宣邦の批判はこうした見通しがまさに誤解であることを批判するものである。何となれば彼の批判が向いているのは、一国民俗学という枠組みだけではなく、それを可能にしている認識論だからである。子安自身の叙述を見てみよう。

> 「固有信仰」とは、旅人としての外部の視線を排除して、ただ〈内なる視線〉をもって民俗的な祭と信仰から柳田が読み取り、読み出していった語りである。だが〈内なる視線〉とは論理の矛盾なのだ。それは決して異な

る物として事象に突き当たることはなく、事象を見つめることはなく、ただ親しきものとして事象を内部に回収する視線でしかない。〈内なる者〉という特権者の記述とは、したがってただ心の思いを、軽くは已れの趣向を、重くは已れの祈りを綴っていくことでしかない。

（子安 二〇〇三〔一九九六〕：四七―四八）

ここで子安が民俗学の問題として批判しているのは、柳田の学問が常に自分の内なる求めに従って物事を見ることで成り立つ言説であることである。すなわち子安によれば、たとえば固有信仰の発見とは、それを見出そうとする柳田の欲望が先立ち、それが現実に投影される中で見出された虚像にすぎない。こうした民俗学の認識論は、それを日本の一部として見ようとする中で発見されたとされる「沖縄」に関しても同様のことがいわれる。いわば研究者の欲望（趣向・祈り）が先立ち、それを通じて民俗を読み取り、語り出す言説であることが、子安が民俗学に向けた批判の要点なのである。だからこそ子安は、赤坂がこうした認識論の問題性を何一つ理解することなく、ただ赤坂自身の欲望に従って、今新たに「いくつもの日本」をフィールドから読み出そうとしているにすぎないことを見出し、その鈍感さを再批判するのである（子安 二〇〇三〔一九九六〕：六三―六四）。しかしこうした批判に対してついに赤坂は応答していない。これは赤坂のみならず、民俗学者すべてに関していえることであろう。

ふたたび整理すれば民俗学の政治性とは、単に枠組みが日本という国家をスケールとしていたことにではなく、研究者の欲望の投影にすぎない「対象」像を学問の装いをもって正当化し、いかにも客観的な事実であるかのように作り出してしまうところにある。いわばこの主体と記述の関係が問題なのであって、このとき子安が批判したように対象を「多文化」や「現代文化」にずらしてみることはその問題に対する答ではありえない。そこで像を結ぶであろう「いくつもの日本」は依然、研究主体の欲望の投影に属するからである。一方でフォークロリズム批判は対象の「伝統性」を懐疑する点で、確かに部分的な回答ではありうるかもしれないが、認識する主体としての研究者がフィールドに自分の欲望を投影した見方をしているのではないかという問いかけに対し、必要十分な解決の道を示したものとはいえないだろう。以上にみるように、こうした認識主体としての研究者と対象のあいだで結ばれる関係という問題は、政治性をめぐる批判の趣旨が民俗学者によって理解され損なう中で、看過されたまま現在に至っているのである。

3　ライティング・カルチャー論争とのニアミス

この「書くこと」をめぐる問題は、もともとポストモダニズムに共通の思想的ルーツを持つために、文化人類学において八〇年代後半にあらわれたライティング・カルチャー論争で問われたことと重なりあっている。ジェイムズ・クリフォードらの『文化を書く』によって問われたこの批判の趣旨は、文化の叙述ということに主体の欲望が絶え間なく忍び込んでくることへの人類学者の無自覚に向けられたものである（クリフォード&マーカス編 一九九六〔一九八三〕）。ちょうどエドワード・サイードの『オリエンタリズム』が、文学史のうちに西欧の反投影としての東洋像を再生産し続ける力学を見出したように、民族誌の叙述にはたえず人類学者の主体性が投影されている（サイード 一九九三〔一九七八〕a・b）。そしてその投影は長期のフィールドワークやエスノグラフィーが生み出す民族誌的権威に正当化され、科学を装った特権的な他者の一方的表象を固定化してきたのである。こうした民族誌学への批判はすでに定型化した感もあるが、この時期に展開された「文化を書く」ことへの批判とは、自らの認識論の脱構築と、学問的枠組みの歴史的再検証に向かわせる画期であった。

ただこの一連の問題意識はそれ自体が難渋であったこともあり、日本民俗学には伝記的な関心に基づいた民俗誌の創作性に関連する考察を除き、部分的にしか持ちこまれなかった。特に問題意識の移入を妨げた理由の一つに、日本民俗学の特徴である調査者／被調査者関係の曖昧さということがある。むしろこうした関係はしばしばポジティヴに評価され、たとえば桑山敬己がそこに「ネイティヴ人類学」の可能性を見出したことに素朴に喜んだように、これまで特に問題とは認識されなかったのである（桑山　二〇〇八）。このように民俗学ではライティング・カルチャー論争においてより本質的な課題であった筈の「書く」ということへの問いが消えてしまい、いかに民衆に寄り添いなおすか、いかに相手の側に立つか、あるいは文化の資源化をもくろむ権力に対しいかに人々を擁護するか……といったインフォーマントとの人間的関係の問題として読み替えられてしまったのである〔4〕。このことは政治性批判に関しても同様であり、結果的に自分をいかに権力者サイドから引き離すか、あるいはいかに成果を現地社会に還元するかといった、調査される人々との関係についての情緒的な問いにずらされてしまったのである。

これに対して、ライティング・カルチャー論争と本当の意味でニアミスしていたのは、自分が書いているのは話者の一体何なのかという問題に突き当たった民俗信仰論であった。前節にみたように、民俗信仰論はその手法を文化人類学の現象学的な枠組みに近づけていく中で、まさに文化人類学が至ったように「他者のリアリティ」なるものを書くことの創作性、つまり結局は自分の内面を他者に投影しているにすぎないのではないか、という問いに突き当たっている。

従って九〇年代における一連の政治性批判とは、この文脈において引き取られるのでなくてはならない。つまり人間の心意を書くというのはどういうことなのか、ということがもう一度洗い直されるべきなのである。

四　おわりに

本章はあえてここまで、宮田登のいう「心意」の概念が、元々は柳田の三部分類に由来することに触れてこなかった。柳田は『郷土生活の研究法』で「心意」の、研究対象としての特権性を強調し、この点においてある意味で後の解釈人類学の問題意識を先取りしている（柳田　一九七〇〔一九三五〕）。すなわち他者の内面に共感をもって接近し、その心意を言葉として記述するというのがそれである。言い換えれば民俗学とは当初から、人間の内面を記述することを目指してきたのである。このことは柳田の存命中も、また冒頭に述べた宮田登の見解においても変わらない。強いていえば近年ではこうした心意への問いを口にする向きは後退している傾向が見受けられるものの、これは「心意」という語が政治性批判によって、何となく忌避されているためである。先ほど述べたようにそもそも民俗学が「なぜ人々の心意を書くことが政治的であるのか」ということをほとんど理解していなかった以上、その抑制は問題の自覚を経たものではなく、あくまで気分的に避けられているに過ぎないのである。しかしながら、心意を書くということはどのような論理によって政治的でありうるのか。

この問いへの答を、本書は既に筆者なりの言葉で述べ尽くしたつもりである。

[1] ただし都市の特徴の一つに、夜間人口の少なさがあることを忘れるべきではない。東京に代表される都市は、多くの人にとってはベッドタウンより通勤し働く場所ではありえても、そこに住み、暮らすような場所ではない。管見では都市民俗学の挫折の一因は、こうした対象が「誰」であるのかという問題と共に、その問いとフィールドワークという方法論と組み合わせた統一的枠組みを構築できなかったことに求めうる。

[2] 文化人類学においてこうした民俗学の取り組みと並行関係にあるのは、同じく八〇年代に出来したエスニシティ研究である。エスニシティ研究は移民や国家内のマイノリティに焦点を合わせることで、その民俗の組み換えや読み替え、客体化を通じた資源化やアイデンティティへの接合などを問題にしたが、その議論の前提にあるのは民俗文化自体とその担い手の間にはもはや安定的関係は期待できないという現実であった。エスニシティという概念は、その揺らぐ関係に対して提示されたものである。

[3] 典型としてフィールドにおける個々のインフォーマントとの間に積み重ねた人間的交渉の描写からモロッコ社会を描き出そうとしたポール・ラビノーの実験的民族誌『異文化の理解』を挙げておきたい（ラビノー 一九八〇〔一九七七〕）。

[4] ただし民俗学者の立場性が、異文化研究をテーマとする文化人類学者に対して、インフォーマントに「近い」ことは事実であ

り、『文化を書く』以降の日本の人類学には、こうしたポジショナリティへの肯定的な読み込みが散見される。たとえば松田素二は鳥越皓之の柳田および有賀喜左衛門に対する読解を踏まえ、日常世界における感覚や感性の交渉を通じた理解を新たな人類学の方向性として、従来の言語や論理にもとづいた人類学の限界を超克するものとして位置づける（松田 二〇〇九：二八四—三〇四）。同じく関根康正は、他者を表象することの暴力性の認識を受けて、「書くこと」としての「理解」から、「生きること」としての「了解」へと、人類学の構えを移していくことを主張しているが、こうした調査者／被調査者の再関係化作業において、日本民俗学が根ざす曖昧でしばしば人間的なフィールドにおける関係性には、ただ情緒的だというだけでは片付かない可能性があることは確かだろう（関根 二〇〇六）。

参照・引用文献

［和文　五〇音順］

赤坂憲雄　一九九四『漂泊の精神史　柳田国男の発生』小学館

赤坂憲雄　二〇〇二『一国民俗学を越えて』五柳書房

赤嶺政信　二〇〇八「柳田国男の民俗学と沖縄」『沖縄民俗研究』二六

赤嶺守　二〇〇四『琉球王国　東アジアのコーナーストーン』講談社選書メチエ

東喜望　二〇〇二『笹森儀助の軌跡　辺界からの告発』法政大学出版局

姉崎正治　一八九七「中奥の民間信仰」『哲学雑誌』一三〇

姉崎正治　一九〇〇『宗教学概論』東京専門学校出版部

阿満利麿　一九九六『日本人はなぜ無宗教なのか』ちくま新書

阿満利麿　二〇〇五〔一九九四〕『宗教は国家を超えられるか　近代日本の検証』ちくま学術文庫

有泉貞夫　一九七三〔一九七二〕「柳田國男考　祖先崇拝と差別」神島二郎編『柳田國男研究』筑摩書房

安齋伸　一九八四『南島におけるキリスト教の受容』第一書房

池上良正　一九九一『悪霊と聖霊の舞台　沖縄の民衆キリスト教に見る救済世界』どうぶつ社

池上良正　一九九九ａ『民間巫者信仰の研究　宗教学の視点から』未来社

池上良正　一九九九ｂ「民俗宗教の複合性と霊威的次元」山折哲雄・川村邦光編『民俗宗教を学ぶ人のために』世界思想社

池上良正　二〇〇六『近代日本の民衆キリスト教　初期ホーリネスの宗教学的研究』東北大学出版会

池上良正・小田淑子・島薗進・末木文美士・関一敏・鶴岡賀雄編　二〇〇三『岩波講座宗教一　宗教とはなにか』岩波書店

石井研二　一九九七『データブック現代日本人の宗教　戦後50年の宗教意識と宗教行動』新曜社

石上英一　一九九九「古奄美社会研究の視角」『国文学　解釈と教材の研究』四四（一一）、学燈社
石上英一　二〇〇〇「琉球の奄美諸島統治の諸段階」『歴史評論』六〇三
石川公彌子　二〇〇八『〈弱さ〉と〈抵抗〉の近代国学　戦時下の柳田國男、保田與重郎、折口信夫』講談社選書メチエ
石川政秀　一九九四『沖縄キリスト教史　排除と容認の軌跡』いのちのことば社
磯前順一　二〇〇三『近代日本の宗教言説とその系譜　宗教・国家・神道』岩波書店
磯前順一　二〇〇七『喪失とノスタルジア　近代日本の余白へ』みすず書房
磯前順一　二〇一二『宗教概念あるいは宗教学の死』東京大学出版会
磯前順一・アサド，タラル編　二〇〇六『宗教を語りなおす　近代的カテゴリーの再考』みすず書房
磯前順一・山本達也編　二〇一一『宗教概念の彼方へ』法蔵館
一柳廣孝　二〇〇六『催眠術の日本近代』青弓社
一柳廣孝　二〇一四『無意識という物語　近代日本と「心」の行方』名古屋大学出版会
伊藤幹治　一九七四（一九六三）『稲作儀礼の研究』而立書房
伊藤幹治　一九七五『柳田国男　学問と視点』潮出版社
伊藤幹治　一九八八『宗教と社会構造』弘文堂
伊藤幹治　二〇〇二『柳田国男と文化ナショナリズム』岩波書店
伊藤幹治　二〇一三「南島研究回想」『国立民族学博物館研究報告』三八（一）
井之口章次　一九七五『日本の俗信』弘文堂
伊波普猷　一九九八（一九〇九）「進化論より見たる沖縄の廃藩置県」『沖縄歴史物語』平凡社
伊波普猷　二〇〇〇（一九一一）『古琉球』岩波文庫
伊波普猷　二〇〇〇（一九一三）「ユタの歴史的研究」『沖縄女性史』平凡社
岩倉市郎　一九三五『喜界島生活誌調査要目』アチックミューゼアム
岩倉市郎　一九四一『喜界島漁業民俗』アチックミューゼアム
岩倉市郎　一九四三『喜界島年中行事』アチックミューゼアム
岩瀬博・山下欣一編著　一九九〇『奄美文化を探る　文芸・民俗・歴史からのアプローチ』海風社

岩田重則　一九九二「柳田国男の天皇論　民族・稲・沖縄」『比較民俗研究』六
岩田重則　一九九八「日本民俗学の歴史と展開」赤田光男・香月洋一郎・小松和彦・野本寛一・福田アジオ編『講座日本の民俗学（一）
　民俗学の方法』吉川弘文館
岩竹美加子編訳　一九九六『民俗学の政治性　アメリカ民俗学100年目の省察から』未来社
岩本通弥　一九九八「「民俗」を対象とするから民俗学なのか　なぜ民俗学は「近代」を扱えなくなってしまったのか」『日本民俗学』二
　一五
岩本通弥　二〇〇一「「民族」の認識と日本民俗学の形成　柳田国男の「自民族」理解の推移」篠原徹編『近代日本の他者像と自画像』
　柏書房
岩本通弥　二〇〇三「フォークロリズムと文化ナショナリズム　現代日本の文化政策と連続性の希求」『日本民俗学』二三六
岩本通弥　二〇〇六「戦後日本民俗学の認識論的変質と日本文化論　柳田葬制論の解釈を事例にして」『国立歴史民俗博物館研究報告』
　一三二
岩本由輝　一九七八『柳田国男の共同体論　共同体論をめぐる思想的状況』お茶の水書房
宇野正人　一九七七「奄美の神社祭祀」『宗教研究』二三四
及川高　二〇〇七「先祖へと収束する力　喜界島における墓制とその語りを貫くもの」『文化人類学研究』九
及川高　二〇一〇「来たるべき日の民俗学　ルーチン・フィードバック・スケール」『現代民俗学研究』二
及川高　二〇一一「奄美喜界島における「神々の明治維新」　神社神道とノロの宗教」『日本民俗学』二六五
大塚英志　二〇〇七『公民の民俗学』作品社
大藤時彦　一九七三『柳田國男入門』筑摩書房
大橋英寿　一九九八『沖縄シャーマニズムの社会心理学的研究』弘文堂
小口偉一　一九七六「奄美における宗教状況の変動」『人類科学』二九
小嶋博巳　一九八三「〈俗信〉覚書　概念の再検討に向けて」『民俗学評論』二三
小熊英二　一九九五『単一民族神話の起源　「日本人」の自画像の系譜』新曜社
小熊英二　一九九八『〈日本人〉の境界　沖縄・アイヌ・台湾・朝鮮　植民地支配から復帰運動まで』新曜社
片本恵利　二〇〇三「ある神人の事例」『沖縄国際大学人間福祉研究』一（一）

加藤三吾　一九〇〇「沖縄の「オガミ」幷に「オモロ」双紙に就て」『東京人類学会雑誌』一七五
加藤三吾　一九〇七『琉球の研究（中）』私家版
加藤三吾　一九四一〔一九〇七〕『琉球の研究』文一路社
鹿野政直　一九八三『近代日本の民間学』岩波新書
柄谷行人　一九七五「柳田国男の神」『国文学　解釈と教材の研究』二〇（一）
柄谷行人　二〇〇四〔二〇〇一〕『定本柄谷行人集三　トランスクリティーク　カントとマルクス』岩波書店
柄谷行人　二〇一一〔一九八〇〕『定本　日本近代文学の起源』岩波現代文庫
川田牧人　二〇〇三『祈りと祀りの日常知　フィリピン・ビサヤ地方バンタヤン島民族誌』九州大学出版会
川田稔　一九九二『柳田国男　固有信仰の世界』未来社
川村邦光　一九九〇『幻視する近代空間　迷信・病気・座敷牢、あるいは歴史の記憶』青弓社
川村邦光　一九九一『巫女の民俗学「女の力」の近代』青弓社
川村邦光　一九九三『オトメの祈り　近代女性イメージの誕生』紀伊國屋書店
川村邦光　二〇〇七「近代日本における憑依の系譜とポリティクス」川村邦光編著『憑依の近代とポリティクス』青弓社
川村邦光編著　二〇〇三『戦死者のゆくえ　語りと表象から』青弓社
川村邦光編著　二〇〇七『憑依の近代とポリティクス』青弓社
河村只雄　一九九九〔一九四二〕『南方文化の探究』講談社学術文庫
川村湊　一九九六『大東亜民俗学の虚実』講談社
姜竣　二〇〇九「社会的なるものへの意志　柳田國男の〈郷土〉」小池淳一編『民俗学的想像力』せりか書房
菊地暁　二〇〇一『柳田国男と民俗学の近代　奥能登のアエノコトの二十世紀』吉川弘文館
木ノ脇悦郎　一九九六「奄美大島におけるキリスト教受容とその展開の研究（二）　大島高等女学校設立と廃校に関する調査委員会報告を中心に」『キリスト教主義教育』二五
倉石忠彦　一九九〇『都市民俗論序説』雄山閣出版
倉石忠彦　二〇〇一『年中行事と生活暦　民俗誌への接近』岩田書院
倉塚曄子　一九九四〔一九七九〕『巫女の文化』平凡社ライブラリー

桑山敬己　二〇〇八『ネイティヴの人類学と民俗学　知の世界システムと日本』弘文堂
小池淳一　二〇〇二「伝承」小松和彦・関一敏編『新しい民俗学へ　野の学問のためのレッスン26』せりか書房
小池淳一編著　二〇〇九『民俗学的想像力』せりか書房
高達奈緒美　一九八九「神社祭祀をめぐる一考察　宇検と阿室の場合」高橋統一編『総合研究　奄美伝統文化の変容過程』国書刊行会
孝本貢　一九七三「神社合祀　国家神道化政策の展開」田丸徳善・村岡空・宮田登編『日本人の宗教Ⅲ　近代との邂逅』佼成出版社
小坂井澄　一九八四『「悲しみのマリア」の島　ある昭和の受難』集英社
拵嘉一郎　一九三八『喜界島農家食事日誌　喜界島調査報告』アチックミューゼアム
拵嘉一郎　一九七三「喜界島長期滞在調査のこと」『日本常民生活資料叢書・月報』一一
拵嘉一郎　一九九〇『喜界島風土記　神奈川大学常民文化叢書一』平凡社
後藤総一郎　一九七二『柳田国男論序説』伝統と現代社
後藤総一郎編　二〇〇〇『柳田学前史』岩田書院
小林敏男　一九八二「南島前近代社会に関する覚書　奄美大島を中心に考える」『南日本文化』一五
小林敏男　一九八九「南西諸島における平家伝説」『南日本文化』二二
小松和彦　一九九八「分散・個別化する民俗宗教研究」『日本民俗学』二一四
小松和彦　二〇〇二『神なき時代の民俗学』せりか書房
小松和彦　二〇〇二〔二〇〇〇〕「新しい「民俗」を求めて」小松和彦『神なき時代の民俗学』せりか書房
小松和彦　二〇〇二〔二〇〇一〕「「民俗」はどこにあるのか」小松和彦『神なき時代の民俗学』せりか書房
小松和彦・関一敏編『新しい民俗学へ　野の学問のためのレッスン26』せりか書房
子安宣邦　二〇〇二「「一国民俗学」批判とは何だったのか」『理戦』七一、実践社
子安宣邦　二〇〇三〔一九九六〕『日本近代思想批判　一国知の成立』岩波現代文庫
子安宣邦　二〇〇四『国家と祭祀　国家神道の現在』青土社
齊藤郁子　二〇〇六「田代安定の学問と資料」『沖縄文化研究』三二
佐伯有清　一九八八『柳田国男と古代史』吉川弘文館
坂井友直　一九九二「喜界島史」坂井友直編著『奄美郷土史選集　第1巻』国書刊行会

坂本要　一九九〇「民俗学と風俗学の間　日本民俗学成立前史2」竹田旦編『民俗学の進展と課題』国書刊行会
阪本是丸　一九九四『国家神道形成過程の研究』岩波書店
先田光演　一九八九『沖永良部島のユタ』海風社
先田光演　一九九三「沖永良部島の神社信仰」『奄美郷土研究会報』三三一
佐喜眞興英　一九二六『女人政治考　人類原始規範の研究』岡書院
佐喜眞興英　一九八二『女人政治考・霊の島々　佐喜眞興英全集』新泉社
桜井徳太郎　一九六六『民間信仰』塙書房
桜井徳太郎　一九七〇〔一九五八〕『日本民間信仰論　増訂版』弘文堂
桜井徳太郎　一九七三『沖縄のシャマニズム』弘文堂
桜井徳太郎　一九七七『霊魂観の系譜　歴史民俗学の視点』筑摩書房
桜井徳太郎　一九七九「総説」五来重・桜井徳太郎・大島建彦・宮田登編『講座日本の民俗宗教一　神道民俗学』弘文堂
桜井徳太郎　一九八二『日本民俗宗教論』春秋社
桜井徳太郎　一九八七『祭りと信仰　民俗学への招待』講談社学術文庫
桜井徳太郎　二〇〇三『私説柳田國男』吉川弘文館
桜井徳太郎編　一九八八『日本民俗の伝統と創造　新・民俗学の構想』弘文堂
佐藤健二　一九八七『読書空間の近代　方法としての柳田国男』弘文堂
佐藤健二　二〇〇九「方法としての民俗学／運動としての民俗学／構想力としての民俗学」小池淳一編『民俗学的想像力』せりか書房
佐藤憲昭　一九八九「戦後日本におけるシャーマニズム研究　シャーマンの性格と特質をめぐって」『文化人類学』六、アカデミア出版
佐藤憲昭　二〇〇七「巫女論」佐々木宏幹編『民俗学の地平　櫻井徳太郎の世界』岩田書店
佐藤光　二〇〇四『柳田国男の政治経済学　日本保守主義の源流を求めて』世界思想社
佐々木宏幹　一九七九「人間苦と憑霊のあいだ　カリスマ的職能者誕生の心理と論理」『現代宗教』一
佐々木宏幹　一九九一「ユタの変革性に関する若干の覚書　シャーマン・祭司論との関連において」植松明石編『環中国海の民俗と文化　神々の祭祀』凱風社
佐々木宏幹　一九九六〔一九八九〕『聖と呪力の人類学』講談社学術文庫

佐々木孝次　一九九二『祖霊という装置』青土社
佐々木彦一郎　一九三四「奄美大島スケッチ」『旅と伝説』八二
笹森儀助　一九六八（一八九五）「拾島状況録」谷川健一編『日本庶民生活史料集成　第1巻　探検・紀行・地誌』三一書房
笹森儀助　一九八二（一八九三）『南嶋探験（2）琉球漫遊記』平凡社
後田多敦　二〇〇九『琉球の国家祭祀制度　その変容・解体過程』出版舎Mugen
塩月亮子　二〇〇一「沖縄における死霊観の歴史的変遷　静態的社会人類学へのクリティーク」『国立歴史民俗博物館研究報告』九一
塩月亮子　二〇一二『沖縄シャーマニズムの近代　聖なる狂気のゆくえ』森話社
塩月亮子・渋谷美芽　一九九九「巫女と遊女の統制史　明治期から昭和初期までの沖縄近代化政策をめぐって」『日本女子大学紀要・人間社会学部』一〇
篠原徹編　二〇〇一『近代日本の他者像と自画像』柏書房
渋谷研　一九九二「対峙する神々　宗教的職能者間の対立と共存をめぐる一考察」『民族学研究』五六（四）
島薗進　一九九二『現代救済宗教論』青弓社
島薗進　二〇〇一「国家神道と近代日本の宗教構造」『宗教研究』三二九
島薗進　二〇〇四「近代日本における『宗教』概念の受容」島薗進・鶴岡賀雄編『〈宗教〉再考』ぺりかん社
島薗進　二〇〇八「宗教言説の形成と近代的個人の主体性　内村鑑三と清沢満之の宗教論と普遍的超越性」『季刊日本思想史』七二
島薗進　二〇一〇『国家神道と日本人』岩波新書
島薗進・鶴岡賀雄編　二〇〇四『〈宗教〉再考』ぺりかん社
島村恭則　二〇〇一「「日本民俗学」から多文化主義民俗学へ」篠原徹編『近代日本の他者像と自画像』柏書房
島村恭則　二〇〇二「民俗宗教」小松和彦・関一敏編『新しい民俗学へ』せりか書房
島村恭則　二〇一〇『〈生きる方法〉の民俗誌　朝鮮系住民集住地域の民俗学的研究』関西学院大学出版会
下野敏見　一九八六「南西諸島の海神信仰」『国立民族学博物館研究報告別冊』三
下野敏見　一九九九『民俗学から原日本を見る』吉川弘文館
真野俊和　二〇〇〇「「民間信仰」は実在したか」『宗教研究』七四（二）
真野俊和　二〇〇七「民俗宗教論における〝信仰〟と〝個人〟の発見　シャマニズム研究が果たしたもう一つの役割」佐々木宏幹編『民

俗学の地平　櫻井徳太郎の世界』岩田書院
真野俊和　二〇〇九ａ「シンポジウム報告「仏教と民俗」あるいは「真宗と民俗」という問い方」『日本民俗学』二五八
真野俊和　二〇〇九ｂ『日本民俗学原論　人文学のためのレッスン』吉川弘文館
末木文美士　二〇〇六『日本宗教史』岩波新書
鈴木岩弓　二〇〇三「わが国宗教学事始め「民間信仰」の誕生」原研二編『人文社会科学の新世紀』東北大学出版会
住谷一彦・クライナー，ヨーゼフ　一九七七『南西諸島の神観念』未来社
関一敏　一九九三『聖母の出現　近代フォーク・カトリシズム考』日本エディタースクール出版部
関一敏　一九九六「俗信論序説」『族』二七
関一敏　二〇〇三「《宗教とはなにか》序論」池上良正・小田淑子・島薗進・末木文美士・関一敏・鶴岡賀雄編『岩波講座宗教一　宗教とはなにか』岩波書店
関根康正　二〇〇六『宗教紛争と差別の人類学　現代インドで「周辺」を「境界」に読み替える』世界思想社
薗田稔　一九七七「神社成立の奄美的類型」『人類科学』三〇
薗田稔　一九八二「神社創建にみる奄美の特性」九学会連合奄美調査委員会編『奄美　自然・文化・社会』弘文堂
平アントニオ秀應　一九八八『宣教師たちの遺産　フランシスコ会カナダ管区』フランシスコ会アントニオ神学院
高梨一美　二〇〇九『沖縄の「かみんちゅ」たち　女性祭司の世界』岩田書院
高橋孝代　二〇〇六『境界性の人類学　重層する沖永良部島民のアイデンティティ』弘文堂
高良倉吉　一九八七『琉球王国の構造』吉川弘文館
高良倉吉　二〇一二〔一九八〇〕『琉球の時代　大いなる歴史像を求めて』ちくま学芸文庫
多木浩二　二〇〇二〔一九八八〕『天皇の肖像』岩波現代文庫
竹内譲　一九六〇『趣味の喜界島史』黒潮文化会
竹内譲　一九六九『喜界島の民俗』黒潮文化会
竹沢尚一郎編　二〇〇六『宗教とモダニティ』世界思想社
竹之下芳雄　一九七一『中間部落史』私家版
田代安定　一八九四「八重山群島住民ノ言語及ヒ宗教」『東京人類学会雑誌』九六

田代安定　一九四五『沖縄結縄考』養徳社
田中克彦　二〇〇一〔一九七八〕『言語からみた民族と国家』岩波現代文庫
田中丸勝彦　二〇〇二『さまよえる英霊たち　国のみたま、家のほとけ』柏書房
田辺繁治編　一九九五『アジアにおける宗教の再生　宗教的経験のポリティクス』京都大学出版会
谷川健一　一九七五「山人と平地人　ある挫折と転向」『現代思想』（特集＝柳田国男・その方法と主題）三（四）、青土社
谷川健一　二〇〇一『柳田国男の民俗学』岩波新書
谷口貢　一九九六「カミとホトケ」佐野賢治・谷口貢・中込睦子・古家信平編『現代民俗学入門』吉川弘文館
谷口貢　二〇〇七「民俗信仰研究の歩み」宮本袈裟雄・谷口貢編『日本の民俗信仰』八千代出版
千葉徳爾　一九九一『柳田国男を読む』東京堂出版
津城寛文　二〇〇五ａ『〈公共宗教〉の光と影』春秋社
津城寛文　二〇〇五ｂ『〈霊〉の探究　近代スピリチュアリズムと宗教学』春秋社
辻善之助・村上専精・鷲尾順敬編　一九八四『新編明治維新神仏分離史料　第10巻　九州・沖縄編』名著出版
常光徹　二〇〇二〔一九九三〕『学校の怪談　口承文芸の研究（1）』角川書店
常光徹　二〇〇六『しぐさの民俗学　呪術的世界と心性』ミネルヴァ書房
津波高志　一九九六「対ヤマトの文化人類学」『民族学研究』六一（三）
津波高志　二〇一二『沖縄側から見た奄美の文化変容』第一書房
鶴巻孝雄　一九九六「啓蒙家の誕生、そして民俗の文明化　文明開化と民俗の変容」『神奈川大学評論』二三
鶴見太郎　二〇〇四『民俗学の熱き日々　柳田国男とその後継者たち』中公新書
照屋寛範　一九六七『キリスト猶生きて』私家版
徳富重成　一九八二「ノロ神の変身」南島史学会編『南島　その歴史と文化　第4巻』第一書房
富永健一　一九九六『近代化の理論』講談社学術文庫
鳥越憲三郎　一九六五『琉球宗教史の研究』角川書店
鳥越皓之　二〇〇二『柳田民俗学のフィロソフィー』東京大学出版会
中井信彦　一九七三『歴史学的方法の基準』塙書房

中川敏　二〇〇三「『宗教とは何か』とは何か」『民族学研究』六八（二）
中沢新一　二〇〇六（一九九二）『森のバロック』講談社学術文庫
中島楽　一九二六『大島々治概要　附・振興策』私家版
仲原善忠　一九五九「沖縄　固有信仰のおとろえ」『日本民俗学大系』一二、平凡社
永山修一　一九九三「キカイガシマ・イオウガシマ考」笹山晴生先生還暦記念会編『日本律令制論集（下）』吉川弘文館
永山修一　二〇〇二「キカイガシマの古代・中世」『東北学』六
西川長夫　二〇〇一（一九九二）『〔増補〕国境の越え方　国民国家論序説』平凡社ライブラリー
西谷修　二〇〇〇「《宗教》と近代　世俗化のゆくえ」坂口ふみ・小林康夫・西谷修・中沢新一編『宗教への問い4　宗教と政治』岩波書店
野口勝一編　一八九六『風俗画報臨時増刊　沖縄風俗図絵』東陽堂
野口武徳　一九七五「南島論の系譜　柳田国男『海南小記』以前」『現代思想』（特集＝柳田国男・その方法と主題）三（四）、青土社
野口武徳　一九八〇『南島研究の歳月　沖縄と民俗学との出会い』東海大学出版会
野口鐵郎　一九七六『中国と琉球』開明書院
昇曙夢　一九七五（一九四九）『大奄美史』原書房
昇直隆（曙夢）　一九〇二「薩南大島の話」『東京人類学会雑誌』一九五
橋川文三　一九七七（一九六八）『柳田国男　その人間と思想』講談社学術文庫
橋川文三　二〇〇七（一九八四）『昭和維新試論』ちくま学芸文庫
濱田耕作　一九四七（一九三二）「沖縄の旅」『青陵随筆』座右宝刊行会
林淳　二〇〇三「宗門から宗教へ　「宗教と倫理」前史」池上良正・小田淑子・島薗進・末木文美士・関一敏・鶴岡賀雄編『岩波講座宗教一　宗教とはなにか』岩波書店
林淳　二〇〇八「宗教系大学と宗教学」『季刊日本思想史』七二
原田敏明　一九七四『宗教と社会』東海大学出版会
原知章　二〇〇〇『民俗文化の現在　沖縄・与那国島の「民俗」へのまなざし』同成社
比嘉政夫　一九八七『女性優位と男系原理　沖縄の民俗社会構造』凱風社

比嘉盛久　一九七二『沖縄の民族宗教とキリスト教』いのちのことば社
平川新　一九九三『伝説の中の神　天皇と異端の近世史』吉川弘文館
福島真人　二〇〇三「宗教三へのプログラム　境界化、リサイクル、翻訳」池上良正・小田淑子・島薗進・末木文美士・関一敏・鶴岡賀雄編『岩波講座宗教一　宗教とはなにか』岩波書店
福田アジオ　一九八二『日本村落の民俗的構造』弘文堂
福田アジオ　一九八三「民俗学の研究法」福田アジオ・宮田登編『日本民俗学概論』吉川弘文館
福田アジオ　二〇〇四『寺・墓・先祖の民俗学』大河書房
福田アジオ　二〇〇七〔一九九二〕『柳田国男の民俗学』吉川弘文館
福田アジオ　二〇〇九『日本の民俗学　野の学問の200年』吉川弘文館
藤井隆至　一九九五『柳田國男経世済民の学　経済・倫理・教育』名古屋大学出版局
藤井正雄　一九七七「喜界島における宗教変動」『宗教研究』二三四
藤井正雄　一九七八「奄美における宗教の受容形態　喜界島における事例」『人類科学』三一
藤井正雄　一九八二「仏教の展開とその受容形態」『奄美　自然・文化・社会』弘文堂
フジタニ，タカシ、米山リサ訳　一九九四〔一九九六〕『天皇のページェント　近代日本の歴史民族誌から』日本放送出版協会
船曳健夫編著　二〇〇〇『快速リーディング2　柳田国男』筑摩書房
古堅宗伸　一九九二『琉球賛美歌　方言・民謡』燦葉出版社
古澤健太郎　二〇〇七「沖縄におけるキリスト教受容　沖縄バプテスト連盟と土着信仰の関係に見る」『宗教と社会』一三
穂積陳重　一九八二〔一九三一〕『復讐と法律』岩波文庫
堀一郎　一九九三〔一九七五〕『聖と俗の葛藤』平凡社ライブラリー
益田勝美　二〇〇六『益田勝美の仕事1　説話文学と絵巻』ちくま学芸文庫
松下志朗　一九八三『近世奄美の支配と社会』第一書房
松下志朗編　二〇〇六『奄美史料集成』南方新社
松田素二　二〇〇九『日常人類学宣言！　生活世界の深層へ／から』世界思想社
松本三喜夫　一九九四『柳田「民俗学」への底流　柳田国男と「爐邊叢書」の人々』青弓社

松本芳夫・瀧川政次郎　一九二六「佐喜眞興英氏の「女人政治考」を読む」『民族』一（六）
松尾尊兊　二〇〇一〔一九七四〕『大正デモクラシー』岩波現代文庫
三井喜禎　一九六五『喜界島古今物語』私家版
嶺井百合子　一九六七「祖母の思い出」照屋寛範『キリスト猶生きて』私家版
宮家準　一九九四『日本の民俗宗教』講談社
宮家準　二〇〇二『宗教民俗学入門』丸善
宮下正昭　一九九九『聖堂の日の丸　奄美カトリック迫害と天皇教』南方新社
宮田登　一九七五「南方熊楠と柳田国男　人柱論をめぐって」『伝統と現代』三四
宮田登　一九七九「天皇信仰にみるカリスマ性　明治天皇を例として」『現代宗教』一
宮田登　一九八三「民俗研究の課題」福田アジオ・宮田登編『日本民俗学概論』吉川弘文館
宮田登　一九八五『日本の民俗学』講談社学術文庫
宮田登　一九八六『現代民俗論の課題』未来社
宮田登　一九八六〔一九八四〕「都市の生活心意」宮田登『現代民俗論の課題』未来社
宮田登　一九九〇「ケガレの民俗的概念について」竹田旦編『民俗学の進展と課題』国書刊行会
宮田登　一九九三『「心なおし」はなぜ流行る　不安と幻想の民俗誌』小学館
宮田登　二〇〇〇〔一九八七〕『ヒメの民俗学』ちくま学芸文庫
宮田登　二〇〇七『宮田登　日本を語る（16）　民俗学の方法』吉川弘文館
宮本袈裟雄　二〇〇九「民俗信仰の多様性と重層性」宮本袈裟雄・谷口貢編著『日本の民俗信仰』八千代出版
宮本袈裟雄・谷口貢編著　二〇〇九『日本の民俗信仰』八千代出版
村井紀　二〇〇四〔一九九二〕『南島イデオロギーの発生　柳田国男と植民地主義』岩波現代文庫
村井章介　一九九三『中世倭人伝』岩波新書
村井章介　二〇一二〔一九九七〕『世界史のなかの戦国日本』ちくま学芸文庫
村上重良　一九七〇『国家神道』岩波書店
村上重良　一九八〇『新宗教　その行動と思想』評論社

室井康成　二〇一〇『柳田国男の民俗学構想』森話社
基道広　一九七六「喜界島風習・伝承・行事等記憶留」島尾敏男編『奄美の文化　総合的研究』法政大学出版局
桃園恵真　一九八三『薩藩真宗禁制史の研究』吉川弘文館
森久男　一九八〇「解説」鈴木経勲『南洋探検実記』平凡社
安丸良夫　一九七九『神々の明治維新』岩波新書
安丸良夫　一九九九『日本の近代化と民衆思想』平凡社
安丸良夫　二〇〇六「現代日本における「宗教」と「暴力」」磯前順一・アサド，タラル編『宗教を語りなおす　近代的カテゴリーの再考』みすず書房
安丸良夫　二〇〇七〔一九七七〕『日本ナショナリズムの前夜』洋泉社
安丸良夫　二〇〇七〔一九九二〕『近代天皇像の形成』岩波現代文庫
安田宗生　一九七二「トカラ・悪石島の葬送儀礼」『日本民俗学』八二
柳田国男　一九六四〔一九四六〕「喜談日録」『定本柳田国男集』二九、筑摩書房
柳田国男　一九六八〔一九一一～一九一二〕「「イタカ」及び「サンカ」」『定本柳田国男集』四、筑摩書房
柳田国男　一九六八〔一九二五〕a「山の人生」『定本柳田国男集』四、筑摩書房
柳田国男　一九六八〔一九二五〕b「海南小記」『定本柳田国男集』一、筑摩書房
柳田国男　一九六八〔一九六一〕「海上の道」『定本柳田国男集』一、筑摩書房
柳田国男　一九六九〔一九一三～一九一四〕「巫女考」『定本柳田国男集』九、筑摩書房
柳田国男　一九六九〔一九四〇〕「妹の力」『定本柳田国男集』九、筑摩書房
柳田国男　一九六九〔一九四五〕「先祖の話」『定本柳田国男集』一〇、筑摩書房
柳田国男　一九七〇〔一九〇二～一九〇三〕「農業政策学」『定本柳田国男集』二八、筑摩書房
柳田国男　一九七〇〔一九三五〕「郷土生活の研究法」『定本柳田国男集』一五、筑摩書房
柳田国男　一九七〇〔一九五八～一九五九〕「故郷七十年（改訂版）」『定本柳田国男集』別巻三、筑摩書房
柳田国男　一九七一〔一九二四～一九二七〕「朝日新聞論説集・上」『定本柳田国男集』別冊一、薩摩書房
柳田国男　一九七一〔一九二七～一九三〇〕「朝日新聞論説集・下」『定本柳田国男集』別冊二、薩摩書房

柳田国男　一九七五〔一九五〇〕「私の哲学　村の信仰」『伝統と現代』三四
柳田国男　二〇〇九『南島旅行見聞記』森話社
柳原敏昭　二〇〇四「中世日本の北と南」歴史学研究会・日本史研究会編『日本史講座　第四巻　中世社会の構造』東京大学出版会
矢野敬一　二〇〇六『慰霊・追悼・顕彰の近代』吉川弘文館
山折哲雄　一九九三『仏教民俗学』講談社
山口輝臣　一九九九『明治国家と宗教』東京大学出版会
山口輝臣　二〇〇五『明治神宮の出現』吉川弘文館
山口昌男　二〇〇〇〔一九七五〕『文化と両義性』岩波現代文庫
山口昌男　二〇〇〇〔一九八九〕『天皇制の文化人類学』岩波現代文庫
山下欣一　一九六八「喜界島のユタについて」『日本民俗学会報』五五
山下欣一　一九七七『奄美のシャーマニズム』弘文堂
山下紘一郎　一九七八「柳田国男と郷土会の人々（3）」『フォクロア』三
山下紘一郎　一九八二「柳田国男の学問形成」『国文学　解釈と教材の研究』二七
山田潤治　二〇一〇「〈脱周縁化〉する記憶　「ひめゆりの塔」の表象」『大正大学研究紀要』九五
吉成直樹・福寛美　二〇〇七『琉球王国誕生　奄美諸島史から』森話社
吉成直樹編　二〇〇七『琉球弧・重なりあう歴史認識』森話社
吉本隆明　一九八二〔一九六八〕『改訂新版　共同幻想論』角川ソフィア文庫
与那城勇　一九七四『琉球エデンの園物語』琉球エデン会
與那覇潤　二〇〇六「「民族問題」の不在　あるいは「琉球処分」の歴史／人類学」『文化人類学』七〇（四）
米山俊直　一九九五『クニオとクマグス』河出書房新社
和歌森太郎　一九七三『天皇制の歴史心理』弘文堂
渡辺哲夫　二〇〇五『二〇世紀精神病理学史　病者の光学で見る二〇世紀思想史の一局面』ちくま学術文庫
渡邊欣雄　二〇〇四〔一九九〇〕『民俗知識論の課題　沖縄の知識人類学』凱風社

【組織刊行物　五〇音順】

アチックミューゼアム編　一九三九『喜界島代官記　喜界島調査資料第二』アチックミューゼアム
アチックミューゼアム編　一九四〇『喜界島阿伝村立帳　喜界島調査資料第三』アチックミューゼアム
奄美宣教100周年記念誌編集部編　一九九二『カトリック奄美100年』奄美宣教100周年実行委員会
池治誌編纂部・編集委員会編　一九七八『池治誌』池治集落
NHK放送世論調査所編　一九八四『日本人の宗教意識』日本放送出版協会
沖縄宣教研究協議会編　二〇〇一『「祖先崇拝と福音宣教」協議会報告書』沖縄宣教研究協議会
改訂名瀬市誌編纂委員会編　一九九六『改訂名瀬市誌　第三巻　民俗編』名瀬市役所
鹿児島県歴史資料センター黎明館編　一九八八『鹿児島県史料　旧記雑録拾遺　家わけ六』鹿児島県
喜界町誌編纂委員会編　二〇〇〇『喜界町誌』喜界町
九学会連合奄美調査委員会編　一九八二『奄美　自然・文化・社会』弘文堂
坂嶺集落誌編集推進委員会編　一九八八『坂嶺集落誌』坂嶺集落
文部省宗教局編　一九一六『宗教要覧』文部省宗教局
琉球新報社編　一九八〇『トートーメー考　女が継いでなぜ悪い』琉球新報社

【翻訳書　五〇音順】

アサド，タラル、中村圭志訳　二〇〇六（二〇〇三）『世俗の形成』みすず書房
アサド，タラル、苅田信司訳　二〇〇八（二〇〇七）『自爆テロ』青土社
アンダーソン，ベネディクト、白石さや・白石隆訳　一九九七（一九八三）『増補　創造の共同体　ナショナリズムの起源と流行』NTT出版
ヴェーヌ，ポール　大津真作訳、一九八三（一九七六）『差異の目録　新しい歴史のために』法政大学出版局
ギアツ，クリフォード、吉田禎吾・柳川啓一・中牧弘允・板橋作美訳　一九八七（一九七三）a『文化の解釈学（一）』岩波書店
ギアツ，クリフォード、吉田禎吾・柳川啓一・中牧弘允・板橋作美訳　一九八七（一九七三）b『文化の解釈学（二）』岩波書店
ギデンズ，アンソニー　ベック，ウルリッヒ　ラッシュ，スコット、松尾精文・叶堂隆三・小幡正敏訳　一九九七（一九九四）『再帰的

近代化　近現代における政治、伝統、美的原理』而立書房
クリフォード，ジェームズ　マーカス，ジョージ編、春日直樹・和迩悦子・足羽與志子・橋本和也・多和田裕司・西川麦子訳　一九九六〔一九八三〕『文化を書く』紀伊國屋書店
クローン，ユリウス、関敬吾訳　一九四〇〔一九二六〕『民俗学方法論』岩波文庫
ケテラー，ジェームズ、岡田正彦訳　二〇〇六〔一九九〇〕『邪教／殉教の明治』ぺりかん社
ケドゥーリー，エリ、小林正之・栄田卓弘・奥村大作訳　二〇〇〇〔一九六〇〕『ナショナリズム』学文社
サイード，エドワード、板垣雄三・杉田英明監修、今沢紀子訳　一九九三〔一九七八〕a『オリエンタリズム（上）』平凡社
サイード，エドワード、板垣雄三・杉田英明監修、今沢紀子訳　一九九三〔一九七八〕b『オリエンタリズム（下）』平凡社
シュワルツ，ヘンリー、島津久大・長岡祥三訳　一九八四〔一九〇八〕『薩摩国滞在記　宣教師の見た明治の日本』新人物往来社
スピヴァク，ガヤトリ、上村忠男訳　一九九八〔一九八八〕『サバルタンは語ることができるか』みすず書房
スミス，アントニー・D、巣山靖司・高城和義訳　一九九九〔一九八六〕『ネイションとエスニシティ　歴史社会学的考察』名古屋大学出版会
タンバイア，スタンレー・J、多和田裕司訳　一九九六〔一九九〇〕『呪術・科学・宗教　人類学における「普遍」と「相対」』思文閣出版
ドレイファス，ヒューバート　ラビノウ，ポール、井上克人・北尻祥晃・高田珠樹・山形頼洋・山田徹郎・山本幾生・鷲田清一訳　一九九六〔一九八三〕『ミシェル・フーコー　構造主義と解釈学を越えて』筑摩書房
チェンバレン，バジル・ホール、高梨健吉訳　一九六九〔一九三九〕a『日本事物誌1』平凡社
チェンバレン，バジル・ホール、高梨健吉訳　一九六九〔一九三九〕b『日本事物誌2』平凡社
チェンバレン，バジル・ホール、山口英鉄編訳　一九七六〔一八九三〕「琉球習俗考」『王堂チェンバレン』琉球文化社
ハイデッガー，マルティン、細谷貞雄訳　一九九四〔一九二七〕『存在と時間（上）』ちくま学芸文庫
バーガー，ピーター、薗田稔訳　一九七九〔一九六七〕『聖なる天蓋　神聖世界の社会学』新曜社
バーガー，ピーター　バーガー，ブリジット　ケルナー，ハンスフリード、高山真知子・馬場伸也・馬場恭子訳　一九七七〔一九七三〕『故郷喪失者たち　近代化と日常意識』新曜社
ピーコック，ジェイムズ・L、今福龍太訳　一九九三〔一九八六〕『人類学とは何か』岩波書店
フーコー，ミシェル、中村雄二郎訳　二〇〇六〔一九六九〕『改装新版　知の考古学』河出書房新社

フレイザー，ジェームズ・ジョージ，永橋卓介訳　一九三九〔一九二〇〕『サイキス・タスク　俗信と社会制度』岩波文庫
ボルケナウ，フランツ，水田洋・花田圭介訳　一九六四〔一九三四〕『封建的世界像から市民的世界像へ』みすず書房
ベンハビブ，セイラ，向山恭一訳　二〇〇六〔二〇〇三〕『他者の権利　外国人・居留民・市民』岩波書店
ホブズボウム，エリック　レンジャー，テレンス編，前川啓治・梶原景昭訳　一九九二〔一九八三〕『創られた伝統』紀伊國屋書店
ラビノー，ポール，井上順孝訳　一九八〇〔一九七七〕『異文化の理解　モロッコのフィールドワークから』岩波書店
リーブラ，ウィリアム，崎原貢・崎原正子訳　一九七四〔一九六六〕『沖縄の宗教と社会構造』弘文堂
ルックマン，トーマス，赤池憲昭・スィンゲドー，ヤン訳　一九七六〔一九六七〕『見えない宗教　現代宗教社会学入門』ヨルダン社

［欧文　アルファベット順］

Abrahams, Roger D. 1986 "Ordinary and Extraordinary Experience", Victor W. Turner & Edward M. Bruner（eds.）, *Anthropology of Experience*, University of Illinois Press.

Appadurai, Arjun 1996 *Modernity at Large: Cultural Dimensions of Globalization*, University of Minnesota Press

Asad, Talal 1973 "Two European Images of Non-European Rule", Asad（ed.）, *Anthropology & the colonial Encounter*, Humanity Books

Axel, Brian Keith（ed.）2002 *From the Margins: Historical Anthropology and Its Futures*, Duke University Press

Barber, Karin 2007 *The Anthropology of Texts, Persons and Publics :Oral and written culture in Africa and beyond*, Cambridge University Press

Bell, Catherine 1992 *Ritual Theory, Ritual Practice*, Oxford University Press

Chidester, David 1996 *Savage Systems: Colonialism and Comparative Religion in Southern Africa*, University of Virginia Press

Cupitt, Don 1992 "Unsystematic ethics and politics", Philippa Berry & Andrew Wernick（eds.）, *Shadow of spirit: Postmodernism and religion*, Routledge

Kohoe, Alice Beck 2000 *Shamans and Religion*, Waveland Press

Needham, Rodney 1972 *Belief, Language and Experience*, Blackwell Publishers

Scott, James C. 1998 *Seeing Like a State: How Certain Schemes to Improve the Human Condition Have Failed*, Yale University Press

Smith, Wilfred Cantwell 1998〔1979〕*Faith and Belief: The Difference between Them*, Oneworld publications

Turner, Victor 1982 *From Ritual to Theatre :The Human Seriousness of Play*, PAJ Publications

後書き

本書は、東北アジア研究センターの助成の下に、『東北アジア研究専書』の一冊として刊行されたものである。

本書は筆者が筑波大学に提出した博士論文『「無宗教」の歴史人類学的研究—近代奄美・沖縄というフィールドと学知の交差から—』を基にしている。書籍化にあたって以下の三つの修正を中心とした全面的改稿を加えている。①新たに長い「序」と短い「結論」を書き下ろした。②博士論文では序論にしていた文章を巻末に移動し「補論」とした。③筆者の既発表論文を第三章として追補した。ちなみに各章の初出は以下の通りである。

第三章 「奄美喜界島における「神々の明治維新」 神社神道とノロの宗教」『日本民俗学』二六五号、二〇一一年
第五章 「奄美カトリック受容史の動態論 宗教言説の変容と民衆行動の力学」『宗教と社会』一九号、二〇一三年
第六章 「神女の回心はいかに語られたか 近代沖縄における村落祭祀の解体と力の転位」『オンラインジャーナル Contact Zone』六号、二〇一四年

それ以外はこの本によって初めて公刊される文章である。いずれにせよ一書にまとめるにあたり、記述には大幅な手を加えている。

本書の完成までには多くの人々の助力があった。特に古家信平先生と真野俊和先生のお名前を筆頭に挙げておきた

い。古家先生には指導教官をお引き受けいただき、修士課程におけるフィールドの選択から、博士課程、最終的に博論の主査に至るまでお世話になり続けた。筆の遅く立ち止まりがちな筆者が、ともかくもこうして一つの研究を完成させることが出来たのは、偏に先生の辛抱強い励ましによるものである。また真野俊和先生には特に大学院のゼミを通じて、自分の頭で思考し論理を組み立てることの楽しみを教えていただいた。理論性の強い本書であるが、少なくとも誰かからの借り物の理論をそのまま流用することだけはしなかったと自負している。

大学院でお世話になった先生方として、専攻の徳丸亞木先生、中野泰先生、中込睦子先生、及び歴史地理学の小口千明先生、宗教学の津城寛文先生にもここに感謝申し上げたい。特に徳丸先生、小口先生、津城先生には筆者の海のものとも山のものともしれない博士論文の副査をお引き受けいただいた。その際に頂戴したコメントと批判の全てに答を出せたわけではないが、その後の歩みのまとめとして本書を受け取っていただければと願っている。その他、大学院の学兄・学友であった各氏、宮前耕史、石本敏也、神谷智昭、大城博美、佐藤喜久一郎、武井基晃、萩原知也、余志清、フロランス・ラウルナ、カフラマン・ジャヒット、田中久美子、柏木亨介、藤原洋、金賢貞、渡部圭一、林圭史、中里亮平、田村真実、塚原伸治、大里正樹の各氏にも敬称略にて御礼申し上げる。

福寛美先生には本書六章の事例報告を日本民俗学会で聞いていただいて以来、ずっとお気に留めていただいている。本書を森話社より刊行することを最初にお勧めいただいたのも福先生からであった。こうしてまとめるまでには随分と時間をかけてしまったが、毎年のようにご高著を出されては恵贈いただいてきたところであり、ようやく筆者の方から送れそうなものが出来てほっとしている。

吉成直樹先生には本書刊行の最後の一押しをいただいた。博士課程修了後も筆者は本書のために延々と手直しを続けてきたが、先生の「そろそろ出してしまいませんか」のお声がなければ、今でもこの研究に最後の区切りをつけられたかは分からない。昨秋いただいた「必ず読者はいる」との言葉も、常に分厚く野心的な著作を世に問うてきた先生のお言葉として、本書を仕上げる際に大いに励ましとなった。ここにあらためて御礼申し上げたい。

二〇一四年度一年間だけの任地となったが、東北大学・東北アジア研究センターの瀬川昌久先生、高倉浩樹先生、上野稔弘先生、および稲澤努氏の各先生方にも大変お世話になった。特に教育研究支援者としてお迎えいただいた高倉浩樹先生には、学問をプロジェクトとして構築し推進していくこと、そしてそのために必要とされるスピード感と緊張感を教えていただいた。根が内向きなこともあり、足早な先生の歩みについて行くのはなかなか大変なことではあったが、研究者として独り立ちするために必要なことは全て先生より教えていただいたと思っている。また上野先生には本書がセンターの「東北アジア研究専書」の一冊として刊行されるにあたり、審査の労を取っていただいた。センターの仕事はそれ自体も充実したものであったが、こうした若年の研究者の支援体制が整っていることにも大いに助けられた。

二〇一五年春からは縁があって沖縄国際大学に赴任し、民俗学を教える立場となった。本書の原稿はその業務の傍らで仕上げられた。こうした事情から本書の内容には、高校までを過ごした出身地仙台での一年間の勤務経験と、本書のフィールドの一つである沖縄での半年の生活経験が少なからず影響している。つまり筆者は仙台で、そもそものような研究を志した初心を思い出し、フィールドである「南島」でもう一度自分の記述を見直すこととなった。前述の改稿はこれらの経験のフィードバックであり、この二つの経験がなければ本書は別の形をとったことだろう。いずれにせよこのフィードバックによって本書は、決して十分に完成した研究ではないにせよ、過去の自分が積み重ねてきたことに恥じないものには仕上がったと考えている。なおその足踏みの分だけ入稿は遅れ、特に森話社で編集を担当していただいた西村篤さんには大いにご迷惑をおかけしてしまった。ぎりぎりまで詰めたスケジュールの中、大変丁寧な校正によって本書の見落としの一つ一つを拾い上げていただいた。御礼申し上げると共に、それでもなお残りうるであろう見落としは、全て筆者の責任に帰するべきことを申し添えたい。

もう一つ挙げておかねばならないのは、喜界キリスト教会の羽佐田弘・紀子夫妻のお名前である。ご夫妻には筆者が二〇〇四年に初めて喜界島に渡って以来、ずっとお世話になり続けている。筆者は信仰を持つものではないが、ご夫妻の働きが喜界島の人々の抱える様々な困難に、かけがえのない救いをもたらし続けていることはよく知っている。学術書である本書は記述において価値中立であることを心がけたが、もし本書にキリスト教に対する肩入れが見出されるとしたら、それは筆者が夫妻から受けた影響によるものである。

最後に、このような研究を続けることを「自分のやりたいことだから」と認めてくれた父・豊と、母・就子に感謝したい。景気も一向に好転しない中、価値も分からない研究に没頭したまま歳を重ねる息子を見るのはさぞや不安だったことと思う。お陰様でその寛容に支えられてここまで来ることが出来た。息子がそこまでして何を考えようとしていたのか、本書がそれを伝えるものであってくれればと願っている。

研究という営みが多くの人の支援によって成り立っていることはよく知っていたつもりだが、こうして数え上げると改めて圧倒される思いがある。その一人一人を思い浮かべながら、あらためてここにお礼申し上げる次第である。なおもう一人だけ謝意を述べねばならない相手に心当たりがあるが、そちらには直接伝えることとしたい。

未熟な研究ではあるが、筆者なりの到達地点として、今からでも引っ込めたくなるような気持ちを抑えて本書を世に送る。告白すれば、本書はオウム真理教の一連の事件を受けて、「宗教とは何か?」などという身の丈に合わない疑問を抱いた二〇年前の自分自身に宛てられている。決して読みやすい本ではないと思うが、本書が同じ問いを共有する多くの読者に届くことを願っている。

二〇一五年最後の日　晴天の沖縄にて

及川　高

索 引

［著者略歴］

及川 高（おいかわ・たかし）

1981年生。筑波大学大学院人文社会科学研究科歴史・人類学専攻修了。博士（文学）。東北大学・東北アジア研究センター教育研究支援者を経て、現在沖縄国際大学社会文化学科講師。専門は民俗学・文化人類学。

東北アジア研究専書

「宗教」と「無宗教」の近代南島史——国民国家・学知・民衆

発行日……………………………2016年2月29日・初版第1刷発行

著者……………………………及川 高

発行者…………………………大石良則

発行所…………………………株式会社森話社

〒101-0064 東京都千代田区猿楽町1-2-3

Tel 03-3292-2636

Fax 03-3292-2638

振替 00130-2-149068

印刷……………………………株式会社厚徳社

製本……………………………榎本製本株式会社

© Takashi Oikawa 2016 Printed in Japan

ISBN 978-4-86405-091-3 C1039

琉球史を問い直す——古琉球時代論

吉成直樹／高梨修・池田榮史著　王国成立に至る琉球の歴史は、「内的発展」で説明しうるのか。沖縄の独自性・独立性を強調するあまり打ち捨てられてきた周辺地域の動態に焦点をあて、琉球史に新たな展望をひらく。
四六判 288 頁／本体 2900 円＋税

沖縄文化はどこから来たか——グスク時代という画期

高梨修・阿部美菜子・中本謙・吉成直樹著　考古遺物・オモロ・琉球方言・神話・ＤＮＡなど、多角的なアプローチで沖縄文化の出自を探り、グスク時代開始期（12 世紀頃）の日本文化南漸を提起する。四六判 312 頁／本体 3200 円＋税

『おもろさうし』と群雄の世紀——三山時代の王たち

福寛美著　王朝成立以前の琉球に割拠し、文字資料を残さなかった三山の王たちの息吹を、おもろはどのように伝えているのか。おもろにまといつく「古代」「神秘」といった神話をはぎとり、そこに残存する歴史の断片を発見する。
四六判 296 頁／本体 3200 円＋税

欲望の砂糖史——近代南島アルケオロジー

原井一郎著　奄美・沖縄の農民が血と涙で生み出してきた世界商品「砂糖」。コメと同様に幕藩政治を支え、日本の近代化にも一役買ったその知られざる貢献を、最下層の農民の視点から描き出す。四六判 320 頁／本体 2000 円＋税

琉球列島の「密貿易」と境界線　1949-51

小池康仁著　米軍占領下の琉球において、台湾・日本との間に引かれた境界線を越え、物資を運んだ人々がいた——。軍政資料、裁判記録、当事者へのインタビューなどから、戦後の復興に寄与した「密貿易」人達の経済活動を明らかにし、そこに島嶼社会が自立するためのモデルを見出す。
A5 判 360 頁／本体 5600 円＋税

近代沖縄の洋楽受容——伝統・創作・アイデンティティ

三島わかな著　廃藩置県以降の沖縄において、洋楽はどのように受容され、普及していったのか。「異文化」である洋楽の導入と、その発想法、思考法の獲得の過程をひもとくことで、近代沖縄人のアイデンティティ再編のありようを跡づける。A5 判 384 頁／本体 7500 円＋税

沖縄シャーマニズムの近代——聖なる狂気のゆくえ

塩月亮子著　滅びつつあると考えられてきたシャーマニズムが、世界各地で復活しているのはなぜか。近年その存在感を増している沖縄の民間巫者・ユタを通し、シャーマニズム復興の現在を描くエスノグラフィー。
A5 判 464 頁／本体 5800 円＋税

石垣島川平の宗教儀礼——人・ことば・神

澤井真代著　石垣島の「信心深いシマ」川平で、現在も執り行われる豊穣儀礼やマユンガナシ儀礼。女性神役を中心とする川平の人々の儀礼実践から、人と神をつなぐ「ことば」の存在とその性質を明らかにする。
A5 判 456 頁／本体 6800 円＋税

南島旅行見聞記

柳田国男著／酒井卯作編　大正 9 年～ 10 年にかけての沖縄旅行の手帳に、脚注・旅程表・解説等を付し初公刊。九州からはじまり、沖縄・八重山・宮古・奄美と、柳田がじかに見た琉球の姿を記録した貴重な資料で、『海南小記』の草案となった。定本・全集未収録。四六判 272 頁／本体 2900 円＋税

柳田国男の民俗学構想

室井康成著　柳田国男にとっての「民俗」とは、古き良き日本の原風景といった郷愁に満ちたものだったのだろうか。柳田以降に醸成された「民俗学」をめぐる神話から脱し、「公民」「よき選挙民」の育成を企図した柳田民俗学の実像にせまる。A5 判 296 頁／本体 5200 円＋税

〈人〉に向きあう民俗学

門田岳久・室井康成編　民俗学は、ながくその研究対象を「民俗」に限定し、人間を「民俗」の容れ物としてしか扱ってこなかった。そのような人間観から脱却し、人間そのものを捉える学問として民俗学を再出発させる。
四六判 272 頁／本体 2300 円＋税

巡礼ツーリズムの民族誌——消費される宗教経験

門田岳久著　パッケージツアーに取り込まれ、商品化された聖地巡礼は、宗教の衰退した姿でしかないのか。四国遍路の巡礼バスツアーへの参与観察から、「現代の／我々の」宗教的営みが持つ可能性を探る。A5 判 400 頁／本体 5600 円＋税